河出文庫

東国武将たちの戦国史

西股総生

河出書房新社

まえがき

本書は、文明八年（一四七六）に起きた長尾景春の乱から、天正十八年（一五九〇）の小田原の役にいたる東国の戦国史を、十のエピソードによって俯瞰する「読みもの」である。登場する人物の多くは、これまで一般向けの歴史書などでは、あまり扱われてこなかった、ないしはほんの脇役程度でしかなかった、マイナーな武将たちかもしれない。

けれども、知名度が低いことと、面白みに欠けることとは別である。知名度が高かろうが低かろうが、歴史とは血の通った人間たちによって織りなされる、綾や陰影に満ちたドラマなのである。であるならば、この綾や陰影の面白みを、心ある歴史ファンの皆さんと分かちあいたい、と筆者は願う。

知名度の低い人物や事件を扱うに際し、新発見の史料や新奇な事実によって、通説・定説を覆すような手法を、筆者は好まない。本書の執筆にあたって依拠したのは、『戦国遺文』や『甲陽軍鑑』、『信長公記』、あるいは県史・市史の資料編に収められているような、先学たちの手あかにまみれた史料ばかりである。

ただ、これまでの戦国史研究者たちが等閑視してきた軍事史的観点から、あらためて史料を読み直してみたとき、しばしば予想外の事実や背後関係、人物像などが浮かび上がってくるのだ。

こうした史料を読み込むとき筆者は、書かれている言葉が、どのような立場・状況から発せられたものであるのかを意識するよう、心がけている。と同時に、戦場はつねに流動性と不確実性——軍事学でしばしば「戦場の霧」と表現されるような——に支配されており、そこで動いているのは生身の人間であることを念頭においている。

結果として、手あかにまみれた史料ばかりを用いたにもかかわらず、歴史的事件や人物についての評価が、通説とはずいぶん違うものになっている場合がある。本書が示した見解に説得力、ないしは魅力を感じるかどうかは、読者次第だ。

＊　　＊　　＊

本書はまったくの書き下ろしではない。学研パブリッシング（現ワン・パブリッシング）の雑誌『歴史群像』誌上に、数年間にわたって不定期に掲載した記事を集成し、補訂・改稿を加えたものだ。これを、縁あって二〇一五年に河出書房新社の方で単行本としてまとめる機会があり、さらにこのたび文庫に収めていただくことになった。

このような事情で、各章がもともとはバラバラの雑誌記事であるから、本書は普通の通史のような叙述にはなっていない。章によって、主人公が人物であったり作戦そのものであったりする。ただし、全体としては、十のエピソードによって東国の戦国史全体を概観できる構成になっていると思う。

バラバラの雑誌記事を単行本にまとめるにあたっては、全体に用語や表記などの統一をはかり、通して読む場合に理解がしやすいよう記述を整えた。また、脱稿後に得た知見や、研究仲間からいただいた御指摘をもとに、補訂・改稿をした箇所もあり、文庫版では若干の追記も加えている。「まえがき」「あとがき」も新しいものにしてある。

ただし、事件や人物に関する基本的な理解・評価については、一切変更していない。本書に示した見解に至らない点があったとしても、それを改訂によって「なかったこと」にすべきではない、と考えるからだ。そこで、各章のもととなった記事の初出を巻末にまとめて示すこととした。

書名は『東国武将たちの戦国史』としたが、本書をまとめるに際して筆者が意識していたのは、伊禮正雄（いれいまさお）氏による往年の名著『関東合戦記』である。筆者自身は、伊禮氏に直接お目にかかったことは数回しかないのだけれど、研究の流れという観点からするならば、伊禮氏は間違いなく忘れがたい先達の一人である。

むろん、教養と思索の深さにおいて、筆者は伊禮氏の足元には及ぶべくもない。けれども、その一方で、『関東合戦記』以来数十年にわたる戦国史や城郭研究の蓄積に学びつつ、なんとか二十一世紀版の『関東合戦記』と僭称しうる「読みもの」を書き上げた、という少々の自負もある。

そうしたわけで、本書は東国戦国史への入口として、歴史に関心のある方に、ひろく手にとっていただける「読みもの」を目指している。ゆえに、史料の直接的引用は必要最低限にとどめ、新字・現代かなによる書き下しとしてある。また引用参考文献は原則として巻末にまとめることとし、根拠を示したり補足説明を加えるための傍註も、最低限にとどめた。この点、筆者の意を汲んでいただければ幸いである。

なお、本書を形にするにあたって、河出書房新社の佐野千恵美さんと稲村光信さん、『歴史群像』編集部の皆さん、デザイナーの北風総貴さん、その他関係者の皆さんに大変お世話になった。記して謝意を表したい。

東国武将たちの戦国史

目次

東国武将たちの戦国史

——お前にはみだらな闇のにおいがする。
(中略)お前は危険な闇だ、生命は光だ!
——ちがう、いのちは闇の中のまたたく光だ!
すべては闇から生まれ闇に帰る、お前たちも闇に帰るが良い!

宮崎駿『風の谷のナウシカ』第7巻(徳間書店一九九五)

第一章

長尾景春と太田道灌

「作戦」の時代をもたらした二人の天才

無名の叛乱劇

この本で最初に取り上げる事件は、文明八年（一四七六）に起きた長尾景春の乱である。長尾景春の乱は、歴史上の事件としてさほど有名ではない。一見すると、この時期に各地で頻発した争乱のひとつにすぎない。事件の主要な登場人物たち――長尾景春・太田道灌・山内（上杉）顕定・扇谷（上杉）定正・長尾忠景・足利成氏――も、道灌を除けば知名度は決して高くない。

しかしこの乱は、結果として東国戦国史の基本的枠組みを形作って、本格的な群雄割拠の時代をもたらした事件である。また、軍事史上のエポックという意味からも非常に重要だ。のちに北条氏康、武田晴信、長尾景虎（上杉謙信）といった戦国屈指の名将たちは、景春と道灌の呪縛に吸い寄せられるようにして関東で戦うこととなる、といってよい。

何より、景春と道灌という二人の軍事的天才による作戦の駆け引きと、生身の人間の織りなす「歴史の綾」が興味深い。戦国時代初期の東国に、かくも陰影に満ちたドラマがあったのか、と思えるこの事件から、どうしても筆を起こしたい。

一、内乱の世紀

公方と管領――宿縁の構図――

関東管領として知られる上杉氏の始祖は、意外なことに公家である。勧修寺流藤原氏の一族であった重房が、鎌倉幕府の六代将軍となった宗尊親王にしたがって関東に下向し、丹波に上杉荘を与えられて上杉氏を称したのがはじまりだ。そののち上杉氏は、足利氏と姻戚関係を深めてゆく。尊氏・直義の生母清子も、上杉氏の出であった。

鎌倉幕府を倒して政権を京都においた尊氏は、嫡子の義詮を鎌倉において関東の押さえとした。そして、義詮を継嗣として上洛させた後は次子の基氏を鎌倉に残し、上杉氏に補佐をゆだねた。これが鎌倉公方（関東公方）と関東管領の由来であり、両者が東国を治める体制を「鎌倉府体制」と呼ぶ。上杉氏は、山内・犬懸・扇谷・宅間等の諸流に分かれ、また越後に守護職を得たことから越後上杉氏が分派した。

かたや長尾氏は、相模長尾郷の在地領主とされている。上杉氏が関東に勢力を扶植してゆく中で、鎌倉近辺の在地領主を被官としていったのだろう。長尾氏は、上杉家中で頭角をあらわし、山内家の家宰という立場をえた。「家宰」は「家務職」「執事」ともいい、重臣の代表として家政機関を統括する立場を指す。平たくいえば筆頭家老のようなものだ。また、山内家が上野の守護となったことから、長尾氏も同地に地盤を築き、総社長尾・白井長尾、さらに越後長尾等の各家に分かれていった。

さて、基氏を継いだ代々の鎌倉公方は、京都の政局が不安定になると自らが将軍となる野心を抱き、補佐役であると同時にお目付役でもあった管領と、しばしば対立した。その結果、上杉禅秀の乱（一四一六）・永享の乱（一四三八〜三九）・結城合戦（一四四〇）といった軍事衝突が、たびたび惹き起こされることとなった。

こうした事態に際して幕府が派遣する討伐軍の主体となったのが、駿河の守護今川氏、甲斐の守護武田氏、あるいは越後の守護上杉氏と守護代の長尾氏であった。わけても越後上杉氏・長尾氏は関東の上杉氏・長尾氏と同族で、人的交流もさかんであった。このため越後は、関東の争乱に対する後背地のような性格を色濃くもつこととなった。

享徳の大乱

享徳三年（一四五四）、鎌倉公方の足利成氏と管領の山内（上杉）憲忠との対立が、ついに臨界点に達した。憲忠を謀殺した成氏は、武蔵分倍河原で管領軍を撃破したのち、下総の古河に入ってここを本拠とし、古河公方と呼ばれることとなった。成氏の支持勢力には結城氏・簗田氏・小山氏・小田氏・宇都宮氏など、常陸・下野の有力国衆が多かったことにくわえ、上杉氏の宗家となっていた山内家が上野・武蔵の、有力庶家の扇谷家が相模の守護をつとめていたためである。利根川以西は、上杉氏の影響力が強かったのだ。

さらに古河の地は、江戸湾から利根川へつらなる水上交通の要衝でもあった。成氏は、奉公衆（直轄軍）の有力武将であった武田信長を上総に、同じく里見義実を安房にそれぞれ入部させて、江戸湾の海上交通路を東から押さえようとした。単なる亡命先ではなく、新しい拠点として積極的に古河を選択したことがわかる。

源頼朝が幕府を開いて以来、二七〇年余にわたり栄えてきた武家の都・鎌倉は放棄され、関東は利根川をはさんで古河公方と管領上杉氏との勢力圏に二分されることとなった。享徳の乱と呼ばれるこの戦いによって、京都で応仁の乱（一四六七〜）が起きるよりも一足先に、東国は内乱の時代へと突入したのである。

古河公方・関東管領の双方は、数千から時には万をこえる軍勢を動員して合戦を繰りかえしたものの、ともに決定的勝利をえることができず、戦いは長期化することとなった。事態を憂慮した京の将軍義政は長禄元年（一四五七）、庶兄の政知（まさとも）を新たな公方として下向させた。ところが、政知は事態を収拾するどころか鎌倉に入ることすらかなわず、伊豆の堀越（ほりごえ）に逗留を余儀なくされて、堀越公方と呼ばれるに至った。

長期化する戦いに対処するため、管領上杉軍は北武蔵の五十子（いかっこ）に本営をおいていた。また、扇谷家の家宰であった太田道真（どうしん）の献策にしたがって、江戸・河越・岩付に拠点となる城郭を築いて古河公方軍に備えたが、この三城は扇谷家の守備するところとなった。こうして戦局が膠着するなかで、五十子を結節点として南北にのびる長大な「戦線」の南を扇谷軍が、北を山内軍が分担する状況が形成されていった。

この頃、各地を転戦する上杉軍の陣中に、際だった働きを見せる二人の青年武将があった。山内家家宰・長尾景信（かげのぶ）の嫡男景春と、扇谷家家宰・太田道真の嫡男道灌である。なお、道灌の実名は一般には資長（すけなが）とされているが、良質の同時代史料では確認できず、異説もあるため、本稿では煩瑣（はんさ）をさけて「道灌」で統一する。

叛乱の芽

文明五年（一四七三）六月、山内家の家宰として享徳の乱に対処してきた長尾景信が没した。嫡男の景春は、当然自分が家宰職を継ぐものと思っていた。だが、越後上杉家から養子に入っていた管領の山内顕定は、景信の弟（景春の叔父）である忠景を家宰に任じてしまった（顕定が越後上杉家の出であることを、頭の隅に入れておいていただきたい）。

理由はよくわからない。白井長尾家であった景信――景春に対し、忠景が総社長尾家を嗣いでいたことから、両家のバランスに配慮したためともいうが、武人として戦場を駆けまわる景春よりも、年長で実務に通じた忠景の方に、若い顕定が信頼感をもった可能性もある。案外、そうした感情的・性格的な要因が、ことの発端だったのかもしれない。

しかし、どのような事情があるにせよ、この決定は景春にはとうてい承伏できないものであった。景春を支えていた被官たちのなかからも、不満が噴き出す。この時代、気候の冷涼化と長びく戦乱によって農村は疲弊し、地域の経済力は低迷していた。生産や経済が悪化すれば、領主の収益も不安定なものとなる。領主としてより多くの安定した収益をえるためには、より大きな力を手にしなければならない。

現に、扇谷家の家宰である太田道真・道灌父子は、戦争を巧みに利用して勢力をたくわえていた。彼らは、上杉軍の戦略拠点である江戸城・河越城・岩付城を経営するためと称して周辺の在来勢力を追い落とし、一帯を城領として支配下に置いていたのだ。
景春が白井長尾家の当主で終わるのか、家宰の地位に就くのかで、手にする力は大きく違ってくる。実際に、景春と忠景の間には所領をめぐるトラブルも生じていた。景春の周囲は、次第に剣呑な空気につつまれるようになっていった。

溢れる不満

道灌が、扇谷家の家宰職を継いでしばらくたったある時のことだ（おそらく文明七年）。五十子の陣に向かおうとした彼が北武蔵の小河（おがわ）に止宿したところ、景春がひそかに訪ねてきて、しきりに引きとどめようとしたのである。その様子にただならぬものを感じた道灌は、景春をふりきって五十子へ駆けつけ、陣中の警備を強化するとともに、景春に不穏な動きがあることを顕定に報告した。

景春の軍事的手腕を知る道灌は謀叛が起こることを怖れ、忠景の家宰職を一旦譲って景春をなだめるよう顕定に進言したが、この若い管領は聞く耳をもたなかった。跳ね返り者にすぎない景春に叛乱を組織するほどの力量などあろうはずもない、とタカをくっていたのである。

ところで、後世の軍記類は景春について「天性腹悪敷男（はらあしきおとこ）」などと記しているが、これは体制側から見た謀叛人の評価であることに注意しなければならない。また道灌も、有名な「太田道灌状」という文書のなかで、景春のことを「元より器用なきがため」と述べている。けれどもこれも、のちに景春との通謀を疑われたさい（後述）の、道灌の釈明の言である。実際には、顕定・忠景を中心とする山内家主流から政治的に疎外された人々の間からも、景春の軍事的手腕を嘱望する声が上がっていた。

北武蔵の鉢形(はちがた)に拠点を求めた景春は、さまざまな不満分子を吸いよせつつあった。できることなら彼は、道灌を味方に引き入れたかっただろう。しかし、それを断られた以上、道灌こそもっとも恐るべきライバルである。一方、自身の罷免を進言された忠景は、道灌に対して心中穏やかでない。この一件は、後々まで尾を引くこととなる。

太田道灌の手紙

少々専門的な話になるが、ここで「太田道灌状」と呼ばれる史料について触れておきたい（文書の話が苦手な方は飛ばして下さって結構だ）。「太田道灌状」（以下「道灌状」）は、道灌が山内家の奉行とされる高瀬民部なる人物に宛てた書状形式の史料だ。この史料には、景春の乱の前夜から乱が終息するまでの状況が詳細に記されており、特に道灌自身がかかわった戦いについては、記述が非常に具体的だ。

この有名な文書はしかし、これまで大方の歴史研究者たちから、書状の形式をとった一種の軍記と考えられてきた。理由は次のようなものである。

A．原本が存在せず数種類の写本のみで、伝来の過程が不明であること。

B．当時の書状としては、異例の長文であること。
C．戦況に関する記述があまりに詳細かつ具体的で、書状としては不自然であること。

しかし、筆者は内容を具体的に分析してみて、軍記と見るには次の点で不自然であることに気づいた。


一．前欠文書でかつ年紀を欠いている（年紀を省略するのは私的な書状としては普通で、軍記の場合は記述の信憑性を主張するため、あえて年紀を書く方が自然）。

二．乱のいきさつや戦況について、時間的経過を追っていない記述が目立つ。

三．兵力数に関する記載が全くない。

四．全体の四割が、人事や論功行賞に関する道灌側の不服と抗議によって占められている。

五．道灌自身の不満や憤怒を吐露したような、感情的な表現が散見する。

六．当事者間で事前に一定のやりとりがあったことを前提としなければ、理解しにくいような記述が散見する。これは、書状特有のわかりにくさといえる。


以上から筆者は、部分的に後世の誤写や改筆が含まれている可能性は否定できないものの、基本的には道灌自身が記した書状だと考えている。

おそらく、乱に際しての道灌の行動について、山内家側から詰問状か糾弾状のような文書が提出され、それに対する釈明と抗議のために書かれたのが「道灌状」だったのだろう。ただ、「作戦」に対する道灌の考え方や戦況がよくわかる内容であるため、東国の武士達の間で戦例研究の資料として珍重され、写し継がれていった結果、年欠の写本が伝存していったのではなかろうか。

この章も主要な構成は「道灌状」を基にしている。ただし「道灌状」に限らず、この時期の史料には兵力数が明記されていないことが多いため、この点では推定要素が多くなることをお断りしておきたい。

二、翻る叛旗

景春起つ

文明八年（一四七六）、駿河守護の今川義忠が横死し、小鹿範満と竜王丸（後の氏親）が家督を争う事態となった。今川家と関東との歴史的関係を考えれば、駿河の政情不安は管領上杉氏にとって見すごせない問題である。堀越公方政知の要請を受けた管領の山内顕定は、扇谷家の当主である定正と諮って、道灌を駿河へ派遣することを決めた。道灌は、まず相模に逃れていた範満と合流し、六月には駿河に入った。

北武蔵の鉢形にあって情勢をうかがっていた景春は、この道灌不在の機を衝いてついに挙兵した。鉢形は、上杉軍の本営である五十子陣を、背後から直撃できる位置にある。とはいえ、上杉軍主力と正面からわたりあうだけの戦力はこの時の景春にはない。そこで、彼が目をつけたのは、上杉軍の補給線であった。

一般に、中世の軍隊は兵粮(ひょうろう)自弁が原則と考えられている。けれども、数千に及ぶ軍勢が五十子に長期にわたり駐屯する状況で、武士たちがめいめいの所領から食糧や必要な物品をその都度、取り寄せていたのでは大変だ。そこで武士たちは、「上杉軍御用商人」のような形で陣中に出入りする者たちから、食糧や日用品を「自弁」で買い付けることにしていた。つまり、上杉軍の補給を支えていたのは、実際には商業資本だったわけだ。

対古河公方「戦線」の内側を通るこの補給線は、成氏軍が侵攻してこないかぎり安全に機能したが、背後からの攻撃にはなすすべもなかった。景春は、五十子近辺にゲリラ的に出没して隊商たちを襲い、自軍の物資を集積しながら上杉軍を締めあげていった。さらに景春は、あろうことか公方の成氏に同盟を持ちかけた。上杉家が古河公方と戦ってゆくためには自分の軍事的手腕こそが家宰にふさわしい、という彼本来の立場とは矛盾する行為だったはずだ。けれども、ここでは「敵の敵は味方」という現実を優先したのだ。

一方、駿河の道灌は辣腕をふるい、範満を今川家の家督につけて三ヶ月ほどで内紛をおさめ、十月には江戸城に戻った。五十子で窮地に陥っている顕定と定正からは、ただちに参陣するよう催促がくる。しかし彼は、駿河からの帰陣直後で兵を休ませる必要があると主張し、また「自分の進言を無視して今日の事態を招いたのは誰か」などとうそぶいて、一向に江戸城から動こうとはしなかった。

山内家の家中には、道灌と景春との通謀を疑う憶測が乱れ飛んだ。だが、道灌の思惑は別のところにあった。

第二戦線の出現

享徳の乱の渦中に育った道灌は、鎌倉府体制の再建にとうに見切りをつけていたのだ。古河・堀越の公方が両立し、内乱が容易に終息しそうもない現状の中で扇谷家が生き残ってゆくためには、相模と武蔵の南半をしっかりと押さえて、戦略的持久体制を構築するしかない——これが、道灌の考えであった。

戦争をテコに勢力拡大を目論んできた彼は、景春の挙兵を逆に利用して、この腹案を強引に推し進めることにした。具体的には、定正の本拠であった相模の糟屋館(かすややかた)と、江戸城・河越城とを結ぶ弧状のラインを扇谷家の生命線と見なし、三拠点を強化しつつ連絡路を保持することに意を注いだのである。この弧状の回廊を仮に「道灌ライン」と呼んでおこう。

道灌は自身の戦略構想を実現するため、主君の定正に対し、河越城に一旦帰還して態勢を立て直すよう進言した。しかし、宗家の顕定を輔翼するのが自己の使命と考える扇谷家の若い当主は、なかなか首を縦にふろうとしなかった。

一方、こうしている間にも景春軍の活動によって五十子陣の維持は困難となってゆき、翌九年の正月十八日、上杉軍はとうとう上野へと後退した。景春は、上杉軍の長大な対古河公方「戦線」を、その結節点において破断してしまったのである。俄然優位に立った景春のもとには、武蔵・上野の各地から不満分子が結集し、その数は三千ほどにもふくれあがった。景春は、成氏と協働して上杉軍を圧迫する一方で、道灌が北上して自軍の背後を衝くことがないよう、次々と手をうっていった。

まず相模方面では、潜伏していた景春方の軍勢が小沢（こさわ）・溝呂木（みぞろぎ）（註1）・小磯の三箇所で蜂起し、糟屋館をおびやかした。また、江戸の直近にあって道灌の勢力伸長に危機感を募らせていた豊島泰経（としまやすつね）・泰明（やすあき）兄弟（註2）も、檄に応えて石神井（しゃくじい）・練馬（ねりま）の両城で挙兵した。「道灌ライン」の重要性を見抜いていた景春は、この弧状回廊を側背からつつくことによって、主戦場である北武蔵・上野とは全く別の方面に第二戦線をつくりだし、もっとも恐るべきライバルを釘付けにしてしまおうと目論んだのである。

さらに景春は、配下の矢野兵庫助（やのひょうごのすけ）と吉里宮内（よしざとくない）にそれぞれ一隊をさずけ、相模・江戸方面への支援として南下させた。武蔵北部にあって上野をにらみ、鎌倉街道と荒川とが交差する鉢形は、こうした一連の作戦を行うための策源地としてはうってつけの位置にあった。

（註1）溝呂木要害の場所は確定されていないが、相模原市にある磯部城をあてる説が有力である。

（註2）豊島泰経・泰明は良質の同時代史料には勘解由左衛門尉（かげゆざえもんのじょう）・平右衛門尉（へいえもんのじょう）とのみあり、実名を確認できないが、ここではとりあえず通説にしたがっておく。

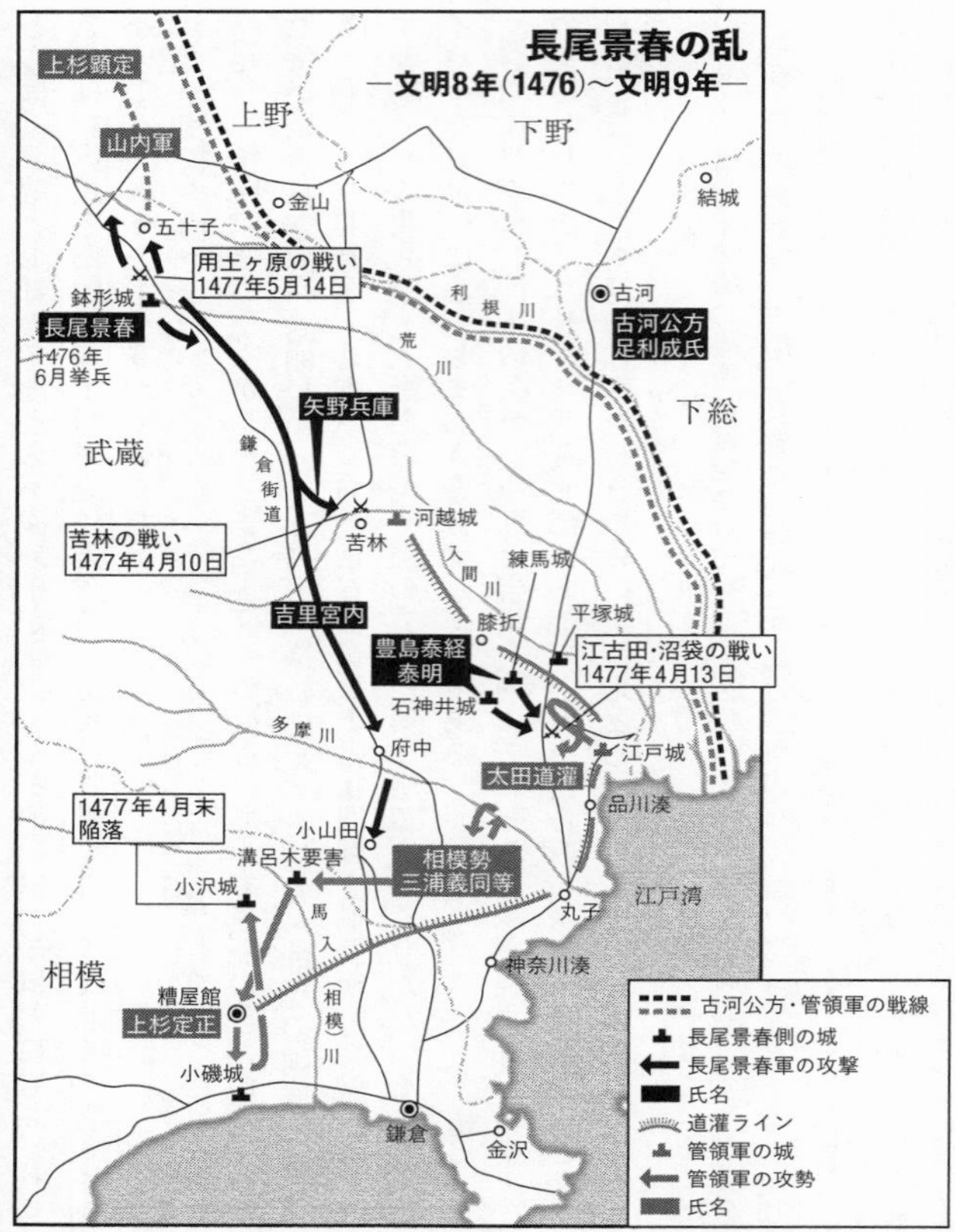

長尾景春は、古河公方軍に対する管領軍の重要拠点・五十子の背後である鉢形城で挙兵。管領軍の補給ラインを分断。さらに与同する蜂起した小領主たちに、増援兵力を送った。一方、太田道灌は、自らが設定した河越―江戸―糟屋館のライン(道灌ライン)を保持すべく軍勢を動かした。

江古田・沼袋の合戦

道灌の手持ち兵力は、こうした同時多発的な蜂起に対応するには、いかにも不足であった。江戸城にあった兵力はおそらく数百程度であっただろうから、石神井・練馬の両城を同時攻撃するのは困難だった。至近距離にあってお互いに支援ができる両城のいずれかに不用意に攻めかかれば、もう一方から出撃した軍勢に背後を衝かれてしまう。

というより、「道灌ライン」の各所を同時につつくことによって、相手方の兵力集中を許さず不本意な戦いを強要するのが、景春の作戦意図なのだ。道灌は、三浦義同(よしあつ)を中心とした相模勢の一部と合流して一気に豊島氏と雌雄を決しようとしたものの、折悪しく大雨で多摩川が増水し、合流は困難となってしまった。

やむなく西に向かった相模勢は三月十八日、溝呂木要害に押し寄せたが、守備兵は城を焼いて逃走した。ついで小磯城を攻めると、城兵は抵抗するそぶりを見せたものの、夜に入るとやはり自落した。ところが、残る小沢城は要害堅固な構えで、金子掃部助(かもんのすけ)以下の城兵も頑強に防戦し、相模勢はここで釘付けになってしまった。溝呂木・小磯の両所は、もともと相模勢を牽制するためのフェイクであり、景春は最初から、もっとも北にあって後詰(救援)のしやすい小沢での籠城を指示していたのだ。

一方、鎌倉街道を南下していた矢野・吉里両隊のうち、矢野隊は苦林(にがばやし)に布陣して河越城を西から牽制していた。また吉里隊は武蔵府中へと進出し、道灌が相模勢との連絡を確保するために小山田に設置していた中継拠点を一蹴した。この苦境を切り抜けるべく、道灌は河越城を守る弟の資忠に秘策をさずけるとともに、自身も思いきった作戦に出ることを決心した。四月十日、河越城を出た資忠らは、矢野隊の陣に挑発攻撃を仕掛け、相手が応戦してくるとただちに後退し、途中の勝原で反転急襲してこれを撃破した。

おそらくは資忠からの勝報をえていたはずの道灌自身も、四月十三日には豊島泰明の籠もる練馬城に押し寄せ、城に矢を射込んで付近の民家に放火した。いきり立った泰明は、石神井城の兄泰経に急報するとともに練馬城を出撃したが、道灌の逃げ足は速かった。

そして、泰明隊が蛇行する妙正寺川のつくる湿地に差しかかり、動きがとりにくくなったところを見計らって襲いかかったのである。状況から見て、道灌が湿地に伏兵を潜ませ、泰明隊が混乱に陥ったところに、反転させた主力を叩きつけたものと考えてよいだろう。さらに、潰走する泰明隊は、後続の泰経隊をも混乱に巻き込んだらしい。この「江古田・沼袋の合戦」で泰明は討ち死にし、豊島氏は一族の多くを失った。

石神井城陥落

江戸城で兵を休ませた道灌は、翌日再び出撃して豊島泰経と残兵の籠もる石神井城へと押し寄せた。しかし、ただちに攻撃には移らず、南方の愛宕山に陣を敷いて泰経に会談を呼びかけた。十八日、泰経と会談した道灌は、石神井城の破却を条件に降伏を勧告した。

ところが、二十八日になると、道灌はにわかに豊島側が破却を意図的に引き延ばしていると言い出し、一転して強襲に打って出た。外郭を突破された泰経は、石神井城での抗戦をあきらめ、ほうほうの体で落ち延びていった。

この石神井城攻略に際しての道灌の行動には、不可解な屈折点がある。吉里隊の進出によって相模戦線が窮地に陥っている以上、一日も早く豊島戦を決着させる必要が道灌にはあったはずだ。にもかかわらず、一旦は降伏を勧めて相手の出方を待つという、まどろっこしい方法を採っている。これはおそらく、政治的意図に基づくものだろう。

景春直属の被官だった矢野・吉里や金子らと異なり、豊島氏は武蔵の地ばえの領主（国衆）であるから、本来は武蔵の守護である山内家の配下に属している。したがって、これを討つにあたっては正当な手続きを踏んだが、やむなく最終的な手段に出ざるをえなかった、という形をとる必要があった。

実は、道灌はこののち謀叛人の財産として豊島氏の所領を没収し、自領に組み込んでしまっている。彼が、江戸周辺に城領を形成する形で「道灌ライン」の強化を進めてきたことを考えるなら、むしろ最初から豊島領の併呑を前提として、単独での豊島氏討伐戦に踏みきった、と考えた方がよさそうだ。それゆえに、もっともらしい体裁を繕わなければならなかったのだろう。

同じ頃、抵抗をつづけていた小沢城も力尽きて陥落した。吉里隊の動向は不明だが、矢野隊の敗退によって退路を断たれる怖れが生じている以上、これも鉢形に退却したはずである。景春の作り出した第二戦線は、道灌の果断な用兵によって消滅した。

上杉軍の苦境

第二戦線が消滅し「道灌ライン」が確保されたことによって、江戸に居座りつづける必要のなくなった道灌は、上杉軍主力と合流して五十子陣を回復することができた。これに対し、長野氏をはじめとした上野の不満分子を糾合して意気あがる景春は五十子に急迫し、五月十四日には用土（ようど）ヶ原で上杉軍主力と激突した。

この合戦で辛くも勝利した上杉軍は景春を鉢形城へと追いつめようとしたが、背後から古河公方軍が迫ったため、再び上野へと後退せざるをえなくなった。この後しばらく、上杉軍と景春・成氏連合軍とは、上野で一進一退の戦いをつづける。上野東部の国衆たちの中からは成氏側に寝返る者が続出し、上杉軍の苦境はいかんともしがたかった。

上杉軍にとってなにより痛手だったのは、五十子の本営とそれに連なる補給線を失ったことであったが、これは結果的に道灌ラインと引き換えに失ったようなものだ。道灌は兵粮を確保するため、成氏や景春の制圧地域に出撃して略奪を繰りかえしたが、上野はもともと山内家の勢力圏であったから、この行動は山内家中の批判を呼ぶこととなった。加えて上杉軍の首脳部では、作戦指導をめぐって山内家の家宰である長尾忠景と道灌とがことあるごとに対立し、道灌の献策は顕定によって却下されつづけていた。

史料から読みとるかぎり道灌は、教養に富み合理的な判断力に秀でてはいたが、一方で故事を引きながら持論を理詰めで諄々（じゅんじゅん）とぶつ人物でもあったようだ。また、彼は尊大な自信家で、自分は他の誰よりも功績を上げているのだから、より多くの行賞を受けて当然だ、という態度を隠そうとしないところがあった。要するに、仕事は抜群にできるが鼻につく人物というわけだ。おそらく顕定も忠景も、こうした道灌に生理的な嫌悪感を持ったことであろう。

政治決着

この閉塞状況を打開するために道灌は、あっと驚く逆転技を案出した。目下最大の問題は、景春が古河公方成氏と連携していることにある。ならば、この連携を断ち切ればよい。道灌は、成氏を正式な公方として幕府に認めさせるべく上杉側が斡旋することで、成氏との間に和議を結ぶことを提案したのである。顕定も忠景も定正も、成氏との和議には違和感を覚えたはずだが、かといってこれに代わる妙案は見出せそうになかった。

かくて、上杉側と成氏側とでは和睦交渉が行われ、翌文明十年（一四七八）の一月には公方軍が撤退を開始した。一息つくことになった上杉軍は疲弊した将兵を休ませることとし、一月二十四日には扇谷定正も、上野の倉賀野(くらがの)陣から河越城へと帰還した。

ところが、河越城へ戻った道灌のもとに、豊島泰経が武蔵平塚(ひらつか)城で再び蜂起した、との急報がもたらされる。江戸・河越間の連絡が遮断されることを怖れた道灌は、これにただちに反応し、河越城を出て南下したものの、膝折(ひざおり)の宿に達する頃には泰経は城を捨てて逃走してしまった。さらに江戸城に入った道灌は、南武蔵の小机に景春方の残党が結集していることを知った。

成氏の戦線離脱によっていきおい苦境に立たされることとなった景春は、上杉軍が態勢をととのえて本格的な攻勢を開始する前に、再び道灌を扇谷軍主力から切り離し、南方で釘付けにする作戦に出たのだ。この間に上杉氏の背後を攪乱して切り崩すことに、勝機を見出そうとしたのである。

江戸城を出た道灌は、鶴見川北方の亀甲山(かめのこやま)に陣を敷いて小机城と対峙した。相模では、逃亡潜伏中の金子掃部らも小沢城以下の数箇所で再挙しており、多摩地方の有力国衆である大石氏も二宮(にのみや)城で叛旗を翻していた。

景春は、これらの後詰として再び吉里隊を分派する一方で、自らは浅羽(あさば)に進出して江戸・河越間を分断する構えを見せた。そして、定正の扇谷軍主力が河越から出撃すると、景春は後退して主力を温存しながら周辺の諸領主を指嗾(しそう)し、下総の千葉孝胤(たかたね)をも抱き込んで巻きかえしをはかった。

叛乱の終息

叛乱軍の本体である景春をたたかないかぎり、乱が鎮定できないことは明らかだった。けれども道灌は、弟の資忠を増援に送ることで定正に危地をしのがせ、自身は引きつづき亀甲山陣にとどまった。あくまで道灌ラインを維持して戦略的持久態勢を構築することを、彼は優先したのである。

四月十日に小机城の攻略に成功した道灌は、返す刀で二宮に大石氏を攻めて帰服させた。

武蔵でも屈指の有力者である大石氏を討滅することはさすがにためらったようだが、小机領は謀叛人の所領として占領・収公し、休む間もなく相模諸城の攻略にあたった。ただ、小机領はもともと景春と忠景との係争地であったから、この措置により道灌と忠景の関係は一層険悪なものとなった。

さらに道灌勢は、敗走した景春方の残党を追って、津久井地方から甲斐（上杉氏の管国ではない）へと越境し、潜伏地一帯を徹底的に焼き払って掃討した。また、年末から翌年にかけて、道灌は下総へと侵攻した。景春に与同した千葉孝胤に対する、報復攻撃のためである。この戦いで道灌は、片腕とたのむ弟資忠をはじめとして、多くの将士を失ったが、景春も相模方面での敗退とあわせて両腕をもがれた恰好になった。

文明十一年の九月頃には、さしもの景春も秩父山中に後退し、上杉軍は主力を結集して総攻撃を開始するばかりとなった。にもかかわらず、この陣中でも道灌と忠景との対立が再燃し、顕定と幕府との交渉が停滞気味なことに疑念をいだいた成氏が不穏な動きを見せたこともあって、上杉軍の作戦はなかなか進展しなかった。景春は、この隙を衝くように執拗な反攻を繰りかえして上杉軍を苦しめつづけた。

ちなみに、敵が侵攻しにくい山がちな地域などをバックグラウンドとして利用し、巻きかえしを策して勢力を回復させるような戦い方を後背地戦略と呼ぶ。秩父地方を後背地として利用できるという意味においても、鉢形を叛乱の本拠として選んだ景春の眼力は確かなものだったことがわかる。とはいえ、景春も劣勢は覆しがたく、翌十二年（一四八〇）六月には

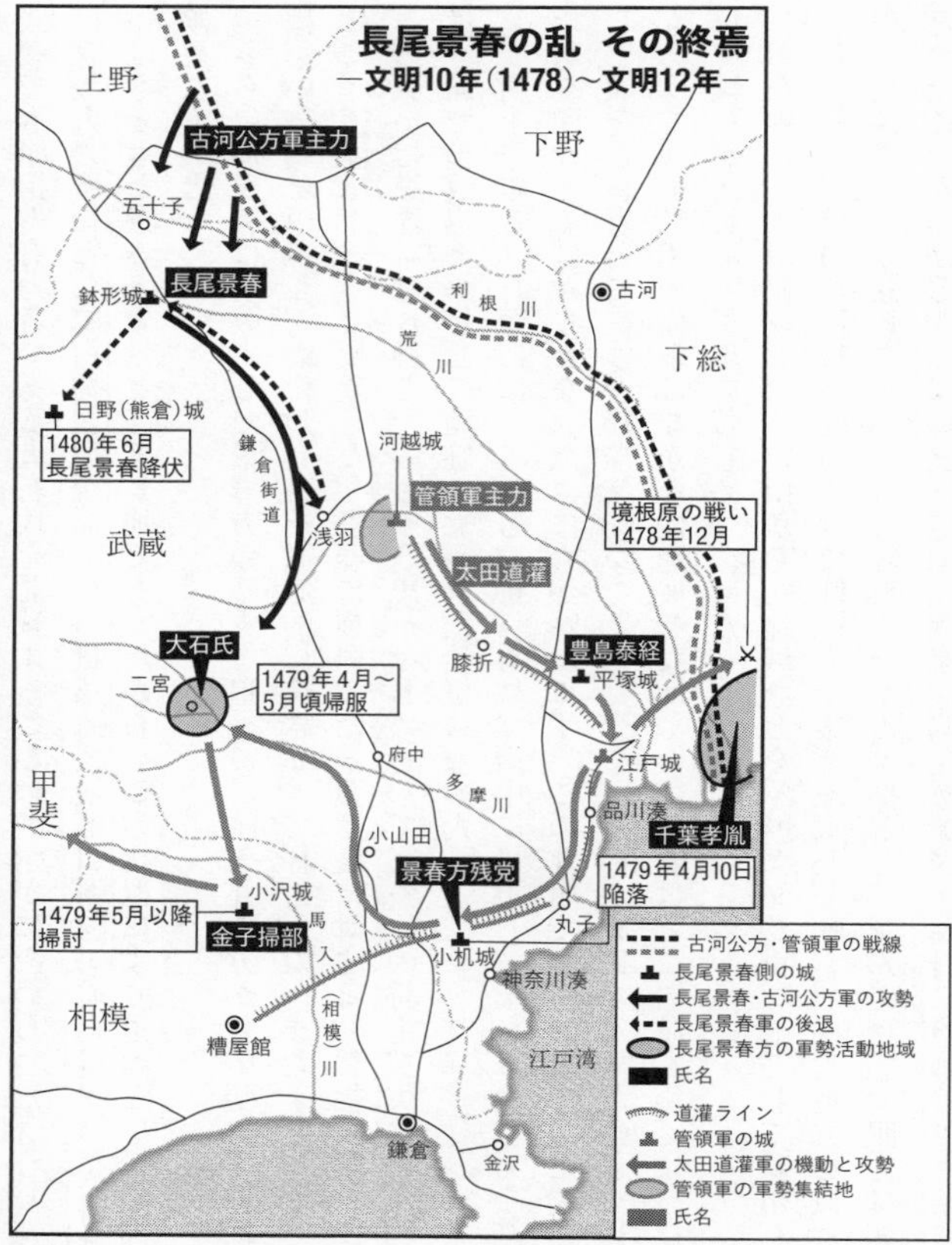

再度蜂起した長尾景春に対し、道灌は、その与党の軍勢を各個撃破することで、景春を追い詰め降伏させた。しかし道灌の軍事行動は、扇谷家を守るというよりも自己の勢力拡大ととられてもしかたのない面があり、これが道灌暗殺へと結びつく。

秩父山中の日野城に追いつめられ、ついに降伏した。
ここに、文明八年六月以来まる四年に及んだ長尾景春の乱は、ようやく終息した。また、成氏と幕府との関係を修復する「都鄙合体（とひがったい）」によって、四半世紀ちかくつづいた享徳の大乱も、ひとまずの決着を見たこととなる。

三、関東三分

かりそめの平和

関東には一応の平和が訪れた。けれども、山内顕定と扇谷定正に突きつけられた現実は厳しいものであった。まず、講和に際して成氏を公方として幕府に認めさせる方針をとったために、堀越公方政知の存在が宙に浮いてしまった。また、武蔵の守護は山内家であったが、道灌が「道灌ライン」を堅持しながら勢力の扶植に努めていったために、河越以南は扇谷家の実質的な支配圏に組み入れられた。扇谷家の勢力は一気に伸長し、山内家に脅威を覚えさせるものとなった。

すなわち、乱の現実的解決の結果として、関東は古河公方・山内家・扇谷家の支配圏に三分され、堀越公方政知は伊豆の一地方政権に堕してしまったのである。鎌倉府体制の再建は、放棄されたも同然であった。そして、この鼎立（ていりつ）状況が多くの不安定要因をかかえこんだものであることを、道灌は理解していた。遠からず戦火は再燃し、その時には山内家と扇谷家はもはや、単純な宗家・庶家の関係ではありえないであろう。

こうしたなか、山内家の内部からは、乱に際しての道灌の行動に対する疑惑と不満とが噴出していた。戦場での道灌は状況に応じてすばやく判断を下していったが、このスピードに追随できない者たちの目には、道灌の行動は不可解で不誠実なものと映ったのである。

それ以上に見すごせなかったのは、彼が景春の与同者たちを容赦なく討滅して、その所領を大量に収公していったことであろう。これは理屈の上では、謀叛人の所領財産は討滅に功のあった者に恩賞として宛（あてが）う、という中世武家社会の原則にのっとった行為ではあった。けれども、戦争という現実への対応をテコとして戦略的持久体制の構築を強引に推し進めた道灌は、山内家側から見れば火消しのふりをした火事場泥棒に他ならなかった。

問題は、扇谷家中にもきざしていた。景春方から接収した闕所（けっしょ）地（知行する者が討滅されるなどしていなくなった所領）が道灌とその関係者らに分配された結果、家中に巨大な「道灌閥」が出現したのである。道灌の軍事的・政治的手腕に心服する者がいる一方で、山内顕定や長尾忠景と同様に、彼に性格的な嫌悪を感じる者も当然あったろう。扇谷家中は、二つに分裂しかねない状況にあった。

定正は当初、乱を鎮定した道灌の手腕と実績を評価し、彼を庇おうとしたようだ。だが、当の道灌は山内家側の神経を逆なでするかのように、江戸・河越両城の改修をつづけ、軍事力の増強に余念がなかった。関東の秩序を回復するという建前を捨てきれない定正や顕定の目には、道灌の戦略的持久態勢構想が危険思想と映るようになっていった。

道灌の呪縛

道灌の存在自体が扇谷・山内両家間の政治問題となってゆくなかで、ついに定正も決断を下さざるをえなくなった。文明十八年（一四八六）七月、道灌は定正に招かれて、久々に糟屋の館を訪れた。すでに彼の政治的立場は抜きさしならないものとなっていたが、主君と胸襟を開いて語り合うことにより、打開の糸口を見出しうると考えたのであろう。

しかし、糟屋で彼を待っていたのは、主君との語らいではなく、凶刃であった。「当方滅亡！」そう叫んで道灌はこと切れたという。「これで扇谷家もお終いだ！」という意味である。享年五十四、自分が扇谷家にとって不可欠な人間であることを最後まで疑わなかったところに、道灌の悲劇があった。

この謀殺事件は各方面の波紋を呼び、道灌の不在によって生じた軍事的空白は、南関東の政治情勢を不安定なものにしていった。扇谷家では、糟屋で道灌を手にかけた曽我兵庫助（そがひょうごのすけ）が権力の掌握に狂奔していたが、すでに家中は一枚岩ではなかった。乱の後遺症をひきずる山内家も事情は同前で、ことに長尾氏各流の対立は深刻であった。

さまざまな憶測や不確実な噂が飛びかうなかで、各勢力は疑心暗鬼にかられながら多数派工作に汲々とするようになる。そして、甲斐に逃れていた道灌の嫡子資康（すけやす）が顕定に庇護を求めたのを機に、山内・扇谷両家間の緊張は一気に高まった。翌年の長享元年（一四八七）十一月、ついに両家の間に戦端が開かれ、たちまち長享の乱と呼ばれる全面戦争へと発展していった。

戦争という否応のない現実のなかで、両上杉家は相手に勝つための体制作りを進めざるをえなかった。結果として、山内家は上野と武蔵北半を、扇谷家は相模と武蔵南半をそれぞれ基盤とする、領域支配権力を志向することとなってゆく。それこそ道灌が構想し、定正・顕定・忠景によって排除された戦略的持久体制ではなかったか。皮肉なことにこの三人は、道灌を抹殺した結果として、彼の構想が正しかったことを証明するかたちとなったのである。

景春の戦い

さて、本章の一方の主人公である長尾景春は、文明十二年（一四八〇）に降伏したのち、しばらくは古河公方成氏のもとで逼塞していたらしい。彼はこの後、「伊玄入道」の名で史料に登場するから、出家を条件に助命されたのであろう。持駒として面白い、と踏んだ成氏が身柄の引請けを申し出て、成氏との関係をこじらせたくない顕定が、やむなく承諾したのではなかろうか。

とはいえ景春は、経を読んで余生を送れるような男ではない。長享の乱（一四八七）が勃発するや、今度は扇谷軍の客将として参戦するのである。この時、景春四十四歳。率いる手勢は少なかったであろうが、豊富な実戦経験と並はずれた勝負勘をもち、山内家の内情に通じた僧形の用兵家は、顕定にとって厄介な存在となった。以降、景春はかつて仇敵だった定正を助けて各地を転戦するが、その定正も明応三年（一四九四）八月、荒川を渡河中に落馬

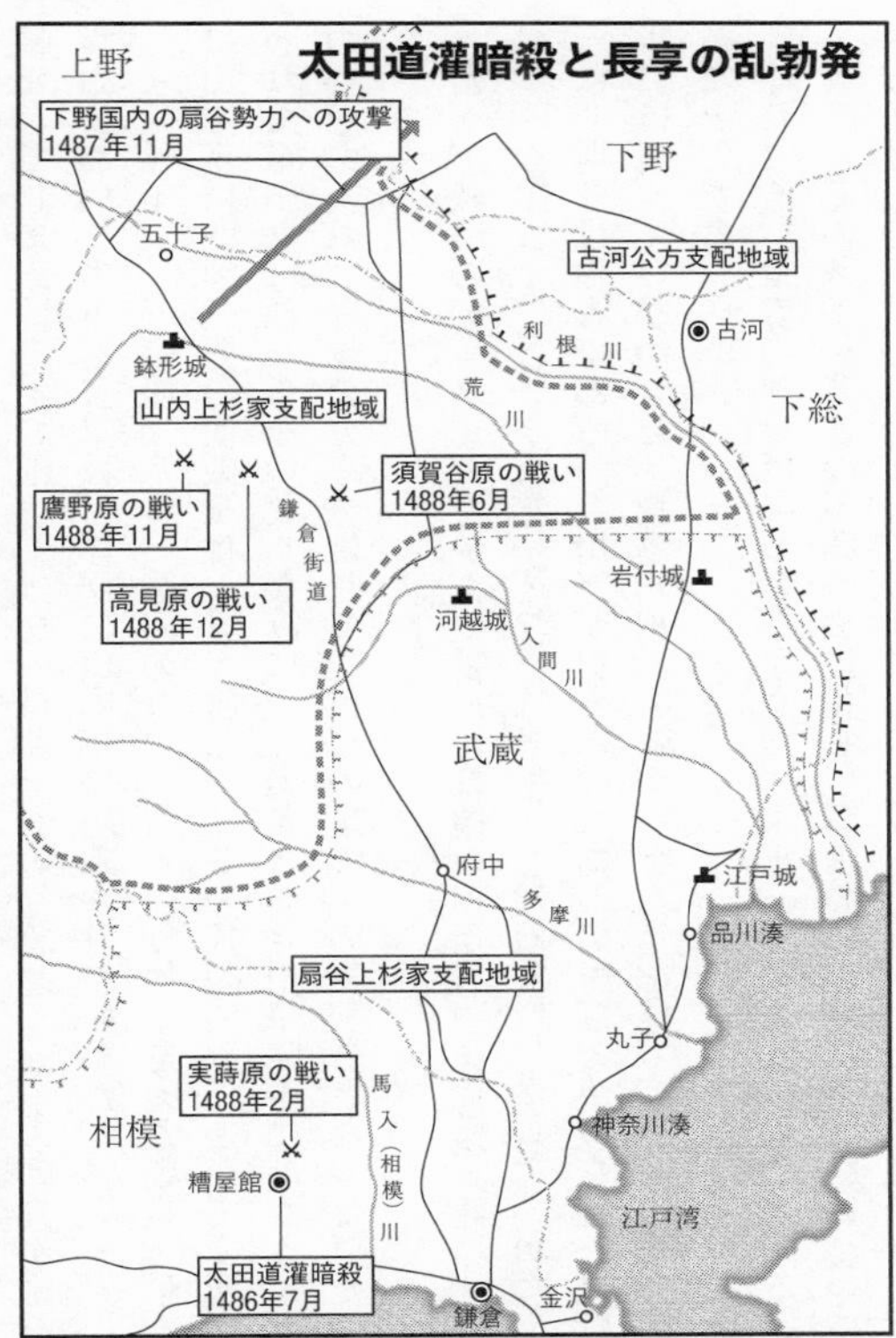

図は長享の乱勃発当時（長享元年=1487年）の各氏の勢力範囲と、長享の乱初期の主要な合戦を示す。このうち実蒔原、須賀谷原、鷹野原・高見原の合戦は、長享三戦と呼ばれる。長尾景春の乱や長享の乱により、関東では軍事力を背景とした領域の実効支配、すなわち「分国化」が始まり、公方や守護の肩書は有名無実となった。これは守護や守護代による統一という形で戦国大名権力が成立した駿河・甲斐・越後とは異なった状況であり、これが伊勢宗瑞（北条早雲）が進出できた政治的環境ともなっていった。

頓死してしまう。享年五十一、無念の最期である。急遽、養子の朝良が跡を嗣ぐものの、動員力において劣る扇谷軍は、徐々に山内軍に圧迫されていった。

永正元年（一五〇四）八月、駿河の今川氏親という援軍をえた朝良と景春は、武蔵立河原で山内軍に乾坤一擲の決戦を挑み、大勝した。この氏親こそ、かつて文明の内訌で道灌に逐われた竜王丸に他ならない。ちなみに、このときの今川軍陣中にはもう一人、僧形の用兵家の姿があった。堀越公方を滅ぼして、伊豆の事実上の支配者となっていた伊勢宗瑞（北条早雲）である。

だが、戦略の行き詰まりを戦術で補うには限界がある。鉢形城（註）へと逃げ帰った顕定は、「実家」である越後上杉氏からの援軍をえて勢いを盛り返した。かたや今川家と扇谷家とは、所詮は他人である。今川軍が引きあげたあとで再度の決戦を挑むだけの余力は、扇谷軍には残っていなかった。長享元年の開戦から十八年を経て、ついに朝良は山内家に屈服することとなる。

それでも、景春の戦いは終わらなかった。永正三年（一五〇六）に入ると、今度は古河公方成氏とその嫡子高基との不和が尖鋭化し、各地の領主間抗争と結びついて、ふたたび内乱へと発展していったのだ（永正の乱）。永正四年（一五〇七）、越後では守護代の長尾為景が主君房能を弑逆し、庶家の定実を新しい守護に立てて実権を掌握する事件が起きた。房能は顕定の実弟である。

激怒した顕定は為景追討の軍を催すが、上野に潜行していた景春がにわかに挙兵し、白井・沼田の両城を占拠して進軍を阻んでしまった。白井城は、白井長尾家だった景春のかつての本拠である。顕定は、兵力にものをいわせて景春の抵抗を排除し、越後に侵攻したのち為景と定実を越中へと逐う。しかし景春は、上野・武蔵で執拗なゲリラ戦を展開して顕定の背後を攪乱しつづけ、困惑した顕定が和睦を申し出ても、応じようとはしなかった。

その顕定も、永正七年には為景の反攻に遭い、敗走中を捕捉されて五十六年余の戦塵にまみれた生涯を閉じた。時に、景春六十七歳。かつて家宰の座を争った長尾忠景も、すでにこの世の人ではなかった。さしもの闘将も寄る年波に勝てなかったのか、憎みつづけた旧主の死に緊張の糸がとぎれたのか――以後その動向は記録にあらわれなくなる。

（註）景春の乱を鎮定したのち、顕定は道灌の勧めにしたがって鉢形城に入り、北武蔵における戦略拠点としていた。

乱の軍事史的意義

長尾景春の乱は、長尾景春と太田道灌という二人の卓越した個性によって惹き起こされ、終始リードされた事件であった。ここでは、乱の意義について軍事史的な観点から考察してみたい。

そもそも、中世社会における軍隊の基幹構成員は武士である。武士とは文字どおり武（＝戦いや殺生）を家業として主君に仕える者のことであり、幼い頃から武芸を徹底的に叩き込まれて育つ、いわば職能戦士だ。また、中世社会の基礎単位は家である。したがって中世の軍隊は、家ごとにグルーピングされた職能戦士集団が、一人の主君のもとに寄せ集められた形となり、戦いは個人戦を集積したごく大雑把な集団戦とならざるをえない。

そうした原理に基づく戦争では、双方が戦力を結集して相手方の野戦軍を撃破する、という単純な用兵が原則となる。ゆえに、できるだけ多くの軍勢を招集すること、決戦のための適切な場所とタイミングを選択することが、総大将（司令官）の主要な役目となる。享徳の乱では、そうした単線的原理に基づく会戦を繰りかえした結果、数千単位の軍勢を動員した双方が等しく消耗して、膠着状態をまねくこととなった。

また、中世の戦争における城郭は、基本的には軍事力を運用する上での策源地であり、籠城とは地域における軍事的プレゼンスを保持するための行為であった。軍隊の動員と運用の原理が単純であったから、城郭もその起点として機能すればよかったのだ。扇谷軍における江戸城・河越城や、景春が拠点とした鉢形城も、こうした機能に沿ったものであったし、「陣」と呼ばれた五十子の本営も、策源地という本質は同様であった。

ところが景春の乱では、これらとは明らかに異なる性格の城郭が多数用いられるようになった。石神井城・練馬城や小沢城などがその代表だ。これらは、敵戦力の分断や誘引・拘束、連絡の遮断、後詰の阻止、あるいは味方連絡線の確保、といった多様かつ具体的な必要に基づいて運用されている。溝呂木要害や小磯城、平塚城にいたっては、陽動を目的とした偽装陣地に近い性格をもち、所期の目的が達せられれば簡単に放棄された。本拠や策源地とは全くことなる、「戦術的築城」とでも呼ぶべき城郭が戦場に出現したのである。

作戦の時代

景春も道灌も、こうした「戦術的築城」を効果的に活用しながら、これを野戦と組み合わせて立体的な作戦を展開していった。そして、享徳の乱の数分の一程度という、限られた兵力を巧みにやりくりしながら、相手方に不本意な戦力運用を強要することによって、自軍の優位をつくりだそうとした。兵力量や個人の武勇ではなく、「作戦」の可否が戦場を支配する時代がはじまったのである。

もっとも、こうした考え方が、周囲の武将たちにただちに浸透したわけではない。「道灌をできるだけ長く江戸方面において拘束する」という自分たちの戦略的位置づけを充分理解できていなかった豊島兄弟は、相手の挑発に乗って野戦にはやり、江古田・沼袋で惨敗した。山内顕定や長尾忠景が道灌の献策を却下しつづけたのも、こうした変化を理解しなかったからであろう。

長享・永正の乱を戦う中で、山内家や扇谷家の武将たちも景春と道灌によってもたらされた戦場の変化に気づかされていった。にもかかわらず、定正の後継者たち（朝良・朝興(ともおき)・朝定(ともさだ)）は、相模・武蔵での戦略的持久体制という道灌の構想を、結果として受け継ぐことができなかった。「道灌ライン」を、西から狡猾に掠め取る者が現れたためである。すなわち、新興勢力である伊勢宗瑞・北条氏綱(うじつな)父子は、扇谷領を次第に蚕食(さんしょく)して江戸城・河越城を奪取し、「道灌ライン」の継承者となっていったのだ。

これに対し、河越城や松山城を起点とする扇谷軍の反攻経路は、結果としてかつての景春の作戦線をトレースすることとなった。平地や低丘陵が展開する南関東においては、河川と街道が作戦上のカギを握ったためだ。そして最終的には、「道灌ライン」を守りとおした北条氏康が、天文十五年（一五四六）の河越夜戦に勝利して、扇谷家の息の根を止めてしまうのである。

早すぎた天才

最後に、太田道灌と長尾景春の人物像について考えてみたい。

まず、二人の行動を振りかえってみると、彼らが本質的にリアリストであったことがわかる。五十子に向かう商人のような非戦闘員への攻撃、あるいは放火や略奪といった行為を、彼らは戦術として積極的に活用していった。また、「敵の敵は味方」という論理から成氏と結んだり、鎌倉府体制の回復を放棄して関東を三分するような計策をも、平然と用いた。

道灌が構想した相武両国での戦略的持久体制は、戦国大名が目指した領域支配（分国）の「はしり」だったといってよい。道灌が単なる作戦家にとどまらず、長期的・大局的なヴィジョンをもつすぐれた戦略家だったことがわかる。

また彼は、主君を弑逆する意志をもたず、あくまで扇谷家の隆盛を目的に掲げてはいたものの、討滅した敵の所領を併呑して勢力拡大を目ざす、貪欲な野心家でもあった。というより、戦争をテコとした勢力拡大を最初から目論んでいた、と見た方が実際に近いだろう。道灌は、おのれの野望や政治目的を達成するために、戦争という手段を躊躇なく用いる人物であった。軍事の天才という意味において、道灌はたしかに「名将」と評すべき人物ではあったけれども、彼は決して仁慈にあふれた「名君」などではなかった。

対する景春の場合、軍事的天才という点では道灌と共通するものの、戦争の目的が何であったのかが今ひとつ明確ではない。文明八年の挙兵時点では、忠景を追い落として家宰となることが目的だったはずだ。しかし、直後に彼は成氏と結んでいる。軍事的優位をえるためには、たしかに現実的な選択だったかもしれないが、山内家中でいかに地位をえるかという政治的意味を考えるなら、明らかにマイナスとなるはずだ。

長享・永正の乱に際しての行動も、顕定・忠景への憎悪に突き動かされてのもの、といってしまえばそれまでかもしれないが、仮に扇谷家の客将として山内家を打倒したとして、それで家宰の地位につけるわけではない。景春の叛乱は、一見すると下剋上的ではあるけれども、主君に取って代わろうとはしなかったという意味で、下剋上とは言えないことになる。

景春は、戦術家として卓越した才を有していたものの、戦略家や政治家ではなかった。道灌にとっての戦争が、体制を自己に都合よく作りかえるための手段だったのに対し、景春にとっての戦争は、ひたすら体制への反抗だったように見える。というより、彼にとっては戦争そのものが目的だったのではなかろうか。戦場という極限状況で自己を燃焼させることに何より達成感と喜びを感じる、生まれながらの戦争屋――長尾景春とは、そのような人物だったように思う。

景春の晩年については、つまびらかでない。上野か北武蔵のどこかで、老残の身をひっそりと横たえていたのであろう。没したのは永正十一年(一五一四)、享年七十一と伝わる。道灌・定正・顕定・忠景の誰よりも長くを生き、体制に抗いつづけた不遇の天才戦術家は、最期に何を思ったか。

すでに伊勢宗瑞は相模の過半を版図におさめ、三浦氏を新井城に圧迫しながら扇谷朝良と戦っていた。鎌倉府「体制」は昔話となり、軍事がすべてに優越する本格的な群雄割拠の時代——景春のような、生まれながらの戦争屋こそを必要とする時代が訪れつつあった。

第二章

伊勢宗瑞と北条氏綱

国を盗む、国を創る

戦国大名・北条家

関東を支配する権力が、古河公方・堀越公方・山内上杉・扇谷上杉の四つに分裂して相争っている頃、西からやって来た一人の男は、旧来の勢力から狡猾に掠め取った領域を、権威や肩書によらずに自力で支配しはじめた。その息子は、父親から譲られた支配領域を自分の国へと仕立てていった。戦国大名・北条家（後北条氏）の誕生である。

北条家は、武田・上杉・織田・豊臣、あるいは伊達・毛利といった諸大名に比べて、歴史ファンの人気としては今ひとつの感がある。しかし、彼らは日本史上初の戦国大名となって以来、豊臣秀吉の侵攻によって滅亡するまで五代百年の長きにわたって存続した。しかも、その間ただ一度の内訌をも経験しないという、稀有な権力体でもあった。その意味では、北条家こそもっとも強靭な戦国大名ということができよう。

本章は、この「関東百年帝国」創業の物語である。

一、関東国盗り物語——伊勢宗瑞

「北条早雲」の虚実

北条五代の始祖となった人物は、一般には「北条早雲」の名で知られている。今川義忠に嫁いでいた姉の北河殿(きたがわどの)を頼って駿河に下向した所から、彼の「国盗り物語」はスタートするとされている。

しかし、「北条早雲」という名の武将は歴史上は実在しない。この家が「北条」を称するのは、彼の死後のことである。彼の生前の苗字は「伊勢」、仮名(けみょう)は「新九郎」で、のちに出家して「宗瑞(そうずい)」と号した。実名は長氏(ながうじ)とされることもあるが、良質の史料では確認できず、もっとも確実なのは「盛時(もりとき)」である。実名が確定しにくいのは、改名を重ねたためかもしれない。現在の戦国史研究ではこの人物を「伊勢宗瑞」と呼ぶのが一般的なので、本書でもこれで統一したい。

伊勢宗瑞の前半生については、長らく伝説の霧に包まれていた。だが、近年、黒田基樹氏や家永遵嗣(いえながじゅんじ)氏らの精力的な研究によって解明が進み、通説の多くが後世の潤色によるらしいこともわかってきた。以下、こうした研究成果に基づいて、あらためて宗瑞の人物像を描いてみたい。

まず、生年について。通説は永享四年（一四三二）としてきたが、これは没年の永正十六年（一五一九）から、享年を八十八として逆算した結果のようだ。黒田氏の考証によれば享年を八十八とすること自体がフィクションであり、実際は六十三歳、逆算すれば康正二年（一四五六）の生まれということになる。

室町幕府の政所執事(まんどころしつじ)を代々務めた伊勢氏の庶流で、備中に所領を有した備中伊勢氏が、彼の出自である。宗瑞自身は幼少期を備中で過ごした可能性もあるが、当時の備中伊勢氏は伊勢氏本宗家を補佐していたから、成年に達する頃には京に上っていたはずだ。また宗瑞の母は、政所執事伊勢貞親の妹（または姉）であったが、貞親は日野富子の近臣として当時の幕政を壟断していた人物である。若き日の宗瑞も、幕府の中枢近くに身を置いていた、と考えてよいだろう。

要するに、幕府高級官僚の一族に生まれ、相応の教養と政治的センスを身につけた人物、というのが宗瑞の正体だったことになる。姉が駿河の守護家に嫁いでいたのも、決して不自然なことではなかったわけだ。

駿河下向

文明八年（一四七六）、駿河守護の今川義忠は遠江に出陣した。今川氏は応仁の乱で東軍に属していたので、西軍側の斯波氏が守護を務める遠江を攪乱しようと考えたのだ。しかし、義忠はその帰途に塩買坂で襲撃を受け落命してしまった。関東で長尾景春が叛乱の機をうかがっていた頃である。

今川家の家督は、義忠の叔父の小鹿範満と義忠の嫡男である竜王丸が争うことになった。東国情勢安定化のためにこれに介入する方針をとった関東管領の上杉氏は、扇谷家の家宰である太田道灌を駿河に派遣した。その結果、上杉氏や堀越公方政知の支持をえた範満が家督についたが、このとき、敗れて逼塞することとなった竜王丸こそ、北河殿の子、すなわち宗瑞の甥であった。

文明18年（1486）〜19年／長享元年（1487）
—「長享の乱」直前の南関東諸勢力—

享徳の乱（1455 〜 1482）の結果、南関東は武蔵と下総を境に、おおむね古河公方の勢力圏と、関東管領山内上杉と扇谷上杉の両上杉家の勢力圏に分かれた。

一方の関東では長尾景春の乱を政治的に決着させた結果として、堀越公方の存在が宙に浮いてしまった——といういきさつは前章で述べたとおり。宗瑞はちょうどこの頃、北河殿に招かれて駿河に下向したらしい。黒田説に従うなら二十代後半だったことになる。

文明十八年（一四八六）、関東では太田道灌の謀殺事件を契機として山内・扇谷両家の対立が尖鋭化し、長享の乱と呼ばれる両者の全面的な武力抗争がはじまった。これにより、今川家当主だった範満の支持基盤が揺らいだことを好機と見た宗瑞と北河殿は、すかさず家中にくすぶっていた不満分子を結集して範満を倒し、竜王丸すなわち今川氏親（うじちか）を擁立することに成功した。宗瑞がちょうど三十歳を迎える年のことだ。

俗説では、応仁の乱による混乱で流浪の身となった宗瑞が、北河殿の縁をたよって今川氏の食客となったように言われてきたが、実際の彼は、もっとはっきりした目的をもって駿河に下ってきたのである。こうして彼は、今川家中屈指の実力者に躍り出た。

伊豆侵攻

隣国の伊豆では、いまや一地方政権に甘んじることとなった堀越公方の政知が、不遇をかこっていた。京都では、八代将軍義政の後継者をめぐる争いから、応仁・文明の大乱が起きていたからだ。義政の異母兄である政知にだって、本来なら将軍後継者の資格はあるはずではないか。この政知には、嫡子である茶々丸（ちゃちゃまる）の他に、円満院という女性に産ませた潤童子（じゅんどうじ）と清晃（せいこう）という男子がおり、清晃は京都で仏門に入っていた。

ここに、幕府の要職にあった細川政元（まさもと）が、清晃を次期将軍に擁立し、自身が幕府管領となって実権を握るクーデターを構想し、政知に持ちかけてきたのである。政知は、この危険な計画に飛びついた。そして、潤童子に堀越公方を嗣がせ、円満院の二人の息子たちが東西の公方に立つことを夢見て茶々丸を廃嫡したものの、延徳三年（一四九一）の四月、クーデター計画が動き出す前に自身が病没してしまった。残された茶々丸は、潤童子と円満院を斬って実力で家督を簒奪する挙に出たのだが、周辺諸勢力の支持を得られず、伊豆の国内は混乱に陥った。

かたや京都では、明応二年（一四九三）の四月に細川政元のクーデターが実現し、清晃が十一代将軍義澄となった。伊豆に残してきた実母と兄を殺された新将軍は、茶々丸に対して恨み骨髄である。義澄は駿河守護の今川氏親に茶々丸討伐を命じ、氏親は叔父の宗瑞をその実行部隊に選んだ。こうして宗瑞は伊豆に侵攻したものの、茶々丸は辛くも落ちのびて二年ほど奥伊豆地方で抵抗を続けたのち大島に逃れた。

ここにひとつの問題が生じる。伊豆侵攻は、茶々丸の抹殺を目的とした作戦だったはずだ。だとしたら、茶々丸の逃亡は宗瑞の失態である。実は、彼が剃髪して宗瑞と称したのは、伊豆侵攻の直後の時期なのである。

この剃髪については、これまでも何らかの政治的パフォーマンスではないかとされてきたが、筆者は茶々丸を討ち損じたことに対する謝罪ではないか、と推測している。ただし後述するように、これは宗瑞の深謀遠慮であった線が濃厚だ。翌三年以降、宗瑞は今川軍の部将として遠江に出兵する一方で、氏親の意を受けて長享の乱にも介入し、扇谷定正・朝良父子を助けて関東に出陣する。頭を丸めたとは言え、隠遁するつもりなど毛頭ないのである。

塗り替えられた地図

こうした扇谷家の動きに対抗するため、管領の山内顕定はたびたび相模に侵攻し、さらに大島に逃れた茶々丸を支援して、甲斐で再挙を図らせた。明応七年の八月、宗瑞は甲斐に出兵してついに茶々丸を討ったが、この頃までには韮山を本拠として伊豆国内の茶々丸派も一掃していたらしい。

しかし、この間に山内軍は相模西部への攻勢を強め、扇谷家の有力武将として小田原城を守備していた大森藤頼は、圧力に屈して山内方に転じてしまった。宗瑞による有名な小田原城奪取は、こうした状況下で起きている。すなわち、氏親の意を受けて扇谷朝良を支援するため大森藤頼を駆逐する、という名目のもとに小田原城を奪取したのである。

永正元年(一五〇四)八月、山内顕定が大軍を発して扇谷領内深く侵攻すると、氏親と宗瑞は扇谷朝良を支援するため出陣し、九月二十七日には立河原で山内軍を撃破した。けれども、顕定はこれに屈せず、年末以降再び大規模な攻勢に出て、翌年の三月にはついに扇谷朝良を屈服させてしまった。

こうして長享の乱は終息し、ひとときの平穏が訪れたが、関東の政治地図はいつの間にか隅の方が塗り替えられていた。永正三年(一五〇六)、宗瑞は相模西郡で検地を実施している。これは宗瑞が、この地域における収取関係を確定する立場にあったことを意味している。いまや伊豆から西相模にかけての一帯が、守護でも管領家でも国司でもない、一人の僧形の男によって実効支配されていたのである。

こののちもたびたび氏親に従って遠江・三河に出陣し、今川家の部将としての体面を保ってゆく宗瑞ではあったが、その行動は公認された本来の立場を、次第に逸脱していった。

二、戦国大名への道

戦国大名の誕生

長享の乱が終結した二年後、今度は古河公方家に内紛が起きた。公方政氏とその嫡子高基との不和が表面化し、周辺の諸勢力を巻き込んで全面戦争へと発展していったのである。この永正の乱に際して、山内顕定と扇谷朝良はともに政氏支持を表明していたが、関東の諸勢力は独自の軍事行動を開始しつつあった。

こうしたさなかの永正六年（一五〇九）六月、山内顕定・憲房父子は、長尾為景を討伐するため越後に出陣した。窮地に陥った為景は、宗瑞や長尾景春に共闘を呼びかけた。八月、宗瑞の調略により、扇谷家の有力部将だった上田蔵人入道が武蔵の権現山で蜂起すると、宗瑞も呼応して相模中郡に進出し、扇谷領内を荒らし回った。ついに宗瑞は管領上杉氏と対立し、その勢力圏を公然と蚕食するにいたったのだ。

ところがこの間に、越後に出陣していた山内顕定が戦死してしまう。管領家の家督は古河公方家から養子に入っていた顕実（政氏の弟）が嗣ぐこととなったが、顕定とともに越後で転戦していた実子の憲房が、納得するわけもない。両者の対立は、古河公方家の内訌とたちまち結びついた。さらに扇谷朝良が政氏支持をつづけたため、両上杉家のせっかくの和睦も破綻して、関東は底の見えない泥沼の内乱へと沈み込んでいったのである。

こうした混乱を座視している宗瑞ではない。永正九年（一五一二）の八月、宗瑞は扇谷軍の前衛であった岡崎城を攻略し、守備していた三浦氏の軍勢を追い落とした。さらに、翌十年の四月には、三浦道寸（義同）の本拠地である三浦半島に兵を進めた。扇谷軍は後詰のために南下を繰りかえしたけれども、宗瑞は鎌倉の北方に玉縄城を築いてこれを凌ぎ、根気よく道寸を圧迫していった。

この頃から、相模各所への宗瑞の発給文書がめだって増えており、嫡子の氏綱もしばしば連署を加えるようになっている。扇谷方の勢力を排除して着々と相模の支配を強めてゆく宗瑞・氏綱父子は、いまや、室町幕府と鎌倉府が構成してきた「体制」を真っ向から否定し、自力によって領国を支配する権力体――すなわち、戦国大名となっていたのだ。

永正十三年七月、三浦勢の籠もる新井城が陥落した。景春の乱において道灌とともに戦い、以来扇谷家をよく支えてきた歴戦の勇将道寸も、ついに力尽きたのである。こうして、伊豆に加えて相模のほとんどを手中に収めたにもかかわらず、宗瑞はさらなる獲物をさがしていた。彼の目には、併呑した三浦半島が房総への架け橋として映ったらしい。わずか四ヶ月後、今度は上総武田氏と原氏との抗争に介入して出兵したのである。他家の抗争や内紛は、宗瑞にとってつねに勢力拡大のチャンスであった。

しかし、永正十五年（一五一八）四月に扇谷朝良が没すると、最大の支持勢力を失った古河公方足利政氏は不承不承、家督を高基に譲って隠退する。これに不服だった高基の弟・義明は、古河を出て小弓に居を構え小弓公方を称したが、永正の乱は埋み火を残しながらも一応の終息を見た（三四四頁系図参照）。宗瑞が介入してきた関東の戦場は、ここに一旦閉鎖されることになったのである。

ここであらためて伊勢宗瑞の事績をふりかえり、彼の歴史的評価を試みたい。これまで、宗瑞は今川家の客将として頭角をあらわしていったように語られてきたが、彼の「戦国ドリーム」はそれほど素朴なものではなかった。

では宗瑞は、どのようにして、そうした志向を有するようになったのであろうか。駿河に下向する直接のきっかけは、自分の息子を家督につけたいという北河殿の思惑だったかもしれない。とはいえ、氏親（竜王丸）の擁立を目的に駿河に下ったのだとしたら、宗瑞の行動は最初から充分に野心的だったといえよう。

ここで筆者が思うのは、彼ほどの政治的・軍事的力量があれば、中央にあって巧みに政争を乗り切り、室町幕府の実権を掌握することも――のちの三好長慶や松永久秀のように――あながち不可能ではなかったのではないか、ということである。しかし、宗瑞はあえてそうした道を捨てて東へ下った。そして、以後は一切の無位無官のまま、ひたすら自力のみによって領域支配権力たることを志向してゆくのである。体制の枠組みを利用して権力を握るという生き方に、彼は魅力を感じていなかったように思う。

また、宗瑞は下剋上の始祖のように評されがちではあるが、直接に主君を弑したわけではない。今川範満を打倒はしたが、氏親を傀儡として今川家を乗っ取ったわけではない。関東を統治する体制がいくつにも分裂し、対立と不安定な連携を繰り返す、その隙を巧みに衝く臨機応変さこそが、彼の本分であった。

だとすれば、伊豆討ち入りに際して茶々丸の逃亡を許したことも、最初から計画された失態だったのではあるまいか。もしあの時、茶々丸を抹殺しておれば、幕府は今川氏親を暫定的な伊豆の守護に任じた可能性が高い（伊豆は本来なら鎌倉公方の管轄下だが、古河公方と両上杉氏が抗争中では統治不能だ）。

しかし、茶々丸をあえて泳がせて伊豆国内を内乱状態に持ち込めば、茶々丸派を「謀叛人」として公然と討伐し、その所領を占領・収公することができる。実際に宗瑞は、小田原城と相模西部もこの方法で獲得しているのである。このやり方は、長尾景春の乱をテコとして勢力拡大を目論んだ太田道灌の手法によく似ている。

しかし、道灌があくまで主君である扇谷家の勢力拡大を前提としていたのに対し、宗瑞は明らかに自己の勢力拡大を目ざしていた。こう考えてくるならば、宗瑞の出家はかなりあざといパフォーマンスだったといえよう。体制の枠組みの外側で自力による支配圏の形成を企てた宗瑞が、透徹したリアリストであったことがわかる。

八月の侵略者

もうひとつ考えてみたいのが、野心を実現するための戦力を、宗瑞がどのようにしてもちえたか、という問題である。軍記類の伝えるところによれば、駿河下向に際して、荒木・山中・多目（ため）・荒川・大道寺・在竹（ありたけ）らの浪人が同道していたという。これが事実だったとしても、戦力と呼べるほどの人数ではない。作戦を実行するためには、数百規模の手勢をかき集めるための算段が必要だ。

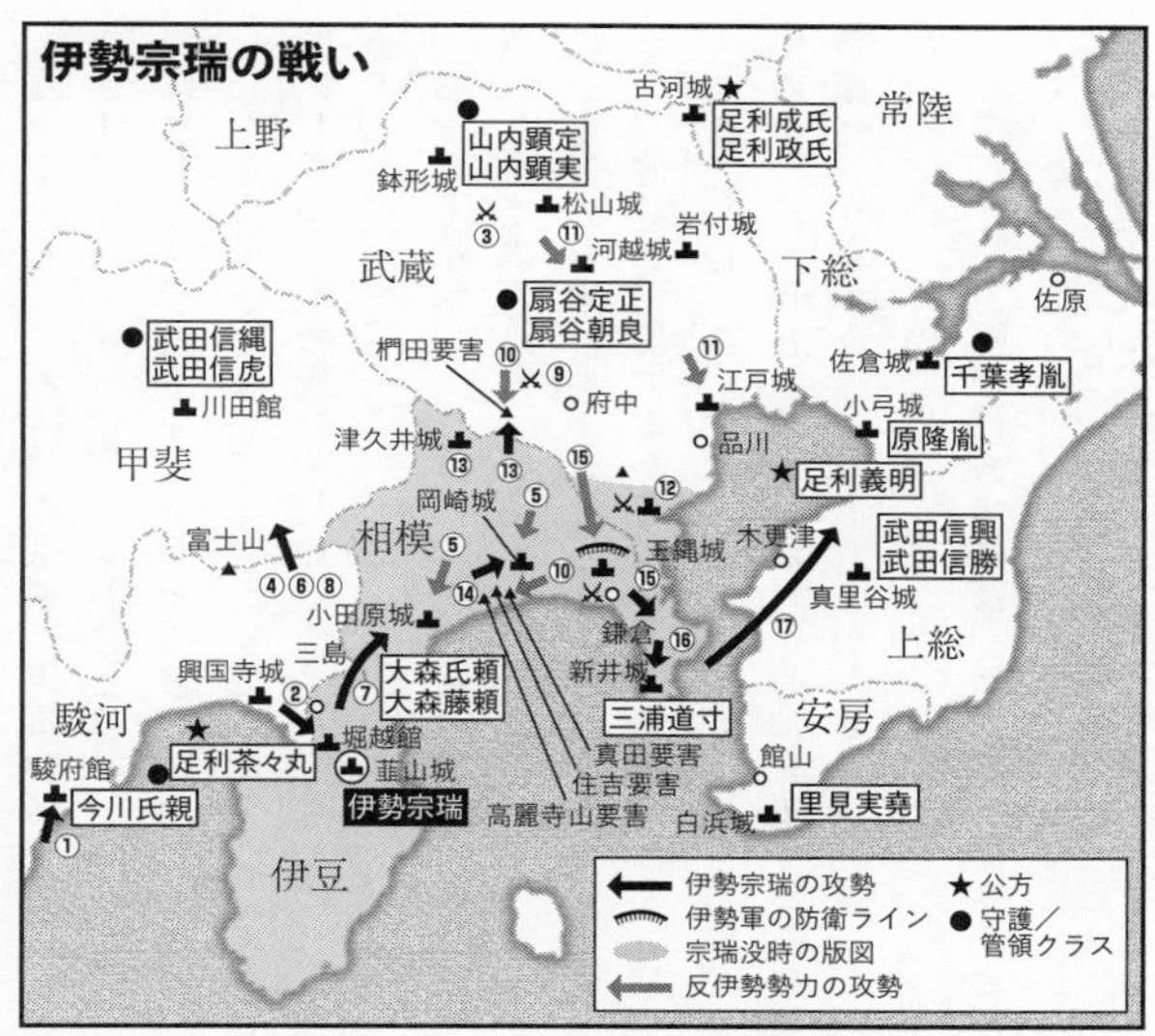

①文明18年(1486):宗瑞この頃、今川竜王丸(氏親)を擁し、小鹿範満に対してクーデター。
②明応2年(1493):宗瑞、伊豆侵攻。
③明応3年(1494):9～10月、宗瑞、扇谷定正を助け、相模・武蔵で山内顕定と戦う。
④明応4年(1495):8月、宗瑞、甲斐侵攻。
⑤明応5年(1496):山内顕定、相模侵攻。
⑥明応7年(1498):8月、宗瑞、甲斐侵攻。足利茶々丸を討ち、伊豆平定。
⑦明応5年から文亀元年の間に、宗瑞、小田原城攻略。
⑧文亀元年(1501):9月、宗瑞、甲斐侵攻。
⑨永正元年(1504):9月27日、立河原の合戦。
⑩同年 :12月、山内軍、武蔵椚田、相模真田要害を攻略。
⑪永正2年(1505):山内顕定、扇谷側の河越・江戸両城を攻撃。
⑫永正6年(1509):宗瑞の調略により権現山で上田蔵人蜂起。権現山合戦。宗瑞、両上杉家と対立。
⑬永正7年(1510):5～6月、宗瑞、多摩郡侵攻。椚田要害を落とす。長尾景春、津久井城で蜂起。
⑭永正9年(1512):8月、宗瑞、岡崎城を攻略。翌年正月にかけて鎌倉付近で三浦軍と衝突。
⑮永正10年(1513):4月、宗瑞、三浦郡に侵攻。扇谷軍、三浦氏救援のため度々南下。
⑯永正13年(1516):7月、新井城陥落。三浦氏滅亡。
⑰同年 :11月、上総武田氏と小弓原氏の抗争に介入して上総に侵攻。

その他、今川家部将として、明応3年、文亀元年に遠江に出兵。永正3年、同5年に三河出兵を行っている。

残念ながら、この時期の宗瑞の軍事力構成を、具体的にうかがい知る史料はない。しかし筆者は、もっともありそうな手段として、傭兵的戦力の活用を想定すべきだと考える。この時代は、各地で戦争や内訌が頻発していたが、勝者がいれば必ず敗者がいる。敗者は、遊兵化した不満分子となってくすぶっていた。かつて家督からはじき出された長尾景春が、数年間にわたって上杉氏を苦しめることができたのも、関東各地の不満分子を巧みに糾合したためであった。

おそらく宗瑞も、こうした勢力を被官化・組織化していったのであろう。また、純然たる傭兵としての「足軽」を活用した可能性も考えてよい。京都で応仁の乱を体験していた宗瑞は、足軽の有用性をよく知っていたはずだからである（足軽については第六章を参照）。ただし、彼らを動員するからには対価が必要となる。

ここで見逃せないのは、宗瑞の主要な軍事行動が、旧暦の八月前後に集中して起こされていることだ。現在なら九月から十月に相当するこの時期は、ずばり収穫期である。宗瑞は、略奪というエサを示して軍勢をかき集め、討滅した相手の所領を分配することで、主従関係を結んでいったのではなかろうか。

こうして勢力圏が拡大すれば、新たに臣従を求める者も出てくる。所領を得てひとかどの領主となった彼らは、軍役を負担するために兵をかかえ込み、兵たちも分け前にありつきたくて汲々としている。彼らの欲求を満たすためには、次の戦争が必要だった。こうして「八月の侵略者」は、後戻りのできない道へと踏み出していった。

反面で、宗瑞の行動が古河公方や両上杉家に強い危機感を与えたのも事実である。鎌倉府体制の再建が不可能となったことは、いまや誰の目にも明らかであり、古河公方も両上杉家も、生き残るためには、領域支配権力を強く志向せざるをえなかった。宗瑞の進出に触発されて、彼らもまた戦国大名への道を歩むことになったのだ。かくて危機感を深めた両上杉家と古河公方家は、扇谷朝良の死去を機として和睦に向かう。衝くべき隙は、急速に狭まっていった。宗瑞の戦略は、この時点で行き詰まらざるをえなかった。

永正十五年（一五一八）の夏、宗瑞は嫡子の氏綱に家督を譲って隠退し、翌年七月にはかつて道寸と死闘を繰り広げた三浦の海で、船遊びに興じた。数年来の凶作も一段落し、しばらく大きな戦（いくさ）のなかった伊豆・相模では、稲穂が頭（こうべ）を垂れている。氏綱も意欲的に領国経営に取り組んでいる様子で、さしもの梟雄（きょうゆう）も、心安らぐものを感じただろうか。

宗瑞はこの直後に体調を崩し、八月十五日に韮山城で永眠した。

三、簒奪から建国へ――北条氏綱

二代目の初仕事

北条（伊勢）氏綱。梟雄宗瑞と、名将の下馬評高い氏康との間にあって、この二代目はいささか印象が薄い。父の覇業を受け継ぎ、優秀な倅にバトンタッチした堅実な中継ぎ、といったところが大方のイメージであろう。では、はたして氏綱の業績は、「守成の功」にとどまるのだろうか。

氏綱の生年は長享元年（一四八七）というから、おそらく宗瑞が駿河に下向して程なくの誕生であったろう。仮名は父と同じ新九郎、実名の「氏綱」は今川氏親から偏諱を受けたものと考えてよい。宗瑞が氏親と同陣した永正元年（一五〇四）の立河原合戦の時点で、氏綱は十七歳であるから、これが彼の初陣であった可能性が高い。

以後、氏綱は両上杉家と戦って勢力を広げてゆく父の背中を見ながら成長していった。宗瑞は、官位や肩書には頼らなかったけれども、幕府高級官僚の家に生まれたことが自身の基盤であることは認識していたから、京とのパイプを利用して、息子にも相応の教育を授けたものと思う。

さて、永正十五年の夏に三十一歳で家督を譲られた氏綱が、まず行ったのは戦争でも謀略でもなかった。有名な「虎の印判状」の創出こそが、この二代目の初仕事である。伝存する印判状の初見は永正十五年の十月八日付（註）、つまり家督継承の直後であるから、氏綱は正式な当主就任以前からこの新スタイルの文書を構想し、近臣と諮って準備を進めていたことになる。一切の公権によらず領域を支配してゆくためには、旧来形式の文書とは異なる、新形式の文書が必要と考えたのであろう。

文書に印を用いること自体はすでに室町時代に行われていたが、あくまで私印としての利用にとどまっていた。これは、書画に文人印を用いる風習が、中国（宋・元）から輸入されたことの影響である。公文書に印を用いはじめたのは東国の大名たちだが、花押を書かない公文書としての印判状という形式を用いて支配体制をいち早く整えたのは氏綱である。実は、この印判状というスタイルの創始は、現在に至る日本的なハンコ行政システムの原形となる、きわめて革新的な施策であった。

(註）伊勢家朱印状（『戦国遺文・後北条氏編』三五号）

［文庫版追記］
近年の研究の進展によって、宗瑞から氏綱への家督継承は永正十六年（一五一九）の四月～六月頃であった可能性が高いことが指摘されている。その場合、宗瑞の没年も永正十六年八月となる。また、虎の印判状の初見文書は、家督継承以前に発給されたことになる。ただし、印判状を本格的に使用したのが氏綱の代になってから、という意味においては、氏綱を印判状による支配体制の創始者と評価すること自体は大過ないだろう。家督継承以前から氏綱が一定程度、領国支配に関与するようになっていたこと含め、宗瑞→氏綱への権力移行のあり方を解明する中で、印判状というスタイルの創始過程についても考察されるべきだろう。ここでは、本文の記述は変更せずに追記を加えておきたい。

印判状革命

中世的な文書体系の大原則は、当事者主義である。文書によって権利をえる当事者が、その文書の発給を上級権力（幕府・朝廷・荘園領主・守護など）に要求し、与えられた文書を法的根拠としながら自力によって権利を行使する、という原則だ。つまり、当事者からの申請があってはじめて、文書発給の手続きが取られるわけである。

これに対して印判状は、当事者の意思とは関わりなく、大名家が一方的に意思や命令を下達する新しい文書体系であった。印判状の創始によって、大名家が領国一円の郷村に対して直接、命令を下すことが可能となった。それまでは、上級権力が村に直接出す文書の形式など、存在しなかったのである。

虎という、わかりやすく威圧的なモチーフを用いたことも効果的だった。文書が大名家の命令を伝えていることを、文字の読めない庶民や下級兵士にまで、はっきりと示せるようになったからである。しかも、花押を用いる文書と違って、印判状は量産がきくから、大名家当主は実務をスタッフにゆだねて案件を決裁すればよい。

こうして、印判状を発給するために整備された官僚機構は、知行や軍役、郷村に対する各種の課役を数量的に把握し、領内一円に均一な施策を実施することを可能としていった。北条家は、大名家の意思や命令を領内の隅々まで直接つたえ、数字に基づいて領国を支配する体制——中世的な支配体系を打ち破る革新的な支配権力を構築していったのである。

さて、家督継承の翌年、氏綱は父の軍事作戦を継承する形で一時的に上総に兵を出したものの、その後しばらくは目だった軍事行動を起こしていない。代わりに、相模の各所で検地を行い、家臣や寺社に宛ててせっせと知行安堵状を発給し、戦乱で荒廃していた箱根権現・

三島神社・寒川神社の再興にいそしんだ。このように「国主」の家督が順当に継承され、代替わりの検地や安堵が進んだことは、家臣や領民たちに信頼感を与えた。彼らは、侵略による果実と同時に、獲得したものを保証する上級権力を必要としたからだ。

侵略者から支配者へ

印判状という革命的なシステムを手にした氏綱は、代替わり後の数年間をひたすら内治の充実にあてたが、父の獲得した版図を領国（分国）として維持してゆくために、もうひとつ必要なものがあった。支配の正当性を保証する論理である。宗瑞の自力主義は、たしかに現実的ではあったが、それゆえの限界をも併せ持っていた。

実際、山内・扇谷両上杉家や古河公方家は、宗瑞・氏綱父子を「他国の凶徒」と呼んでいた。「他国の凶徒を排除する」という大義名分は、関東の諸勢力を再結集する力となりうる。なぜなら、「他国の凶徒」に味方をする者は謀叛人として、討伐の対象となってしまうからだ。自身が討伐されたくなければ、大義名分に与する（くみ）しかないのだ。

この「他国の凶徒」論に対抗するため、大永三年（一五二三）、氏綱は名乗りを「伊勢」から「北条」へと改めた。自家が伊勢平氏の後裔であること、宗瑞が伊豆韮山を本拠としたことなどを根拠とし、自らを鎌倉時代の執権北条氏になぞらえたのである。箱根・三島・寒川三社の造営を手がけたのも、おそらくこの布石であったろう。この三社は、鎌倉幕府の草創にあたって重要な意義を担い、鎌倉将軍家と執権北条氏からことのほか崇敬を受けてきたからである。伊豆・相模における武家祭祀の主催者であることをもって、統治者としての正当性をアピールしたのだ。

ちなみに、北条家の事績については、江戸時代に編まれた多くの軍記類に書かれているにもかかわらず、創業者たる宗瑞の出自や駿河下向のいきさつについては、正確な記述が不思議なほどなされていない。これは、「執権北条氏の衣鉢を継ぐ者」という看板を掲げた氏綱以降の北条家が、宗瑞と上方との関係について、意図的に口をつぐんだためではなかろうか、と筆者は推測している。

氏綱は、この看板を裏付けするため、官職の獲得にも意を用いた。やや後のことになるが、享禄三年（一五三〇）までに氏綱は、幕府から相伴衆に列せられ、朝廷からは従五位下左京大夫に任じられている。左京大夫は、執権北条氏の有力者や室町幕府の管領クラスが得た官途名である。こうした官職を得るためには、相当の金子や贈り物を要したが、氏綱は出費を惜しまなかった。関東の統治者としての体面を整えるだけではなく、父から受け継いだ中央政界とのパイプを維持するためにも、必要な経費だと認識していたからである。

江戸城奪取

一連の地道な努力は、無駄ではなかった。大永初年頃までには、津久井郡の内藤氏や多摩地方の大石氏・三田氏らが、次第に氏綱と誼を通ずるようになった。充実した国力を基盤として、氏綱は新しいステップへと向かう。彼は、次なる戦略目標を明確に見定めていた。南関東屈指の要衝であり、扇谷家の実質的な本拠となっていた江戸城である。そして、江戸・岩付両城の在城衆にひそかに調略の手をのばした。

扇谷朝良の跡を嗣いでいた朝興（ともおき）は、氏綱に対抗するために山内憲房や甲斐の武田信虎（のぶとら）との連携を進めていたが、大永四年（一五二四）正月、正式に盟約を固めるため河越城で祝宴に臨んでいた。氏綱はこの間隙をつき、内応者を利用して一気に江戸城を奪取し、翌月には岩付城をも手に入れたのである。

しかし、江戸城という重要拠点の獲得は、新たな戦争を呼び込むこととなった。本拠を奪われて復讐の炎をたぎらせる朝興は、信虎や憲房と結んでの反攻を策した。以後数年間にわたって北条・扇谷両軍は、武蔵の各所で干戈（かんか）を交えることとなる。

氏綱は、敵の背後を攪乱するため、山内家の家宰であった総社・白井両長尾家に調略を仕掛けるとともに、越後の長尾為景に接近を図った。対する朝興も旺盛な外交戦を展開して、為景を自陣営に取り込むことに成功し、小弓公方や上総武田・里見両氏にも共闘を呼びかけていった。

勢いを得た朝興は翌五年以降、積極的な攻勢に出て江戸を脅かした。上総武田・里見両軍も海路侵攻して江戸湾西岸を荒らし回り、さらに陸路を南下した扇谷・山内軍と連携して、鎌倉にも乱入した。甲斐武田軍も再三にわたって甲相国境を侵し、氏綱も甲斐東部（郡内）にしばしば兵を送って報復攻撃を行っている。

この頃、駿河では氏綱の従兄弟であった今川氏親が没して、氏輝（うじてる）が家督を襲ったが、権力

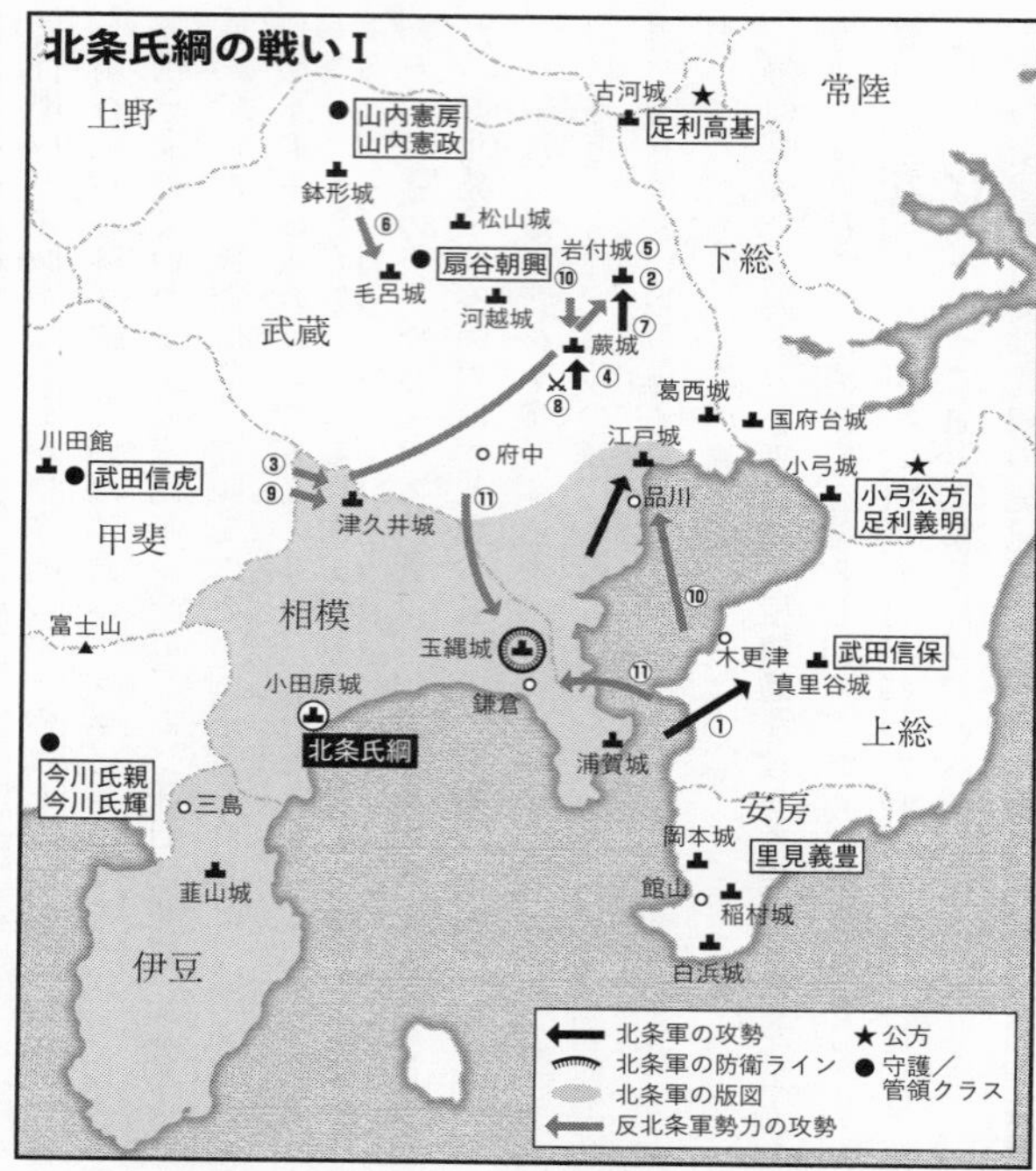

①永正16年(1519):7月、氏綱、小弓公方側の上総武田氏支援のため房総出兵。
②大永4年(1524):正月、氏綱、江戸城を攻略。太田資頼、氏綱に呼応して岩付城奪取。
③同年:2月、武田信虎、扇谷朝興支援のため相模奥三保(津久井)に侵攻。その後、岩付を目指す。
④同年:3月、氏綱、蕨城攻略。4月、毛呂顕繁、氏綱に帰順。
⑤享禄4年(1531):6月以降、扇谷朝興、岩付城を奪回。
⑥同年:山内憲房、毛呂城を攻略。
⑦大永5年(1525):2月、氏綱、岩付城を再度攻略。
⑧同年:8月、氏綱と朝興、白子原(埼玉県和光市)で戦い、氏綱敗退。
⑨同年:武田軍、奥三保に再侵攻。
⑩大永6年(1526):扇谷朝興、蕨城奪回。上総武田・里見軍、品川を襲撃。
⑪同年:9～11月、両上杉軍、玉縄城攻囲。里見水軍、鎌倉襲撃。

の安定を急ぎたい氏輝は、武田信虎に急接近していった。朝興も信虎との関係強化を図っていたから、氏綱は四面楚歌といってよい状況に追い込まれていた。

切り崩し

享禄四年（一五三一）、扇谷朝興はついに岩付城を奪回した。この時、朝興の形成した包囲網を何とか切り崩したい氏綱が目を付けていたのは、対岸の安房だった。そこでまず、三浦半島とつながりの深い内房正木氏を籠絡し、さらに里見義豊の伯父である実堯への接触を図った。氏綱の魔手に気づいた義豊は天文二年（一五三三）七月、実堯らを粛清したが、これにより実堯の子義堯と内房正木氏一族が義豊に叛旗を翻すこととなった。里見氏の「天文の内訌」と呼ばれる事件である。

氏綱は、古河公方の高基に接近して朝興を牽制しつつ、安房への軍事介入に乗り出す。北条軍の支援を得て優勢に立った義堯は、義豊を追い落として安房支配の実権を得た。敗れた義豊は上総に逃れ、武田信保に支援されて再挙をはかったものの、武運つたなく敗死してしまった。

さらに、紛争は上総武田氏にも飛び火した。安房の情勢を見て支持勢力の弱体化を怖れた小弓公方の足利義明は、武田信保の後継者をめぐる信隆と信応との対立に介入したのだが、これが本格的な内訌に発展したのである。氏綱も里見義堯も当然のごとく軍事介入を開始したため、戦火は一気に拡大した。

この上総武田氏の内訌では、最終的には義明の支援する信応が勝利を収めた。また、氏綱と義堯とが介入方針をめぐって対立したため、北条家の影響力は房総から排除されることとなった。それでも氏綱は、ひそかにほくそ笑んだことだろう。二つの内訌をへた結果、里見氏は独立した地域権力への志向を強めることとなり、上総武田氏は泥沼の抗争によってすっかり勢力が衰えてしまった。義明の思惑とは裏腹に、小弓公方の支持基盤は急速に崩壊しつつあった。氏綱は、包囲網の一角を切り崩すことに成功したのである。

天文四年（一五三五）八月、氏綱は今川氏輝と連携して甲斐に侵攻し、武田信虎を挟撃した。一時は信虎と和睦した氏輝ではあったが、以前から関係の深かった北条氏と連携した方が得策、と踏んだらしい。このときは、扇谷朝興が北条軍の背後を衝くべく出陣したため、氏綱もやむなく兵を引いたが、信虎の実弟である勝沼信友を討ち取り、郡内の各所を焦土と化せしめて、信虎に痛打を浴びせることができた。十月十五日には入間川で朝興軍を破り、氏綱はようやく一息ついたのである。

天文六年の電撃侵攻

四面楚歌の状況を辛うじて脱した氏綱ではあったが、しかし翌天文五年（一五三六）になると早くも甲斐侵攻のツケが回ってきた。三月、今川氏輝が謀殺され、仏門にあった二人の弟、梅岳承芳と玄広恵探が家督を争う事態となったのである。この花蔵の乱では、なぜか氏綱と武田信虎の双方がともに承芳支持にまわったため、承芳が勝利して新当主・今川義元となった。ところが義元は、氏綱の抗議を無視して信虎と急速な接近を図り、翌六年の二月には息女を正室に迎えて、正式な同盟を結んでしまった。

義元のこの不可解な外交転換は、乱に際しての氏綱の支援を仇で返すものだったばかりか、相甲駿の勢力バランスを大きく変えてしまいかねなかった。激怒した氏綱は、義元との断交を宣言して駿河東部に兵を出した。河東一乱（かとういちらん）と呼ばれるこの戦いで、北条軍は富士川以東の大半を制圧したが、この戦果を手放しに喜んではいられなかった。もう一方の武田氏、すなわち上総武田氏の内訌で、小弓公方義明の支持する信応が勝利した結果、氏綱が派遣した部隊が敵中で孤立し、帰国できなくなっていたのだ。

ちょうどこの頃、生涯を氏綱との対決に費やしてきた扇谷朝興が、河越城で没した。継嗣の朝定（ともさだ）はまだ十三歳であったが、北条軍の主力が駿東と上総で動けない状況を見た扇谷家の宿老たちは、積極的な巻きかえしに打って出た。有力部隊を南下させて深大寺（じんだいじ）に築城し、江戸城奪回の準備を始めたのである。扇谷家にとっては、千載一遇のチャンスのように思えた。

窮地に陥った氏綱は、深大寺城に対してなけなしの兵力で警戒線を張る一方で、義明に謝罪と弁明を繰り返し、なんとか上総派遣部隊の撤収にこぎつけることができた。有力部隊の喪失に比べたら、謝罪など安いものである。

天文六年（一五三七）七月、かき集められるかぎりの野戦軍を率いた氏綱は江戸に向かった。おそらく、駿東方面からもかなりの部隊を抽出したはずである。そして、思いきった勝負に出た。深大寺城を無視し、敵に側面を曝したまま武蔵野台地の上を疾駆して、一気に河越を衝いたのである。慌てて迎撃に出た扇谷軍の主力も惨敗し、朝定は松山城へ後退するのが精一杯であった。氏綱は余勢を駆って松山城に押し寄せたが、無理攻めは避け、弟の為昌（ためまさ）を河越城に入れて逆襲に備えさせることとした。

いまや扇谷上杉家の勢力圏は、松山・岩付両城の周辺のみとなり、有力国衆程度にまで縮小してしまった。こののちも扇谷朝定は、何度か河越城奪回を試みるものの果たせず、ついに退勢を覆すことはできなかった。

国府台合戦

戦線を北上させることに成功した氏綱は、江戸周辺の支配を固め、葛西（かさい）城を前進基地として下総に勢力を浸透させるようになった。焦燥感を強めた小弓公方の義明は、天文七年（一五三八）十月、上総武田・里見・土気酒井といった房総の諸勢力を結集して、氏綱に決戦を挑んだ。いわゆる第一次国府台（こうのだい）合戦である（永禄七年・一五六四に北条氏康・氏政と里見義弘との間で起きた合戦を第二次国府台合戦と呼ぶ）。

第一次国府台合戦の経過については、良質の史料には記述が乏しいが、伊禮正雄（いれいまさお）氏や千野原靖方（せんのはらやすかた）氏の研究と現地の地形から、おおむね次のように復元できる。小弓公方軍が国府台に出陣してきたとの報に接した氏綱は、十月二日に小田原を出て五日に江戸城に入り、翌六日には葛西城へと前進した。同夜、葛西城を出た氏綱軍は、北方へ迂回して未明には太日（おおい）川（現江戸川）を渡り、松戸付近への進出を企てた。

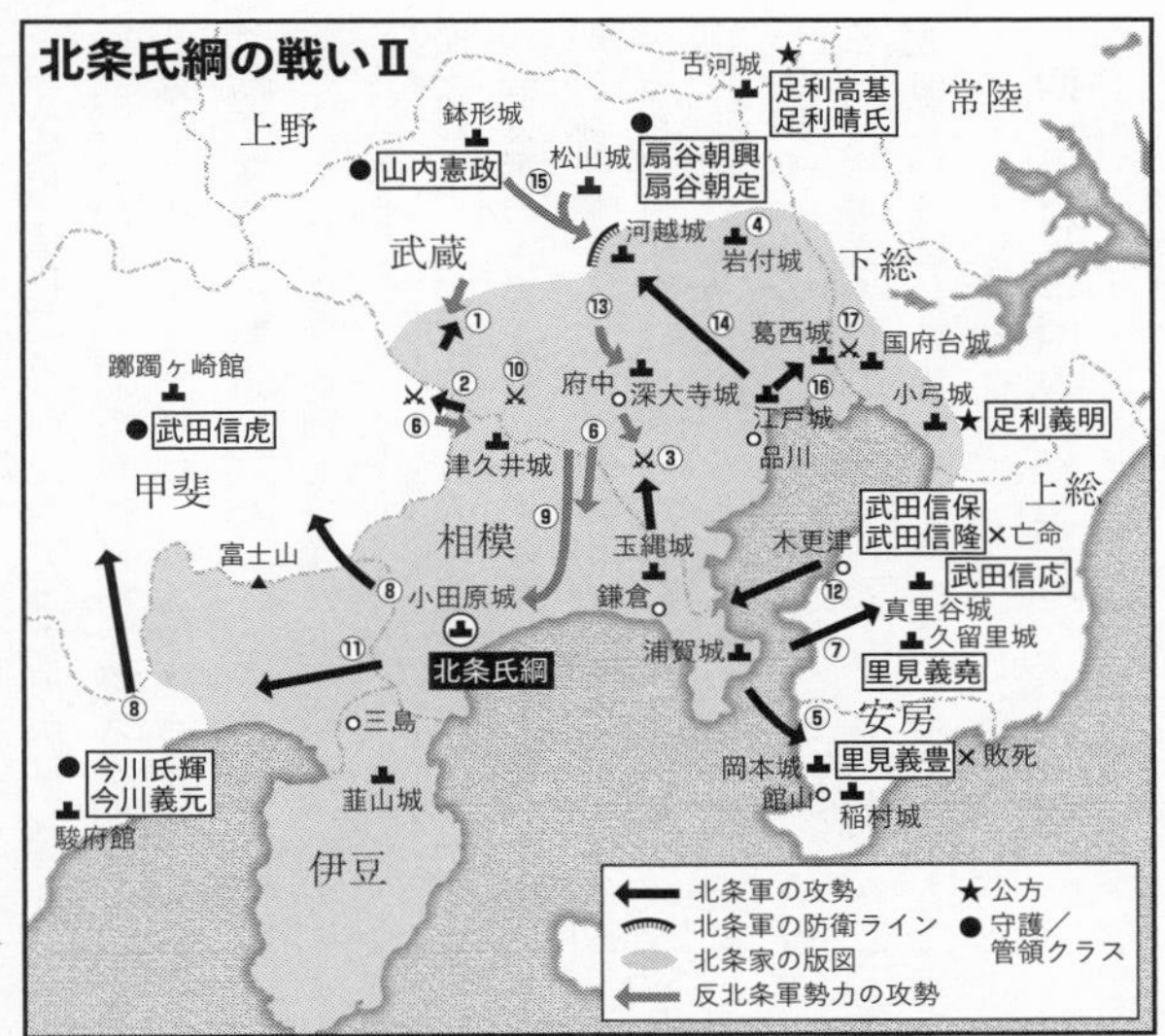

①享禄2年(1529):12月、北条軍、高麗郡侵攻。翌正月に扇谷軍に撃退される。
②享禄3年(1530):4月、氏綱、甲斐郡内に侵攻。矢壺坂で武田軍を破る。
③同年:6月、扇谷朝興、江戸城奪回に出動、氏綱、小沢原合戦でこれを撃破。
④享禄4年(1531):この年、扇谷朝興、太田資頼に命じて、岩付城を奪回。
⑤天文2年(1533):里見氏に内訌起こる。8月、氏綱、これに介入して派兵。
⑥同年:9月、武田軍、津久井に侵攻。続いて11月、扇谷朝興、相模中部に侵攻。
⑦天文3年(1534):11月、上総武田氏に内訌起こる。氏綱は信隆を支援して介入。
⑧天文4年(1535):8月、今川氏輝の要請により、氏綱、今川家と共同して甲斐侵攻。
⑨同年:9月、武田信虎支援のため、扇谷朝興、相模侵攻。氏綱、甲斐から撤兵。
⑩同年:10月15日、氏綱、入間川で扇谷軍を破る。
⑪天文6年(1537):2月、氏綱、今川義元断交。氏綱、駿河へ侵攻(河東一乱)。
⑫同年:5月、上総武田氏の内訌、信応が勝利し、信隆は相模へ亡命。
氏綱は上総で孤立した部隊を撤収させるために、小弓公方足利義明に謝罪。
⑬同年:6月、扇谷軍、深大寺に築城して、江戸城をうかがう。
⑭同年:7月、氏綱、河越城を急襲。扇谷朝定は松山城へ後退。
⑮天文7年(1538):正月、扇谷朝定、山内憲政、河越城奪回を図るも、氏綱、これを撃破。
⑯同年:正月、氏綱、葛西城を攻略。
⑰同年:10月7日、第1次国府台合戦、氏綱勝利。小弓公方府滅亡。

相模台で警戒していた公方軍の前衛は、これをただちに義明本陣へと急報した。公方軍の幹部の中からは、北条軍が渡河を終える前に敵の先鋒を叩くべし、との意見が続出したが、義明はそれを押しとどめ、あえて敵全軍が渡り終えるのを待つこととした。これは、義明の目的が北条軍の撃退ではなく、あくまで氏綱の抹殺にあったためである。

こうして難なく渡河を終えた北条軍と、公方軍との間に戦端が開かれたが、ここで義明の目算は大きく狂う。今や小弓公方とは利害が一致しないことを認識していた里見義堯は戦意が乏しく、武田軍も内訌の後遺症でガタガタだったのだ。

公方軍の主力となるはずの里見・上総武田の両軍が積極的に動かなかったことにより、義明は総予備であるべき旗本勢の過早投入に踏み切らざるをえなくなった。精鋭をもって鳴る公方軍の旗本勢は善戦したものの、北条軍の攻撃を凌ぎきることはできなかった。義明は、嫡男義純（よしずみ）や弟の基頼（もとより）ともども乱戦の中で討ち死にし、小弓公方は消滅してしまった。

氏綱を討つという目的に固執するあまり、自身を取りまく情勢の変化に目をつむったところに、公方義明の甘さがあった。一方、里見・武田両軍の戦意が低いと読んだ氏綱は、敵前渡河という賭けに出て、勝機を摑むことができたのである。

四、百年帝国のいしずえ

鶴岡八幡宮再興事業

さて、氏綱の事績を語る上で欠かすことができないのが、鶴岡八幡宮の再興事業である。享徳以来の戦乱によって、鎌倉はすでに「武家の都」の地位を失っており、先年の上総武田・里見軍の乱入も手伝って、鶴岡八幡宮は荒れるにまかせていた。

その再興計画を発表したのは、氏綱がまだ扇谷朝興の包囲網に苦しんでいた天文元年（一五三二）五月のことである。この事業は、たんなる宗教施設の造営にとどまらない、重要な政治的意味をもっていた。そして、最終的には北条家に――おそらくは氏綱が予想した以上の――大きな果実をもたらすこととなった。

再興事業には、当然ながら莫大な費用が必要だったが、氏綱はそれを賄うため関東各地の諸領主に奉加、つまりカンパを呼びかけることとした。鶴岡八幡宮は鎌倉幕府の開創以来、関東武士の精神的主柱であったから、本来ならこれはひろく支持されるべき事業である。事実、北関東の領主たちは奉加に応じてきた。けれども、北条家と両上杉家・古河・小弓公方との相克の渦中にあった南関東の諸領主にとっては、厳しい踏み絵となった。

分立した地域権力となっているとはいえ、古河公方もその分派たる小弓公方も、山内・扇谷両上杉家も、もともとは「鎌倉府体制」の構成主体であり、八幡宮の祭祀者は本来なら関東の統治者たる鎌倉公方である。執権北条氏の衣鉢（いはつ）を継ぐことを標榜する氏綱と、鎌倉府体制の構成主体たる公方・管領との、どちらを八幡宮の祭祀主体と認めるか――氏綱は、宗教事業への奉加という形をとりながら、どちらの陣営に加わるか旗幟（きし）を明らかにするよう、南関東の諸勢力に選択を迫ったのである。

氏綱の獲得したもの

一大事業を遂行するためには、資金の調達以外にも次のような体制の整備が必要だった。

一．領内からの臨時徴税を迅速・正確に行うこと。
二．大量の職人や人夫を動員し編成すること。
三．大量の物資を調達・集積すること。
四．造営に関わるさまざまな任務を応分に割り振るため、家臣たちの負担能力（知行）を正確に把握すること。

これらを実現するためには、情報を数量的に処理し、計画するための官僚組織が不可欠だったが、氏綱が導入した印判状というシステムが、ここで威力を発揮することとなった。そして、この事業によって獲得した体制は、そのまま戦時動員態勢の構築に応用が可能なものであった。以降、氏綱は関東における武家祭祀の主催者という立場だけではなく、「戦争に勝つための国」という枠組みをも手に入れることになった。かくて氏綱の覇権確立は、造営事業と並行して進んでゆくこととなる。

天文八年（一五三九）八月、氏綱は息女（芳春院殿）を古河公方晴氏（はるうじ）の室に入れた。享徳の乱以来、分裂と抗争を繰りかえしてきた鎌倉府体制の構成主体のうち、堀越公方は宗瑞に、小弓公方は氏綱によって抹殺され、扇谷家は消滅寸前となっていたが、本体ともいうべき古河公方家が、いままた氏綱に取り込まれようとしていた。

翌九年十一月、鎌倉で鶴岡八幡宮正殿の落慶法要が盛大に営まれた。氏綱が心血を注いだ大事業が、一応の完成を見たのである。その半年後、病を得て床に伏した氏綱は、嫡子氏康に後事を託すと、七月十七日に五十四年余の生涯を静かに閉じた。

名将の条件

氏綱の業績は、はたして「守成の功」にとどまるものだったのだろうか。

まず、伊豆・相模を実効支配しながらも、最後まで今川家の部将という立場を捨てきれなかった宗瑞に対し、氏綱の代になると今川家との関係は対等と言えるものとなっていることに注意したい。これには、世代交代によって人格的関係が稀薄になったことも影響しているが、氏綱が「相模国主」としての立場を鮮明にしたことが大きい。氏綱が小田原を本拠に選び、最初の数年間を内政に費やしたことが決定的な意味をもったのだ。

端的にいって、宗瑞の行動が「他国を掠め取る」ものだったのに対し、氏綱の仕事は「自分の国を創る」ことであった。彼は、透徹したリアリストであった父の行動を間近に見て、そこから多くを学ぶとともに、父の手法がもつ限界をも見切っていたのであろう。

彼が獲得した版図は、地図上で見るかぎりそれほど大きくはない。北条五代の中では、もっとも地味な「戦果」とすら見える。ただし、氏綱の時代には、今川・甲斐武田・扇谷上杉・里見・上総武田といった同規模の勢力が周囲にひしめきあっていたから、急速な版図の拡大には限界があった。宿敵の扇谷朝興とは一進一退の攻防を繰りかえす局面がつづき、しばしば領内深くへの侵攻をも許している。けれども、玉縄・江戸・河越といった最重要拠点については、確実に保持して領域全体の失陥を防ぐことに成功した。これが氏綱と朝興・朝定との明暗を、決定的に分けることとなった。

そうしたなかで、今川家や甲斐武田家と互角に渡り合い、謀略を駆使して里見家や上総武田家を切り崩し、小弓公方を抹殺し、宿敵である扇谷家を滅亡寸前まで追い込むとともに、古河公方の無力化にも成功した。享徳の乱よりこの方、百年近くにわたって関東の対立軸を構成してきた枠組みは、氏綱によって実質的に解体されたといってよい。この戦略的手腕は評価されるべきだ。

また、天文四年の江戸城奪取や同六年の河越城攻略、国府台合戦など、もっとも重要な局面では、果断な機動で勝ちを呼び込んでいる。氏綱は、決勝点を的確に見定めて、もてる戦力を迅速かつ大胆に投入できる、すぐれた用兵家でもあった。

戦争によって獲得した版図を、自己の領土として維持してゆくための方法論においても、彼は卓抜な手腕を発揮した。わけても、印判状という文書体系を創出し、知行や課役の数量的な把握を可能としていったことは、きわめて革新的な施策として特筆に値する。慣習法が支配していた中世社会の枠組みを打ち破り、合理主義的発想に基づく支配体制を整えたという意味において、氏綱の先進性は織田信長や豊臣秀吉の比ではない。

綿密な計画性と臨機応変さ、冷静さと果断さとを兼ね備え、戦略・外交・謀略・戦術・内政のすべてにわたって、バランスのとれた資質を有していた氏綱を、筆者は戦国最優秀武将の一人に数えたい。そして、氏綱が獲得した「国」の枠組みは、氏康の代に大きく花開き、さらに氏政・氏直へとつつがなく受け継がれてゆく。こうして北条家は、五代百年にわたって一度も内訌を経験しないという、たぐい稀な戦国大名となるのである。

第三章

武田信虎の甲斐統一戦

名門守護家から戦国大名へ

異相の肖像

甲府市の大泉寺に「武田信虎像」といわれる、一幅の画像が伝存している。信虎といえば武田晴信（信玄）の父であり、甲斐武田家を守護大名から戦国大名へと脱皮させた人物として知られている。くだんの画像の主は法体で、一見してかなりの高齢とわかるが、衰えのめだつ体軀とは対照的に眼は爛々と輝き、意志の強そうな肉厚の唇とあいまって、一種異様な印象を受ける。あまたある戦国武将像の中でも、ひときわ異彩を放つものといえよう。

この肖像を描いたのは、武田逍遥軒信廉。他でもない信虎の六男で、兄の晴信（信玄）をよく助け、画人としても才を発揮した武将だ。信虎が八十一歳で他界した天正二年（一五七四）、信廉は亡父追善のために得意の筆をふるい、この像を大泉寺に納めたのである。

実の息子に、これほどの異相として描かれた武田信虎とは、いったいどのような人物だったのだろうか。また、信虎が歩んだ戦国大名への道とは、どのようなものであったのか。

一、甲斐統一戦

戦乱の申し子

甲斐は山国である。本州の中央部に位置し、駿河・相模・武蔵・信濃といった四囲の諸国とは、山々によって隔てられている。戦国期には二毛作が普及していたものの、肥沃な土地には乏しく、最大の平地である甲府盆地の中央部は釜無川・笛吹川の暴れるに任せていたから、農業生産力は決して高いとはいえなかった。

この甲斐の国は、甲府盆地を中心とした「国中」、東部の山間地である「郡内」、および富士川に沿った谷筋の「河内」という三つの地域に大別される。地理的な条件から、郡内は相模・武蔵と、河内は駿河との結びつきが、当然ながらつよい。以上のような地理的条件が、戦国期の甲斐を考える上で重要な前提となってくる。河内源氏の流れをくむ武田氏は、十二世紀に甲斐に土着して以来諸流を輩出して栄え、鎌倉～室町期を通じほぼ一貫してこの国の守護をつとめてきた。室町時代の後半、関東でたびたび争いが起きると、武田氏は駿河守護の今川氏とともに、これらの争乱に深くかかわってゆく。そして、複雑な経緯をたどったこれらの事件の余波を受けて、甲斐の国内も騒然としてくる。この混乱は寛正六年（一四六五）、武田信昌によって一旦収拾される。応仁・文明の乱によって室町幕府が迷走し、享徳の大乱によって関東を治めるべき権力が分裂していた頃のことだ。

ところが延徳四年（一四九二）、せっかく達成した甲斐の安定を、信昌は自ら手放してしまう。嫡子の信縄ではなく、偏愛していた次子の油川信恵に家督を譲ろうとしたために、信縄と信昌・信恵との間に内訌を生じたのである。

ちょうどこの頃、伊豆では駿河今川家の客将だった伊勢宗瑞が、幕府の意を受けて茶々丸

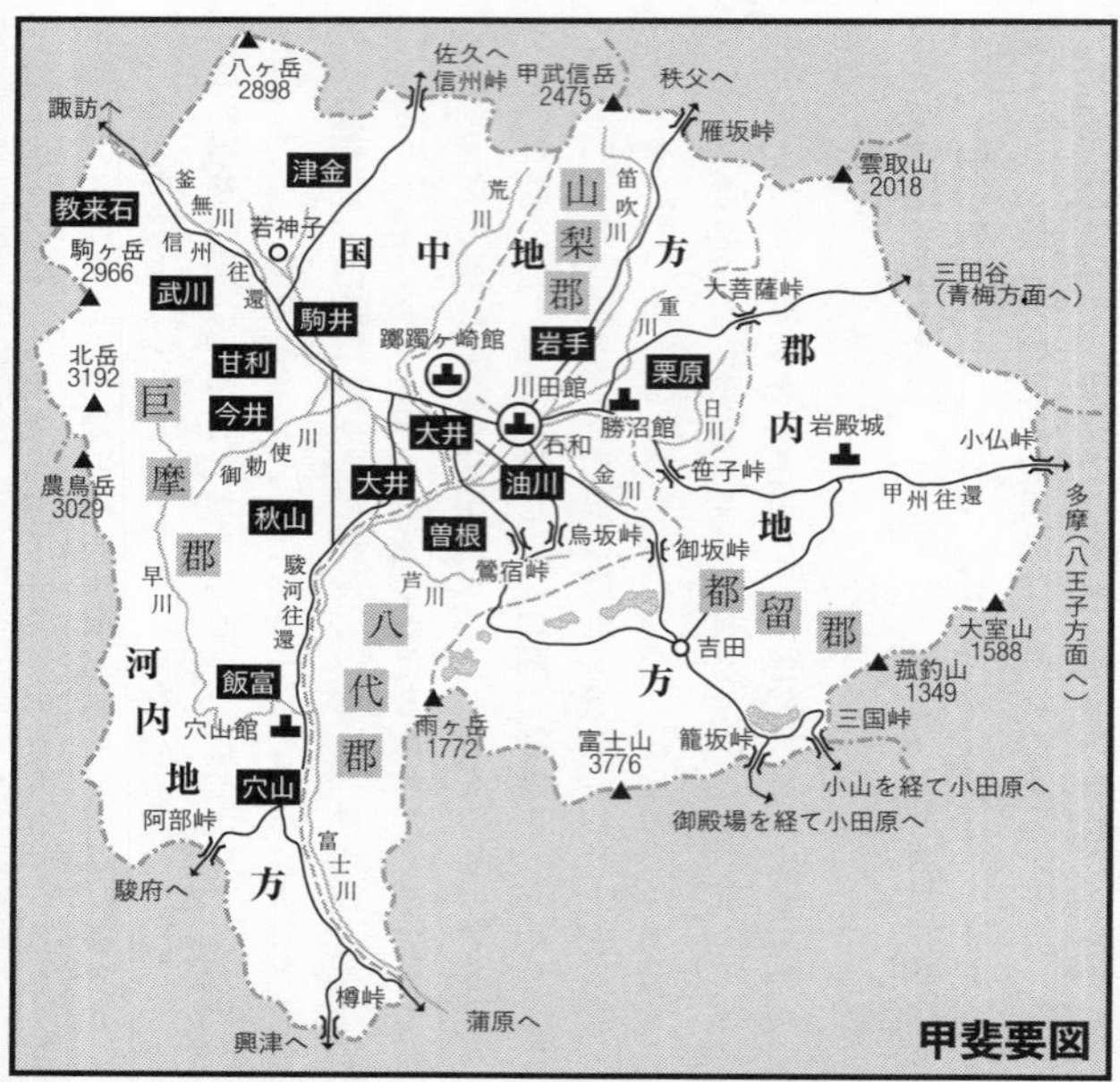

周囲を標高1000m以上の山々に囲まれた甲斐であるが、甲府盆地を中心に交通が発達していた。しかしその反面、他国の影響を受けやすく、また容易に経済封鎖をされてしまう地勢でもあった。さらに農業生産力がもっとも高いはずの甲府盆地中央部は、治水技術が未発達のため、洪水の被害が頻発した。

信虎が家督を継承した時期、関東は古河公方と関東管領上杉家が勢力を二分した状態ではあったが、さらに上杉家の内紛が激化し、それを利用して伊勢宗瑞が相模に進出していた。

討伐に乗り出していた。伊豆諸島に脱出した茶々丸は、山内上杉家の支援で武蔵から甲斐の吉田に入り、再挙を期していた。内訌を乗り切るための支援者を欲していた信縄は茶々丸と、かたや信昌・信恵側は今川氏親（うじちか）や伊勢宗瑞と連携するようになる。

守護・武田家の内訌が国外勢力の介入を招いて泥沼化するなかで、明応七年（一四九八）八月、東日本の太平洋側一帯を大地震が襲った。さらに数日後には、追い打ちをかけるように大型台風が通過し、守護家の家督を争う両陣営は矛を収めざるをえなくなった。この時代、天変地異はしばしば為政者に対する「天罰」と考えられたから、これ以上抗争をつづければかえって国内諸勢力の支持を失う、と両者が判断したこともあろうが、地震と台風による被害が甚大で、物理的にも戦争の継続が困難となったのであろう。両陣営は和睦して信縄の家督継承が認められ、茶々丸も宗瑞に捕らえられて自害することとなった。

この戦いのさなか、明応三年（一四九四）の一月六日に、信縄の嫡子が石和（いさわ）の守護所で産声をあげた。武田家の慣例にしたがって五郎と名付けられたこの男子こそ、のちの武田信虎その人である。そして、信虎誕生の背景にあった内乱の図式は、彼の生涯に宿命のように刻印されるのである。

家督継承戦争

明応七年（一四九八）の和睦によって武田家の内訌は表面上は沈静化したが、問題の根本的な解決が図られていないのは明らかであった。永正二年（一五〇五）には信昌が没し、同四年二月には、以前から病気がちだった信縄も父を追うように三十七歳で世を去った。残された五郎は、弱冠十四歳にして守護家を嗣ぐこととなった。なお、元服した五郎は信直（のぶなお）と名乗っており、信虎と改名するのは後のことであるが、まぎらわしいので本書では「信虎」に統一する。

さて、先に不本意な和睦に甘んじていた信恵が、この事態を座視しているわけはなかった。早くも、信虎が家督を嗣いだ翌年、信恵は弟の岩手（いわて）縄美（つなよし）や郡内の小山田（おやまだ）信隆（のぶたか）（弥太郎）・国中の栗原昌種（くりはらまさたね）といった有力な国衆らと語らって反信虎の兵を挙げたのである。しかし、十五歳の武田家当主は、ただ者ではなかった。

記録によれば信虎は、まず十月四日の合戦で信恵軍を破り、信恵とその子息たち、岩手縄美・栗原昌種らをことごとく討ち取っている。一旦郡内に後退した小山田勢は態勢を立て直して国中に侵攻し、信恵方の残党も呼応したが、信虎は十二月五日の合戦でこれも撃破し、小山田信隆以下の有力武将を敗死させた。幸先のよいデビュー戦である。

とはいえ、二度つづけて決定的な勝利を得ていることから見て、単なるビギナーズラックでもなさそうだ。具体的にどのような戦術を用いたのかは不明だが、迅速果断な行動が勝利を呼び込んだのであろう。特に、信恵をはじめとした叛乱の中心人物たちを一掃しているあたり、偶然にしてはできすぎである。おそらく信虎は、「ライバルを抹殺する」という強い意志のもとに行動したのであろう。青年武将らしいストレートなやり方ともいえるが、政治的妥協によって引きずられてきた禍根を断ち切らないかぎり、自身の存立があり得ないことを、十五歳の若武者は本能で理解していたようである。この華々しくも血塗られた勝利は、信虎にとって大きな実績と自信になった。

とはいえ、反信虎勢力が一掃されたわけではない。郡内の有力国衆として独自の道を歩んできた小山田氏は、当主の信隆を失っても簡単には服従しなかったし、敗走した残党は伊豆に潜伏していた。信恵や小山田らは、伊勢宗瑞と通じていたのである。信虎は永正六年（一五〇九）の秋から冬にかけて、郡内へ侵入して放火と殺戮を繰りかえし、信隆の跡を嗣いだ信有をついに屈服させた。

この叛乱は、自身を取り巻いている状況の複雑さを信虎に認識させた。関東の争乱に際して甲斐が常に後背地としてかかわってきたこと、さきの内訌で国外勢力の介入を招いたことの後遺症は、こののちも信虎を苦しめつづけることとなる。

内憂外患

永正十二年（一五一五）、今度は武田氏の支流で、国中の西部に勢力をはる大井信達が叛旗を翻した。信虎は軍を発して信達の本拠に攻め寄せたものの、大井勢は信虎軍を巧みに湿地へと誘い込み、馬が脚をとられたところを急襲して多くの将兵を討ち取った。信虎は、数を恃み勢いにまかせて攻め込むだけでは敵に勝てないという教訓を得たものの、代償は高くついた。板垣・甘利・飯富といった有力武将たちが戦死し、若い当主を支えてゆくべき宿老の多くが失われたのである。

一方、大井信達と気脈を通じていた今川氏親は、甲駿国境を封鎖して信虎を経済的に締めあげた上で、本格的な軍事介入に乗り出してきた。数千を擁する今川軍は、信虎を圧倒して国中を蹂躙し、勝山城と郡内の吉田城で冬営をはじめる始末であった。しかし、態勢を立て直した信虎方が各所で反撃に出ると、今川軍はあっさり講和を申し出てきた。これ以上戦いをつづけても利はないと踏んだからである。

一方、氏親にハシゴをはずされた形となった大井信達は、屈服を余儀なくされた。信虎が信達の娘を正室に迎えたのは、この時のことである。こうした婚姻は「政略結婚」と見なされがちであるが、この時の信虎と信達とは、対等な立場での和睦・同盟ではない。明らかに信達側が孤立した状況下での降伏だ。小谷城陥落後のお市の方と娘たちの境遇を想い起こせばわかることだが、戦乱の時代、女性はしばしば「戦利品」として扱われていたのである。こうして若き猛将は、敗者から戦利品をせしめることの味を覚えた。

面白いことに、大井信達を屈服させた事件を境とするように、信虎の発給文書は次第に増加している。一連の叛乱を何とか抑え込んだことによって、甲斐の統治者として歩みはじめたのである。

もっとも、そうした道を進んでいるのは、ひとり信虎ばかりではなかった。この間、伊勢宗瑞が甲斐に干渉してこなかったのは、相模侵攻に本腰を入れていたためであった。永正十五年（一五一八）、その宗瑞から家督を譲られた氏綱は、虎の印判状を創始して郷村を直接支配する新たな支配体制へと踏み出していった。この氏綱が、信虎の生涯最大のライバルとなる。

本拠地の建設

甲斐を治めるための信虎のモーションは、氏綱のように紙の上ではなく、土の上から起こされた。すなわち、永正十六年(一五一九)、石和の川田(かわだ)から北西六キロにある躑躅ヶ崎(つつじさき)の地へと、本拠を移したのである。記録によれば、八月に鍬立ての儀式を行い十二月には新造の館に移ったというから、工事はかなりの急ピッチで進められたらしい。

軍事的な視点からするなら、石和は甲府盆地のやや東よりにあって、郡内方面から侵攻された場合に防衛上の縦深を確保しにくい。この点、躑躅ヶ崎なら国中のほぼ中央に位置していて、戦略的にもバランスがいい。また、有事に詰城となる要害適地が近くにあること、洪水の心配がないことなども、躑躅ヶ崎が選ばれた理由であろう。

こうして信虎は、新生甲斐の首府となるべき都市の建設にとりかかった(以下便宜上「甲府」とする)。躑躅ヶ崎館から南にのびる街路を計画的に設定し、甲斐の国衆たちに甲府への集住を求めたのである。城下への集住政策といえば、織田信長による小牧や安土の事例がつとに知られており、それらは家臣たちの軍事力を在地から引き剝がして常備軍を創設するため、と評されることが多い。

けれども、信虎の時代には国衆たちの軍事力は、戦争のつど在地から招集・徴募するのが原則だったから、甲府の屋敷に住むのはあくまで本人と若干の供回り程度で、軍事力の主体はそれぞれの在所にあった。では、信虎による甲府への集住政策には、どのような意味があったのだろうか。

ここで確認しておきたいのが、守護大名と戦国大名の違いだ。守護が国内の領主（国衆）たちに行使できるのは基本的には軍事指揮権である。守護の権限として知られる大番催促（おおばんさいそく）や重罪人の追捕（ついぶ）も、平時における軍事指揮権の一種であるし、守護段銭（たんせん）の徴収は本来は戦費の調達行為である。守護家直属の被官を除けば、国衆たちは守護に臣従しているわけではないのだ。信虎に対する栗原・大井・小山田らの反撥は、決して主君への叛逆とはいえなかったが、これを国内の秩序を乱す行為と見なした信虎は、軍事指揮権を発動して彼らを討伐したのである。この文脈に沿って考えたとき、城下集住政策の意味が見えてくる。

すなわち信虎は、叛乱が続発し、これと結託した国外の勢力が侵入しかねない状況を非常時と見なし、戦時体制下で守護の軍事指揮権に従うことを国衆たちに要求したのである。逆にいうなら、甲府への集住によって国衆たちの行動に物理的なワクをはめ、信虎の監視統制下におこうとしたわけだ。新しい本拠の建設は、何よりも来るべき乱に備えた態勢づくりとして急務だったことがわかる。

直属傭兵部隊の創設

翌永正十七（一五二〇）年の五月、栗原信友（のぶとも）・大井信達・今井信是（のぶこれ）といった武田氏庶流の有力武将らが、集住政策に反撥して一斉に甲府を引き払うという事件が起きる。栗原らにしてみれば、甲府の屋敷に住み、臣下のごとく信虎の監視統制下におかれることに我慢がならなかったのだろう。しかし、信虎から見れば、戦時にあって守護の指揮下から離脱する行為は、「謀叛」以外の何物でもない。

信虎の反応は、事態を予期していたかのようにすばやかった。六月八日には、二手に分かれた信虎軍の一隊が都塚（みやこづか）で栗原勢を討ち、そのまま在所を焼き払った。栗原信友はほうほうの体で秩父へ逃れる。十日にはもう一隊も今諏訪で大井・今井勢を破り、今井信是は娘を側室に差し出して屈服した。五年前の謀叛で苦杯を舐めさせられた信虎は、今度は相手が戦備を整える前に先手を打って叩いた。甲府への集住策は、潜在的反体制分子をみごとにあぶり出したのである。

ところで、甲斐の戦国史を研究する上での基礎史料として知られる『勝山記（『妙法寺記』）』は、この六月八日の都塚合戦について、「上意ノ足衆切勝テ（あししゅうきりかち）」と記している。「足衆」とは足軽のことだ。第六章であらためて述べるが、この時代の「足軽衆」は実質的には金銭で雇われる傭兵部隊という性格を強くもっていた。

当時の信虎軍は、家督継承以来の戦いによって基幹戦力となる武士層を消耗していた。また、甲府に集住している国衆たちの軍事力は基本的にはそれぞれの在所にあって、動員を命じたとしても即応はできない。そこで信虎は、「上意」すなわち信虎の指令によって動く傭兵集団を編成することで戦力を確保し、同時多発的な「謀叛」を短時間で鎮圧することに成功したのである。従来の身分的序列や血縁的なしがらみにとらわれず、金で雇われた主の指

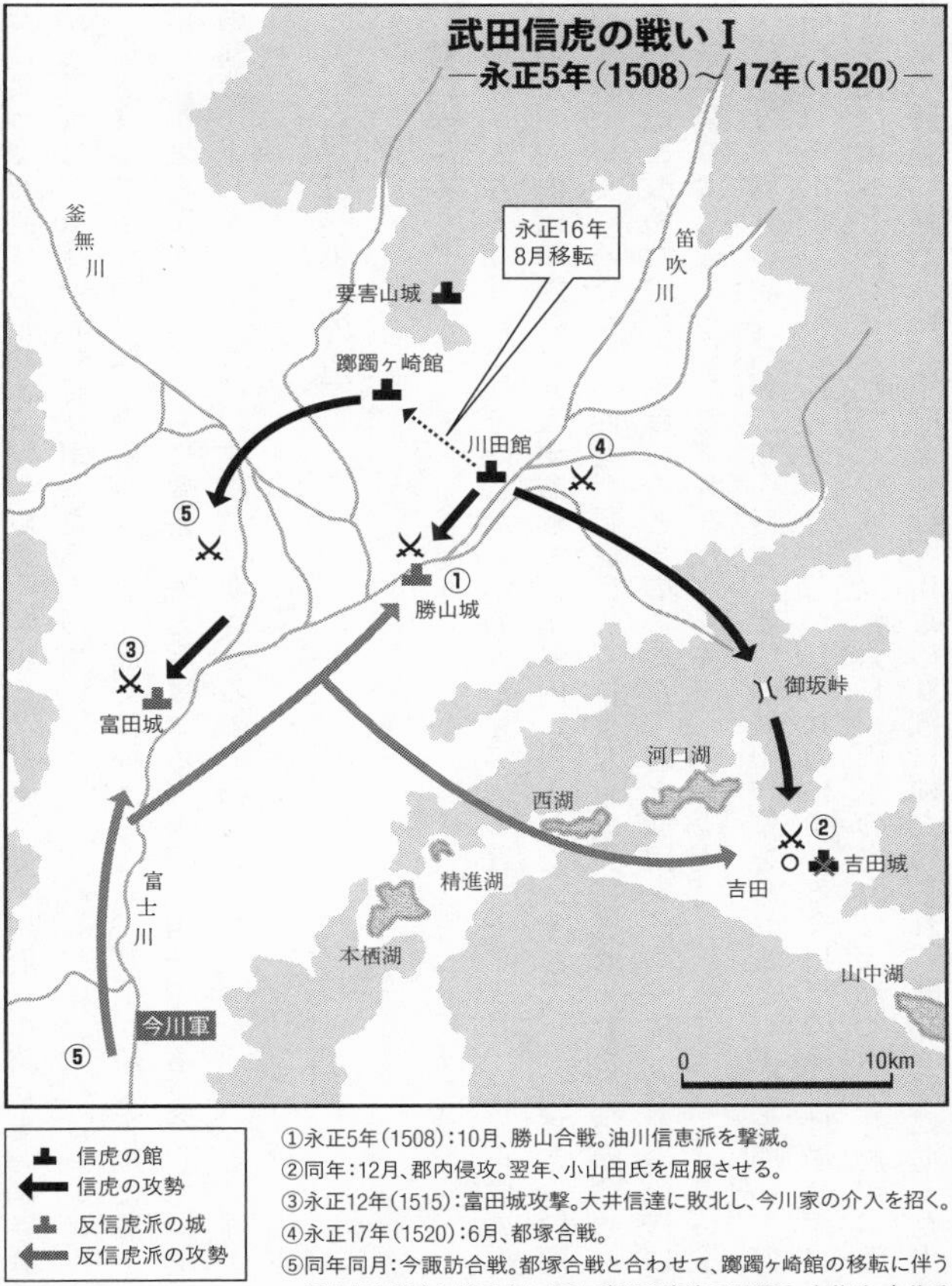

武田信虎の戦いⅠ
—永正5年(1508)〜17年(1520)—
釜無川
笛吹川
永正16年
8月移転
要害山城
躑躅ヶ崎館
川田館
④
⑤
①
勝山城
③
富田城
御坂峠
河口湖
西湖
②
吉田城
吉田
精進湖
本栖湖
山中湖
富士川
今川軍
⑤
0
10km
信虎の館
信虎の攻勢
反信虎派の城
反信虎派の攻勢

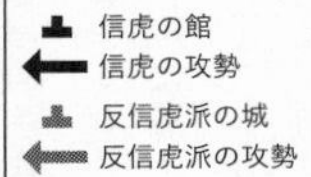

①永正5年(1508):10月、勝山合戦。油川信恵派を撃滅。
②同年:12月、郡内侵攻。翌年、小山田氏を屈服させる。
③永正12年(1515):富田城攻撃。大井信達に敗北し、今川家の介入を招く。
④永正17年(1520):6月、都塚合戦。
⑤同年同月:今諏訪合戦。都塚合戦と合わせて、躑躅ヶ崎館の移転に伴う国人領主連合に勝利をおさめ、武田氏庶流の栗原氏、大井氏、今井氏を屈服させる。

令によって行動する、当主直轄部隊――「上意ノ足衆」は、甲府への集住を強制された国衆から見れば、気味の悪い存在だったろう。

信虎はこの事件の直後、来るべき更なる危機に備えるため、躑躅ヶ崎の背後に聳える「丸山」に築城を開始した。のちに要害山城と呼ばれる、天嶮の山城である。そして、信虎のこの判断が正しかったことは、すぐに証明されるのである。

二、対外戦争への道

自ら虎になる

栗原・大井・今井の三氏を降した翌年の大永元年（一五二一）二月、福島正成の率いる今川軍が、穴山氏の内訌に介入する形で大挙河内に侵入した。そして、今川軍と一触即発の状況がつづいているさなかの四月、信虎は従五位下左京大夫に任ぜられた。彼が名乗りを信直から信虎に改めたのは、実はこのときのことだ。若き武田家の当主は、眼前の危機に臨んで、自ら甲斐の虎たらんとしたのである。

信虎は、側近の駒井昌頼（高白斎）に要害山城の守備を命じると、主力を率いて河内へと向かい、今川軍の前衛を打ち破った。しかし、兵力にまさる今川軍の優位は崩せず、信虎軍は逆に国中へと押し込まれてしまう。九月六日、両軍の主力は大島で激突したが、戦いは今川軍の勝利に終わった。甲府盆地は今川軍の蹂躙にゆだねられ、躑躅ヶ崎にあった大井夫人は、身重にもかかわらず要害山城に避難しなければならなかった。

ここで信虎は、決死の反撃に出る。十月十六日には飯田河原で辛くも勝ちをえて、今川軍の攻勢を何とかくい止め、十一月二十三日には上條河原で今川軍主力を撃破。さらに、敗走する敵を追撃して多くの首級をあげている。後のない状況から、驚異的な巻きかえしができる胆力。一旦合戦に勝利したなら、追撃で戦果を徹底させる容赦のなさ——これが信虎の強さだった。結局、今川軍は残兵をまとめて富田（とだ）城へと後退し、年明け早々には駿河に撤退していった。

この戦いのさなか、大井夫人は要害山城で嫡男を産み落とした。のちの武田晴信（信玄）である。とはいえ、今川軍の撃退や嫡子の誕生を悠長に喜んでいる暇はない。正月早々、信虎は国中一円に棟別銭（むなべつせん）を課した。今川軍との激闘によってすり減った戦力を短時間で回復するためには、直轄の傭兵部隊を拡充するしかないからだ。棟別銭は、戦乱による荒廃にあえぐ領民にとっては過酷な負担となったが、信虎が権力を維持するためには戦費の調達が急務なのだ。

次に必要なのは、国内の引き締めである。信虎はまず、有力国衆の大石氏を粛清した。理由は不明だが、何らかの不穏な動きを嗅ぎ取ったのであろう。ついで穴山氏の帰伏を受け、家臣・国衆一同を引き連れて身延山久遠寺（みのぶさんくおんじ）に参詣し御授法を得ると、そのまま郡内に入って富士浅間社に参詣した。聖地巡礼を装ってはいるものの、甲斐国内なら自分は行きたければどこへでも行く、という意思表示をしたのだ。さらに、信虎は霊峰富士に登って山頂を一周する「御鉢廻り」を行う。河内・郡内をあわせた甲斐一国の主であることを、高らかに宣言したのである。

戦国大名への脱皮

同じ頃、関東では伊勢氏綱（うじつな）が名乗りを北条へとあらためて武蔵への侵攻を本格化させており、これに対抗する扇谷朝興（おうぎがやつともおき）が精力的な外交戦を展開していた。朝興は、山内上杉家との融和を進めるとともに、信虎に共闘を呼びかけ、小弓公方義明（おゆみくぼうよしあき）や越後の長尾為景（ためかげ）、里見氏や上総武田氏にも働きかけて、氏綱包囲網の形成に奔走していたのである。信虎が艶福家であると知った朝興は、気を取り結ぶために未亡人となっていた叔母を側室として差し出し、さらには娘を晴信の正室として嫁がせた（気の毒なことにこの朝興の息女は懐胎死してしまった）。こののち、信虎と氏綱は一時的な和議をはさみながら断続的に戦うこととなる。

甲斐の国内に、信虎が上洛するとの噂がしきりと流れるようになった。実際、大永七年（一五二七）の四月には幕府が上洛を求めている。しかし、信虎が向かったのは京都ではなく、信濃だった。上洛要請直後の六月、佐久（さく）地方での抗争に敗れて亡命してきた伴野（ともの）氏に請われて、はじめて信濃に兵を進めたのである。このときはすぐに講和がなったため、本格的な戦闘にはいたらなかったようだが、衰退した幕府を守護として盛り立てることよりも、近隣諸国を侵すことの方に信虎は魅力を感じていたのだ。明くる年には諏訪氏の内紛に介入を試みて、諏訪頼満（すわよりみつ）に撃退されている。

一方、駿河では今川氏親が死去して氏輝が家督を嗣いでいた。権力が安定するまで武田家との対立を回避したい氏輝は、和睦を申し入れてきた。これまで一再ならず今川軍の侵攻を許してきた信虎は、今川家との和睦を自らの外交成果のごとく国内に喧伝した。

こうして得たつかの間の平穏を惜しむように、信虎は内治の充実に精を出した。湯村山や一条小山に出城を築いて甲府の防衛体制を強化する一方で、寺社の建立や移転を進めていった。民心の安定に意を用いたともいえるが、戦時体制下に宗教を組み入れるための施策、という意味合いも否定できないように思う。

並行して、文書の形式にも変化が現れるようになった。すでに大永五年（一五二五）頃から、判物には花押に添えて「信虎」の朱印が押されるようになっていたが、享禄二年（一五二九）頃からは花押を廃して朱印のみの文書が出されるようになっている。同三年には、不当な諸役賦課を禁止し、信虎の印判のない命令には従わなくてよい旨の通達も出した。ライバルである氏綱の後を追うように、従来の守護発給文書の書式を脱して、実務的なスタイルに切り換えたのである。信虎は、次第に独自の力で地域の支配権力たることを志向する、戦国大名への道を歩むようになっていた。

とはいえ、甲斐国内の諸勢力が、もろ手を挙げて信虎への権力集中を歓迎していたわけではない。享禄四年一月、栗原・今井・大井の諸氏が再び叛き、諏訪頼満と連絡を取りながら甲府北方の御嶽山に籠城した。それでも、四月までに叛乱軍主力は壊滅状態となって栗原・大井の両氏は亡び、諏訪氏の支援を受けて抵抗をつづけていた今井信元も、翌年九月には力尽きて降伏した。この内戦で、信虎は叛乱勢力の徹底的な殲滅を図った。以後、国内で信虎に叛旗を翻す者は現れなくなった。

三つ巴の争い

国内を平定したのも束の間、天文三年（一五三四）、今度は今川氏輝がにわかに甲斐を侵した。家中を掌握した氏輝には、もはや信虎との和約を維持する必要がなくなっており、以前から関係の深かった北条家との連携を優先させたのである。

翌四年の七月、信虎は主力を率いて報復攻撃に向かう。けれども、これは巧妙に仕組まれた罠であった。信虎の侵攻を予測していた今川軍は、武田軍を万沢口（まんざわぐち）で待ちかまえて釘付けにし、この間に氏綱の率いる北条軍主力が郡内に侵攻したのである。

小山田信有と信虎の実弟である勝沼信友（かつぬまのぶとも）が北条軍を迎撃したものの、衆寡敵せず信友は討ち死にし、郡内の各所は略奪と放火に曝された。信虎にとって、絶体絶命のピンチのように思われたが、この時、同盟者の扇谷朝興が相模に向けて急進撃を開始していた。これにはさすがの氏綱もたまらずに撤退し、信虎は辛うじて窮地を脱することができた。

帰陣した信虎は、ただちに諏訪頼満と講和して、後顧の憂いを断つべく図った。とはいえ、駿・相の二強を敵に回して戦うのは、いかにもきびしい。そんな信虎に、願ってもない僥倖が転がり込んでくる。

翌天文五年（一五三六）の三月十七日、今川氏輝と弟の彦五郎が、同時に急死したのであ

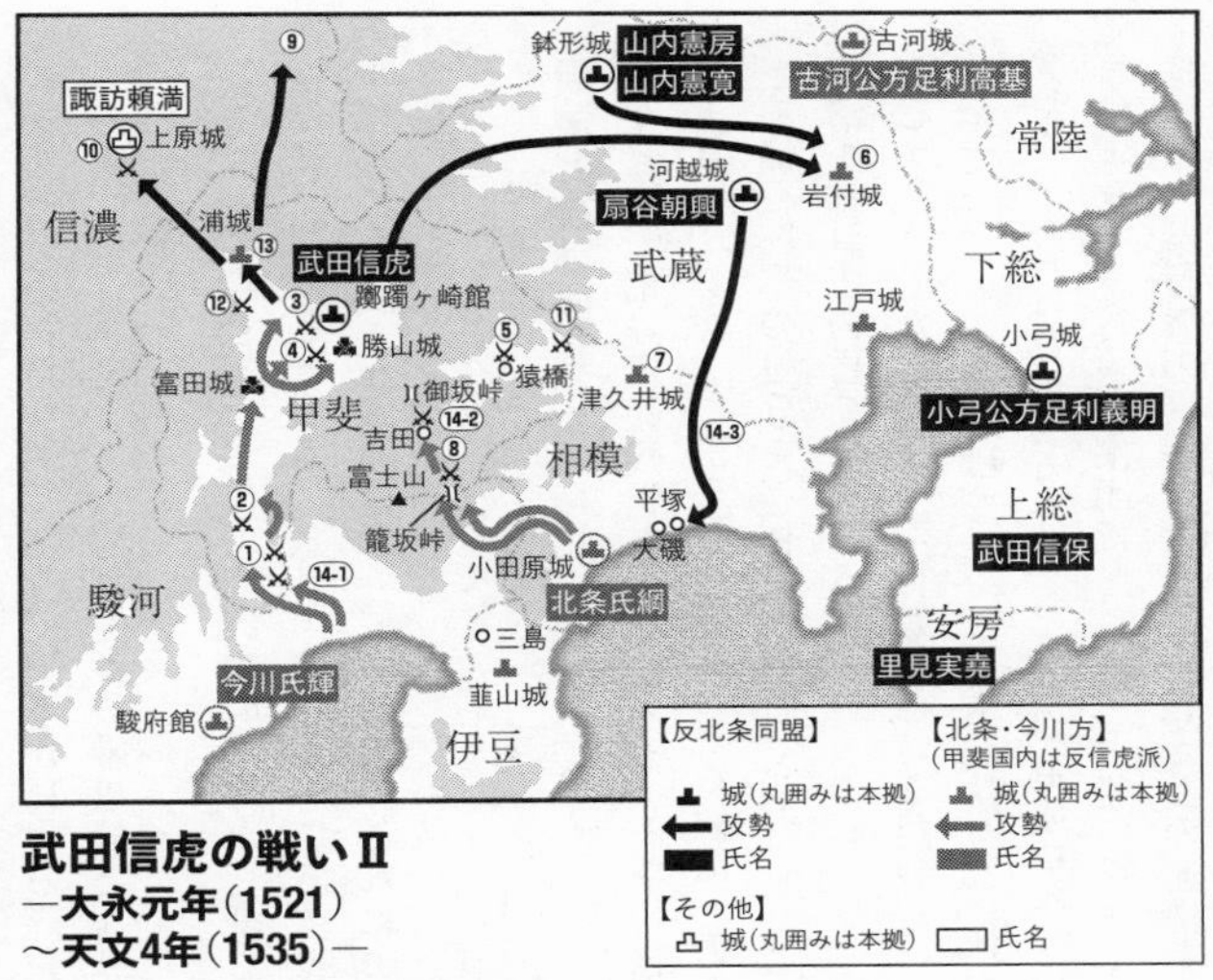

武田信虎の戦いII
—大永元年(1521)
～天文4年(1535)—

①大永元年(1521):8月、河内攻防戦。今川軍福島勢の侵攻を一旦は撃退。
②同年:9月、今川軍、河内に再度侵攻して富田城を占領。信虎、国中に撤退。
③同年:10月、荒川河畔の飯田河原で、信虎、今川軍を撃破。今川軍、占領中の勝山城に退却。
④同年:11月、荒川河畔の上條河原で信虎、今川軍を再度撃破。今川軍、翌年までに完全撤退。
⑤大永4年(1524):2月、山内・扇谷両上杉家を支援して北条軍と戦う。津久井まで侵入。
⑥同年:7月、山内上杉憲房を支援して、岩付城攻撃。
⑦大永5年(1525):山内上杉家との同盟から津久井城を攻撃。
⑧大永6年(1526):7月、梨木平合戦。北条領駿河駿東郡への襲撃。この後、付近で合戦が続く。
⑨大永7年(1527):6月、信濃出兵。佐久郡の伴野信光支援のため。信濃国衆と和睦して帰還。
⑩享禄元年(1528):8月、神戸・境川合戦。諏訪侵攻。諏訪頼満(碧雲斎)と戦い、撤退。
⑪享禄3年(1530):4月、矢壺坂合戦。上杉朝興の江戸侵攻に呼応して、小山田勢を派遣しようとしたが、北条軍に阻止される。
⑫享禄4年(1531):3月、河原辺合戦。最後の大規模国衆叛乱を支援する諏訪氏との戦い。
⑬天文元年(1532):9月、浦城攻撃。信濃国人衆の支援を受けた今井信元の叛乱とその鎮圧。
⑭-1 天文4年(1535):7月、万沢口合戦。今川軍との戦闘。
⑭-2 同年:8月、郡内合戦。北条軍の郡内侵攻。信虎弟の信友などが戦死。
⑭-3 同年同月:上杉軍の相模襲撃。これにより北条軍は郡内より撤退。

甲斐を統一し、今川軍の侵攻を凌いだ信虎は、その力量ゆえに北条と反北条という関東の新しい政治情勢に巻き込まれていった。

る。あまりに不自然な死であり、何者かによる謀殺の線が濃厚である。出家していた氏輝の二人の弟、梅岳承芳と玄広恵探とが後継候補となり、家中を二分しての内訌となった。世に言う花蔵の乱である。

この戦いに際しては、信虎と氏綱の双方が、奇しくも承芳支持で一致したため、承芳が俄然優位に立つこととなる。六月十四日、恵探と支持者の福島氏一門は、氏綱の送り込んだ北条軍に攻められ、花蔵城において滅んだ。これにより、梅岳承芳は義元と名乗って今川家の新当主となる。

粛清と後継体制

甲斐では、福島氏の残党をかくまったとして、前島氏一門が粛清された。『勝山記』はこれにより、「一国ノ奉行衆」がことごとく他国へ退去した、と記している。花蔵の乱への介入と前島一門への処分を、信虎が独断で強行したことに抗議してのサボタージュか、ないしは粛清を怖れての亡命であろう。

ここで注意したいのは「奉行衆」という記載だ。すでに甲斐の国衆たちは信虎のもとに雑然と集まっているのではなく、一定の枠組みに従って組織される家臣団となりつつあり、「奉行衆」と呼ばれるような執行機関が形成されていたのである。とはいえ、「奉行衆」はあくまで実務を執行する集団であって、甲斐の意思を決定するのは信虎その人だ。

信虎は、奉行衆の反撥をよそに、義元との連携を強化していった。すでに嫡男の太郎は、第十二代将軍義晴の偏諱を受けて晴信と名乗り、従五位下左京大夫に任ぜられて、名門武田家の継嗣としての体裁を整えていた。また、乱直後の七月には義元の斡旋によって、三条公頼の息女を正室に迎えることとなった。

甲斐の虎たらんとして自ら信虎と名乗り、多くの女性を戦利品としてきた男は、息子には将軍の偏諱を賜り（当然、相当な金を積んだはずだ）、あからさまな政略結婚を押しつけた。しかもこの婚儀は、義元から信虎への返礼である。信虎にとって、周囲にいる人間は家臣であれ親族であれ、すべて自分の持駒なのだった。

さらに翌年の二月には、信虎の息女が義元の正室となって、正式に甲駿同盟が成立する。義元と信虎との急接近によって、援軍を送ったにもかかわらず義元からソデにされる形となった氏綱は、同盟を思いとどまるよう義元の説得に努めたものの、義元の意志は変わらなかった。これにより、今川・北条両家の関係は一気に悪化した。氏綱は駿東郡に侵攻して今川軍と対峙し、信虎もさっそく義元支援のために須走口に出陣した。その後も、今川・北条間で断続的に戦闘がつづき、武田側も出兵を繰りかえすこととなった。

それにしても、花蔵の乱をめぐる信虎と義元の動きには、ある種の不透明さが拭いきれない。対立していたはずの信虎と氏綱がともに義元擁立に動いた点、今川家中にあって甲斐侵攻の尖兵となってきた福島氏が滅亡した点、乱の終結から三条夫人の輿入れまでがあまりに手回しよく運んでいる点、等々を考慮すると、事前に信虎と義元との間で、何らかの謀議が成立していた可能性を否定できない。少なくとも義元が、氏綱から信虎へと同盟者をスイッチする、というシナリオをもっていたのは間違いない。

天文六年の四月、氏綱との対決に執念を燃やしてきた扇谷朝興が没した。十三歳で家督を嗣いだ朝定は、氏綱の迅速な攻勢によって居城の河越城を失い、扇谷上杉家の退勢は決定的となった。信虎は、あるいはこうした状況を見越していたのかもしれない。今川氏との同盟に踏み切ったのは正解であった。

戦略転換

天文八年(一五三九)諏訪頼満が没し、嫡男の頼隆がすでに他界していたため、孫の頼重が跡を嗣いだ。信虎の目に、信濃への道が開けて見えた。あいかわらず北条軍は郡内への侵入を繰りかえしていたが、強敵の氏綱と正面からぶつかるより、今川軍に背後を牽制させつつ自らは新たな戦争に乗り出した方が得策と踏んだのだろう。

四月から五月にかけて、板垣信方率いる武田軍は佐久に侵攻し、地元の領主らが籠る城を次々と陥れていった。甲斐の虎が、はじめて本格的な対外征服に乗り出したのである。さらに信虎は、娘を頼重に嫁がせて諏訪氏との同盟を固めた。十二月には頼重が躑躅ヶ崎を訪ね、返礼として信虎も諏訪を訪れている。佐久地方への進撃路は側面を確保され、諏訪は信濃侵攻への貴重な足がかりとなった。

こうして、天文九年は信虎にとって画期的な戦略転換の年となったが、その一方で甲斐国内は危機的状況に陥りつつあった。天文二年以来、東国は毎年のように天候不順や疫病に見

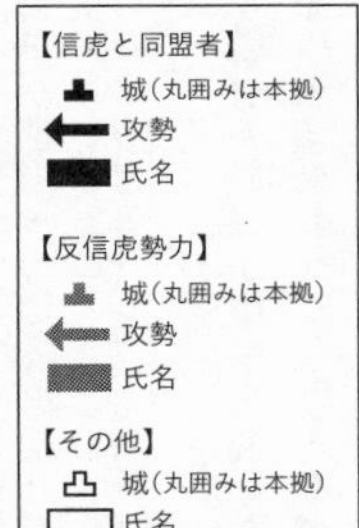

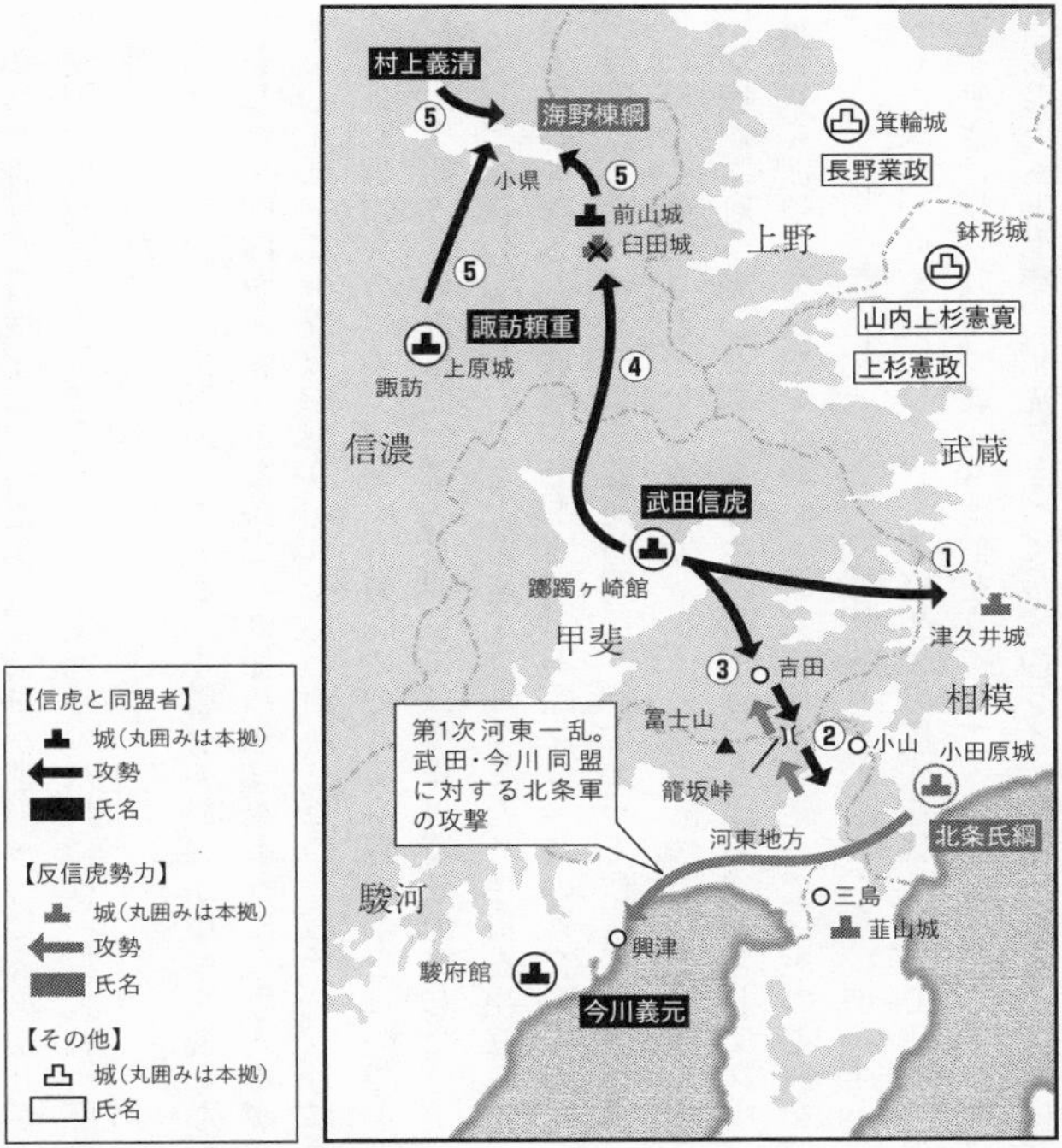

武田信虎の戦いⅢ
—天文5年（1536）〜10年（1541）—

①天文5年（1536）：6月、津久井郡襲撃。武田・今川同盟の前提として北条軍への牽制作戦。
②天文6年（1537）：4月？　須走襲撃。第1次河東一乱にともなう今川軍支援作戦。
③同年：5月、10月、吉田襲撃。須走襲撃に対する、北条軍の報復行動。
④天文9年（1540）：秋？　佐久侵攻。佐久郡の領有化。前線基地として前山城を改修。
⑤天文10年（1541）：5月、諏訪、村上両氏とともに小県に進攻し、同郡の一部を領有。

宿敵、今川家との電撃的な同盟を結び、背後を安定化させた信虎は、信濃領有化の第一歩を踏み出した。

舞われて飢饉が慢性化していたが、北条軍が郡内への侵入を繰りかえしていたこともあって、甲斐国内の荒廃は深刻であった。天文九年の八月には、超大型台風の直撃によって、甚大な被害も出ていた。

明けて天文十年（一五四一）の春、未曽有の飢饉が甲斐を襲うなかで、信虎は信濃侵略を再開した。国内が疲弊するなかでの外征は無謀なようにも思えるが、いまや対外戦に伴う略奪なしには、この危機を乗り切れないと判断したのだろう。五月には、晴信や諏訪頼重を伴って小県郡に兵を進め、同地の有力国衆である海野棟綱を攻めて上野に逐っている。東信濃の大半を組みしいた信虎は、六月四日には躑躅ヶ崎に帰陣した。

そして直後の十四日、今度は駿府を訪問するため甲府を出立した。前年の諏訪頼重につづいての娘夫婦への表敬訪問であるが、実際には今後の外交・戦略について義元と話し合うのが目的だったはずだ。この駿河訪問は、例によって独断専行だったらしい。少なくとも、晴信には全く知らされていなかった。

信虎が駿府へ発ったことを知った晴信は、ここで突如としてクーデターに踏み切る。まず足軽衆を派遣して国境を封鎖し、義元に使者を送って信虎の追放を通知したのである。信虎は、「上意の足衆」によって帰国を阻まれる形となった。同二十八日、晴信は躑躅ヶ崎に集合した家臣一同を前に、正式な家督相続の儀式を執り行っている。少なくとも表立って反対する動きは見られず、義元も晴信を支持して、信虎を預かることを決めた。

奇しくも同じ頃、信虎にとって最大のライバルだった北条氏綱は病に伏し、嫡男の氏康に後事を託していた。死の床で信虎放逐の報せを聞いた氏綱は、何を思ったであろうか。時代の担い手が、急速に交代しつつあった。

放浪の虎

ここで追放事件の背景を探る前に、その後の信虎の足跡を追ってみよう。

さしもの信虎も、しばらくは駿河で隠棲するように見えた。天文十二年（一五四三）には上洛し、本願寺の顕如上人と面談したり、高野山参詣や奈良見物を楽しんでいたことが確認できる。上洛に際しては、義元からも餞別を贈られたであろうが、基本的には武田家側が費用を負担したはずだから、晴信にとってはいい迷惑であったろう。この頃、信虎は入道して無人斎道有と称している。付き従う者もない気楽な老人、というほどの意であろうが、傍若無人で我が道を行く信虎にふさわしい号ともいえる。

とはいえ、いつまでものほほんとしていられる信虎ではない。天文十九年（一五五〇）に今川義元の室となっていた娘が他界したのを機に、今川家の庇護を離れる決意を固めたらしい。やがて上京し、今度は将軍足利義輝に伺候するようになる。義輝は、この亡命してきた名門の前当主を、いまや稀有な存在となった「在京守護」として丁重に遇したようだ。そうした処遇は、信虎の自尊心を慰めるものであったろう。

ところが、その義輝も永禄八年（一五六五）には松永久秀の襲撃を受けて殺害されてしまう。信虎はしばらく潜伏していたが、今度は織田信長に奉じられて入京した義昭に伺候している。元亀四年（一五七三）三月、その義昭も反信長の挙兵が潰えて放逐され、京周辺に信虎の居場所はなくなった。

おりしも義昭挙兵から一月後の四月十二日、武田晴信が伊那の駒場で病没した。その噂を耳にした信虎は、武田家側に対して甲斐への帰国を打診したらしい。跡を嗣いだ勝頼も困惑したようだが、父晴信が「親不孝者」の汚名に甘んじたことを思えば、老いた祖父を無下に扱うわけにもいかなかったのだろう。甲斐帰国こそ許さなかったものの、逍遥軒信廉が城代をつとめる信濃高遠城への寄寓を認めることとなる。

三、信虎の戦略とその限界

信虎追放の背景

ここであらためて、晴信がなぜ父信虎の追放に踏み切ったのか、そしてこのクーデターがなぜ国内の支持を得たのか、という問題を考えてみよう。天文十年の時点で信虎は四十八歳だが、晴信はいまだ二十歳であったから、継嗣にはやや早めではある。後継者を誰にするのかという問題は別として、この時点では信虎に引退するつもりなどさらさらなく、周囲もそのように認識していただろう。

次に、この追放劇が、晴信と義元の事前謀議によるものであったかどうかについては、研究者の間でも判断が分かれている。ただ、追放後の信虎の扶持を武田側が負担することとなった際に、今川方から催促の書状が出されている。この経緯を見るかぎり、共謀の線はうすいだろう。信虎のにわかな駿河訪問を奇貨として、晴信が即断即決で動いた可能性が高いものと思う。

この事件の原因については大別して、信虎と晴信との性格的な確執を原因とする説と、領国経営の失敗により国内で不満が蓄積していたためとする説とがある。父子確執説の立場をとる史料の代表が『甲陽軍鑑』で、信虎は晴信と気性が合わず、弟の信繁（のぶしげ）を偏愛しており、晴信の廃嫡をほのめかしていたことを記し、また信虎が傲岸かつ残忍な性格であったことを強調している。信玄に関する通俗的な伝記や小説等の多くは、こうした『軍鑑』の記述をもとにして、信虎を描いている。

一方、近年の歴史学は、信虎のそうした性向はある程度認めながらも、『軍鑑』の記述については、晴信によるクーデターの正当性を主張するための潤色がなされているものと考えるのが、一般的である。ちなみに、『勝山記』は「余リニ悪行ヲ被成候間（なされそうろうあいだ）、加様被食候（かようにめされそうろう）」と記し、『王代記』も信虎の追放によって「一国平均安全ニ成」ったという具合で、当時の甲斐ではこの当主交代が歓迎されていた様子を伝えている。

信虎の領国経営

歴史学サイドの領国経営失敗説は、具体的に次のような分析を示している。

一．信虎による強引な権力集中が国内諸階層の反撥を招いたとする説。しかし、発給文書の形式を見ても、晴信は継嗣当初こそ判物を多用していたものの、すぐに印判状に切り替えている。晴信の時代には、印判状を大量に発給して家臣や領民を事務的に支配する体制が整えられているから、当主権力の強化はさらに進んだことになる。晴信が信虎の権力集中路線を踏襲し、その充実を図っていったことは明らかであるが、晴信の専制化に反撥するような謀叛は起きていない。

二．外征の連続による過大な軍役負担が、家臣や領民に嫌われたとする説。これは一面では事実だろうが、晴信の時代にはさらに大規模な遠征が恒常的に行われている。また、晴信の戦争と異なり、信虎の戦争は領土的成果のとぼしいものだった、という考え方がある。ただ、永禄十二年（一五六九）の小田原侵攻や元亀三年（一五七二）の徳川領侵攻など、領土的成果を得られなかった戦争は晴信の時代にも多い。世に名高い川中島の戦いにしても、数度にわたる上杉軍との対峙は、獲得した版図とは割に合わない軍役負担を伴ったはずだ。戦争による家臣・領民の負担が、信虎の足をすくった決定的要因とは考えにくい。

三．場当たり的な対外戦略により、国内の疲弊を招いたとする説。たしかに信虎の戦略・外交はめまぐるしく変転しており、外敵の侵攻が国内を荒廃させていたのも事実である。ただ、地域統合の進んだ戦国後期と違って、信虎の時代には周囲の状況が錯雑をきわめていたから、臨機応変な対応の方が現実的で、むしろ有効であったろう。それに、花蔵の乱以降は今川家と同盟を結んで背後を固め、群小勢力ひしめく信濃へ進出する方向に転換している。信虎追放の時点ではその成果があがりつつあったし、武田家は信濃に、今川家は遠江・三河へ、北条家は関東へそれぞれ進出する、という図式ができあがっていた。晴信による「三国同盟」は、明らかにこの延長線上に成立するものだ。

四．天変地異や飢饉の連続による国内の疲弊。室町後期から戦国期にかけての日本列島は、天候が冷涼かつ不安定で、飢饉が頻発していた。甲斐でも天文二年（一五三三）頃から飢餓が慢性化していたことは、先述したとおりである。ただし、こうした状況は今川領や関東でも同じであり、晴信の時代になっても決して好転したわけではない。天文九年から十年にかけての過酷な飢饉は信虎への怨嗟を呼んだではあろうが、それがクーデターの本質的要因であったとは考えにくい。

信虎と晴信

このように考えてくると、信虎の治世には、戦略・外交・内治とも決定的な破綻はなかったことになる。とくに、天文年間には国内の統一も完了し、武田家には有力な戦国大名としての前途が拓けつつあった。晴信の政策は、いずれも信虎の延長線上にあり、晴信はむしろ父の敷いたレールの上をまっしぐらに突っ走っていった、とさえ見える。領国経営の失敗がクーデターの原因なら、もっと明確な路線転換がなされたはずではなかったか。

となると信虎の限界は、やはりその人間性に根ざすものだったのだろうか。デビュー戦における油川氏・小山田氏の殲滅や、のちの前島一族への対応が象徴するように、信虎の行動にはたしかに、敵対者への容赦のなさが認められる。

享禄二年（一五二九）、小山田信有との関係が突如悪化し、信虎が郡内への交通路を封鎖するという事件が起きた（『勝山記』）。この時は、信有の母が遠江に住む姉を頼って今川家に仲介を依頼し、事なきをえた。ただ、信有に謀叛の計画があったのならば、当然北条か今川が嚙んでくるはずだが、そうした形跡がないばかりか、逆に今川方に調停すら依頼している。しかも、直後には郡内に侵入した北条軍を小山田勢が迎撃している。こうした経緯から見ても、信有に決定的な叛意があったとは考えにくい。

この事件の原因については不明とされているけれども、前後の状況から見て、領民に対する課役をめぐる信虎と信有の認識の違いが発端となったのではないか、と筆者は考えている。小山田氏への封鎖を解除した直後に、信虎が郡内一円に対し懲罰的に棟別銭を課していることが確認できるからである。無論、諸役の賦課を大名当主権力のもとに一元化したい、という方針が背後にあるのは間違いないが、意に染まぬ相手に対する信虎の容赦のなさと、猜疑心の強さもうかがい知ることができよう。

虎狼の人

大永四年（一五二四）、信虎が北条氏綱と一時的に和睦した際のことであるが、氏綱は越後の長尾為景に宛てた書状の中で、「武田が和睦を申し出てきたが、あの国は言うことがすぐに変わるので、どうなるかわからない」と洩らしている。こと二枚舌に関しては、氏綱も為景も他人を非難できたものではないが、信虎の外交には翻弄されていたのであろう。

ちなみにこの時、為景から氏綱に鷹が贈られることとなり、気をよくした氏綱が、どうせなら若鷹が欲しいとねだったことから、為景は大小二羽を贈ることとした。この使節は、氏綱が山内家と敵対していたため、信濃・甲斐をへて小田原を目ざすことになったのだが、その途中で信虎に抑留され、大きい方の鷹は取りあげられてしまった。

しかも信虎は、後になってやはり若鷹の方がよいとばかりに、大きい方の鷹を小田原に送ってよこしたから、事を荒立てたくなかった氏綱は不承不承、若鷹を進呈する羽目になっている（山田邦明『戦国のコミュニケーション』）。信虎が貪欲で、しばしば気紛れな性格であったことは間違いなかろう。

戦乱の申し子として生まれ、十四歳で家督を嗣いだ直後に合戦で宿老の多くを失い、複雑きわまる状況の中で戦いと謀略・裏切りに明け暮れた信虎にしてみれば、信じられるのは自分しかなく、頼れるのは力だけであったろう。果断な若武者は、こうして貪欲で猜疑心が強く残忍な独裁者へと成長していったのである。とはいえ、現実に甲斐を統一して外敵と戦い、多くの難局を切り抜けている以上、誰も信虎に逆らうわけにはいかなかった。

最大の問題は、信虎が重要な政策のほとんどを、周囲に諮ることなく独断専行で決定したことではなかったか。追放の発端となった駿府訪問にしてからが、そうである。信虎への権力集中は、武田家が戦国大名として存立してゆく上で不可欠なものではあったが、家中の者たちにとっては恐怖政治以外の何物でもなかった。信虎に対する行き場のない鬱憤が、次第に蓄積していったのであろう。

引き金をひいたのは、案外個人的な問題だったかもしれない。ただ、晴信自身が廃嫡の恐怖を感じていたことも、充分にありうる。武田側と事を構えるのは不利と判断した今川義元も、このクーデターを受け入れた。遠江・三河への進出が基本戦略だった義元にとって、同盟を維持して甲斐を安定させてくれれば、相手は信虎でも晴信でもよかった。むしろ、若い晴信の方が交渉相手としては御しやすい、と踏んだのかもしれない。

やられる前に、少しでも目のある方にという晴信の賭けは、こうして思いのほか図にあたり、結果として内外の支持を得ることができた。

待望された英雄

最後に、信虎について考える上で無視できない要素として、世代の問題がある。

近隣諸国における同世代の武将としては、長尾為景・今川氏親・北条氏綱などがいる。斎藤道三・織田信秀などもほぼ同世代といってよい。いずれも、国内の統一と近隣諸勢力との抗争に明け暮れつつ、戦国大名家としての基礎を築いた武将であり、「アクの強いヤリ手」といった印象が強い人物たちだ。

信虎以前の世代、すなわち武田信縄や伊勢宗瑞といった世代は、いずれも何らかの形で享徳の乱や応仁の乱に関わっていた「享徳・応仁の乱世代」である。彼らは、室町幕府と鎌倉公方という体制的枠組みの中で育ち、中央の動静を睨みながら、あるいはそれに規制されて行動するのが基本であった。宗瑞の伊豆侵攻にしても、中央の政変と連動して計画されたものである。

これに対し信虎らの世代にとって、家督の継承とはすなわち、熾烈な国内統一戦や対外戦に臨むことを意味した。しかも、彼らが家督を嗣いだ時には、京の将軍家も鎌倉の公方家も、もはや自国を取り巻くさまざまな状況の中のひとつに過ぎなかった。さしずめ彼らは「分国自立世代」と呼べそうだ。

こうした中で信虎は、国衆たちを甲府へ集住させて家臣化し、当主権力を強化するなどの「改革」を推し進め、その結果として甲斐の統一が為し遂げられることになった。ただし、その「改革」は、武田家が統一甲斐の国主＝戦国大名として存立してゆくための権力集中であって、必ずしも甲斐国全体の利益を実現するものではなかった。権力の本質が収奪機構である以上、国内諸階層の利益があまねく実現されることなどありえないからだ。支配者にとって重要なのは、政策が国全体の利益を代表し、国の発展に貢献しているごとき幻想をいかに演出し、国内をその気にさせることである。一人でその全てを背負ってきた信虎の限界が、ここにあった。

かくて彼らの後継者たちは、最初からカリスマたることを嘱望されて立つこととなった。彼らは、華やかなスポットライトを浴びて舞台に上がることを宿命づけられた「英雄世代」

であり、「風林火山」「毘」「天下布武」といったわかりやすいシンボルを必要としていたのである。

＊　＊　＊

天正元年（一五七三）、高遠城に入った信虎は、ここで勝頼と対面した。『甲陽軍鑑』によれば、勝頼の母が諏訪氏の娘であることや、かつて軽輩だった者たちが武田家の宿老となっていることに対して信虎は不快感を顕わにし、一同を困惑させたという。甲斐を逐われてからすでに三十三年が過ぎていたにもかかわらず、本人の意識はあくまで「前当主」なのである。最後まで懲りることを知らない人であった。

翌天正二年、信虎は高遠で八十一年にわたる波乱の生涯を閉じ、勝頼によって大泉寺に葬られた。冒頭に述べた「異相の画像」は、高遠時代の面影を伝えるものである。鬼籍に入って専横もおさまり、虎はようやく「自分の国」に帰ることができたのだ。数年後に訪れる武田家の滅亡を見ずにすんだことが、唯一の救いであろう。

第四章

長尾為景の下剋上

権力簒奪の甘い罠

下剋上と戦国大名

戦国大名が出現するには、いくつかのコースがある。

(1) 守護大名が、権力の再編強化を通じて戦国大名へと成長するコース。甲斐の武田氏や駿河の今川氏、豊後の大友氏、薩摩の島津氏などが典型例だ。

(2) 本章の主人公である長尾為景のように、守護代が権力の簒奪によって戦国大名化するコース。斯波氏に取って代わった越前の朝倉氏、土岐氏を逐った美濃の斎藤氏、京極氏を滅ぼした出雲の尼子氏、大内氏を倒した周防の陶氏なども同様である。

(3) 国衆などの地方領主から戦国大名化するコース。周辺の諸勢力を徐々に組みしいて勢力を拡大する、という経過をたどることになるこのグループには、陸奥の芦名氏や近江の浅井氏、安芸の毛利氏、土佐の長宗我部氏などが属する。

(4) その他のコース。全くの外来者であった伊勢宗瑞が代表だが、荘園支配のために下向した貴族が土着した土佐の一条氏のような変わり種もいる。

この四つのコースの中では、(2)の守護代コースが「下剋上の時代」という戦国時代のイメージを、もっともよく体現しているように思える。また、一国の権力を下剋上一発で掌握するという意味でも、(3)や(4)よりは効率がよいコースのように見える。

けれども詳しく検討してみると、たとえば斎藤氏の場合は、道三の父が出自のはっきりしない外来者であって、そもそもの守護代家ではなかったから、(4)のグループに含めた方が良さそうである。また、陶晴賢はたしかに典型的な下剋上の事例ではあるけれども、わずか数年で毛利元就によって滅ぼされており、あまりに徒花的だ。

このように、守護代コースの典型的成功者は意外に少ないのである。ではなぜ、守護代コースは、かくも狭き門なのだろう。上杉謙信の父として知られる長尾為景の場合、下剋上とはいったい何だったのか。彼はどのようにして戦国大名への道を歩んだのだろうか。

一、守護と守護代

長い国

越後――日本海に面して長大な海岸線を持つこの大国は、一方では奥羽・関東・甲信・北陸のいずれの地方とも境を接するという、地政学的な特質をそなえている。また、姫川・荒川・信濃川・阿賀野川・加地川・三面川といった水量豊かな河川が、この長大な国をいくつもに区切り、複雑な地理的条件を形成している。

長尾為景は戦国の初期、この国の守護代をつとめていた長尾能景の嫡男として生まれた。生没年は、はっきりしない。没年については、天文五年（一五三六）に嫡子の晴景に家督を譲った直後、享年を六十六とする史料もあるが、これだと景虎が生まれたのは為景が六十歳の時ということになり、晴景への継嗣時期を考えても不自然だ。

現在では、生年を長享二年（一四八八）、没年を天文十一年（一五四二）とする見解が有力なので、本稿もこれに従っておきたい。計算上では五十四年の生涯を送ったことになろう。ちなみに、近隣の主な大名たちとくらべてみると、為景は扇谷朝興や伊達稙宗と同年、北条氏綱より一歳下、武田信虎より五歳上ということになる。

上杉氏と長尾氏の出自、越後と関東との関係等については、第一章で述べてきたとおりだ。越後は本来、鎌倉公方の管国ではなく室町将軍の支配下にあったが、これには鎌倉公方の暴走を掣肘する目的も含まれていた。したがって関東で争乱が起きた場合には、上杉氏・長尾氏の率いる越後勢は今川氏の駿河勢とともに、幕府軍の尖兵として関東に侵攻する役割を担っている。

ところが、十五世紀の半ばに関東で永享の乱や結城合戦といった争乱が立て続けに起こると、これが飛び火する形で越後国内も騒然としてくる。さらに、京に在った守護の上杉房定が越後の統治のために在国している間に、関東では享徳の大乱が勃発する。房定は管領軍の支援と国内の引き締めのため、関東と越後とを行き来することとなり、こののち京に上ることはなかった。

関東管領と越後守護

文正元年（一四六六）、管領の山内上杉房顕が関東の陣中で急死すると、房定の次男である顕定が管領家を嗣ぐこととなった（三四五頁系図参照）。顕定は、庶家の扇谷上杉定正とともに享徳の乱と長尾景春の乱を戦ってゆくが、房定は越後から関東に援軍を送る一方で、乱を終息させるための外交交渉にも奔走している。

長享元年（一四八七）になると、今度は山内顕定と扇谷定正との間で戦端が開かれ、房定は顕定を支援するため、再び関東に出陣する。為景がこの世に生を享けたのは、越後上杉家がこうして泥沼のような関東の争乱にはまりこんでいった頃、ということになる。度重なる出兵に対応するためであろう、房定は守護段銭の徴収を確実なものにするべく、越後国内で検地を実施している。この房定を守護代として支えたのが、長尾頼景・重景・能景の三代であった。

明応三年（一四九四）にその房定が死去すると、越後守護家は房能が嗣ぐこととなった。房定には定昌・顕定・房能という三人の男子があったが、定昌は先年、上野で戦死しており、顕定はすでに関東管領家を嗣いでいたためである。この顕定・房能という兄弟の個性は、東国全体が戦乱の世紀へとなだれ込みつつある時期にあって、小さからぬ役割を演じることとなる。

さて、守護権力を強化するという父の政策を受け継いだ房能は、検地の結果をもとに段銭の賦課基準台帳を作成する、という意欲的な政策を推しすすめた。さらに明応七年（一四九八）になると、御料所における不入権を無効にすることを宣言した。

御料所は守護の直轄領であるが、現地管理の実務はその土地土地の領主（国衆）に委ねられていた。彼らは守護への納税を請け負う代わりに、さまざまな理由をつけて守護使が現地に直接入部することを拒む「守護使不入」を主張していた。そして、帳簿に記載されない耕地や新開地からの収益を、自分の懐に入れていたのである。不入権が撤廃され、こうした収益が把握されるようになれば、守護の財政基盤は大幅に強化されるが、代官となっている国衆たちには当然、少なからぬ打撃となる。

強気な守護

守護代として多くの御料所を管理していた長尾能景は、表向きはこの政策を支持する姿勢を見せながら、自己の権益については巧妙に保全を図っていた。総論賛成・各論反対というわけである。当然、各地の国衆たちもさまざまに理由を付けて抵抗したから、房能のこの大胆な政策は、はかばかしく進まなかったらしい。

こうして新政策に対する不満がくすぶるさなかの明応九年（一五〇〇）、下越地方の有力国衆である本庄（ほんじょう）氏が房能に叛くという事件が起きた。同じ下越の中条氏からは、黒川氏も本庄氏に同調しているという情報がもたらされる。黒川氏と中条氏とは、以前から所領をめぐって争っていたが、房能は関東での戦功に対する行賞として、この係争地を中条氏に安堵してしまっていた。しかもこの係争自体が、関東出兵によって裁定の遅れていた案件であったから、黒川氏の不満は相当なものだったようだ。

けれども房能は、これを中条氏の讒言と判断したのか、大々的に動員した討伐軍を本庄領内へとかまわずに進めてしまった。その結果、討伐軍は黒川勢に背後から切り崩されて潰走した。房能の甘い状況判断が招いた敗北である。

房能はこの失敗にも懲りることなく、永正元年（一五〇四）には兄顕定の求めに応じ、大軍を率いて関東に出陣した。顕定はこの年の八月、武蔵の立河原で扇谷軍との決戦に臨んだものの、今川氏親・伊勢宗瑞・長尾景春らの援軍を擁する扇谷軍に大敗を喫し、弟に救援を要請していたのである。

越後からの援軍を得た顕定は、一気に退勢を挽回して扇谷家を屈服させてしまった。房能も、兄から感謝されてさぞ鼻が高かっただろうが、本庄氏の叛乱をどう処置したのかはよくわからない。決着させないまま放置していたか、守護代の長尾能景が収拾に奔走していたのかの、どちらかだろう。

十九歳の下剋上

関東での勝利に気をよくした房能は、永正三年（一五〇六）になると越中守護の畠山尚慶（卜山）からの支援要請に応えて、今度は越中へと兵を送ることを決めた。当時、畠山尚慶は幕府の内訌にかかわって紀伊に在陣していたが、この間に加賀の一向一揆勢が越中に侵攻してしまったのだ。

房能の命を受けた長尾能景は、一向一揆勢を加賀へと押し返すべく出陣していった。ところが、畠山氏の守護代だった神保慶宗らがにわかに寝返ったため、能景は九月十九日、般若野の合戦において無念の戦死を遂げてしまう。長尾家では急遽、嫡男の為景が家督を嗣ぐこととなった。弱冠十八歳の守護代である。

この時、越後の国内では、かねてから房能に不満を抱いていた五十嵐氏や石田氏といった中越地方の国衆たちが、能景の死去を機に造反の動きを見せていた。しかし為景は、この造反をたちどころに鎮圧している。どうやら彼は、軍事の天稟には恵まれていたようだ。

ちなみに、武田信虎が十四歳で家督を嗣いだのは永正四年（一五〇七）のことであるから、ほぼ同じ時期に、父の死によって十代で家督を嗣いだという点では、為景と信虎は似たような境遇にあったとも言える。ただし、守護権力を再編・強化する方向に突き進んでいった信虎とは対照的に、為景が選んだのは守護権力と対決する道であった。

すなわち永正四年八月、為景は房能打倒の兵を挙げたのである。実子にめぐまれなかった房能は、すでに一族の上条定憲の子である定実を養嗣子としていたが、為景はこの定実を擁して挙兵した。府中を制圧された房能は松之山へと後退したが、天水越で為景の軍勢に追いつかれ、逃げ切れないことを悟って自害した。従っていた守護直臣たちの多くも、討ち死にしたという。家督を嗣いでから、わずか一年での「下剋上」であった。

為景の意図

為景は、なぜこの時点で房能との対決に踏みきったのだろうか。一般に為景という人物は、辣腕家というイメージで見られることが多い。だが、房能を討った時は弱冠十九歳の青年武将である。軍事面で一定の実績を上げているとはいえ、政治家としての力量が未知数のティーンエイジャーに、傀儡（かいらい）を擁して実権を掌握するなどという構想が、はたして可能だったたろうか。

何より注意すべきは、養嗣子の定実という正当な後継者を擁して行動を起こしている点である。本当に傀儡の守護を立てるのであれば、もっと傍系の人物を担ぎ出すべきではなかったか。また房能はなぜ、天水越で自刃したのか。はたして為景の真意はどこにあったのだろう。事件の真相を解くために、房能と為景との対立が何に起因していたのか、もう少し掘り下げてみよう。

まず、これまで見てきたように当時、越後の国内において守護房能への不満が高まりつつあったことは間違いない。何より問題だったのは、房能の目が常に関東に向けられていたことにある。守護家の財力と権力を強化しようと企てたのも、越後のためではなく関東の戦いに介入するためだった。これでは国衆たちは、相次ぐ外征で疲弊するばかりである。こうした不満が、若い守護代を焚きつける要因となったことは、想像に難くない。

けれども筆者はもうひとつ、より人間的な問題も無視できないものと考える。房能の兄だった関東管領の山内顕定は、生涯の大半を戦陣で過ごした人物であるが、彼は強気な性格と、相手を見下すことに起因する判断の甘さを併せ持っていた。第一章で述べたように、長尾景春の叛乱や太田道灌（どうかん）の謀殺、扇谷家との武力抗争（長享・永正の乱）は、彼のそうした気質が招いたという一面を否定できない。

あえて言うなら、この強気さと甘さは、名門の家に生まれたゆえのプライドの高さに根ざしているのだろう。守護権力の強化に突き進む一方で、本庄氏の乱では状況認識を誤って大敗を招いた房能にも、顕定と共通する気質を見てとることができる。

事件の真相を推理する

強気な房能は、能景によって骨抜きにされていた不入権の撤廃を、家督を嗣いだばかりの為景に切り出したのではなかろうか。また、為景が最初から房能の軍事的力量に見切りをつけていた、ということもありうる。

年齢から見て、為景の初陣は本庄氏の乱か、永正元年の関東侵攻であった可能性が高い。軍事的な資質にめぐまれた少年が、房能の用兵を苦々しい思いで見ていただろうことは、想像に難くない。そうしたなかで、何の準備もなく守護代の座が転がり込んできたのだ。この鼻っ柱の強い守護と若い守護代が、うまく折り合えるはずがなかった。

おそらく為景は、房能を体よく隠退させ、定実を新しい守護に据えることによって、国内の不穏な空気を押さえ込もう、と意気込んだにちがいない。けれども、政治的な老練さをいまだ身につけていないティーンエイジャーが乗り切るには、この問題は大きすぎた。両者の対立は、たちまち抜きさしならないものへと発展してゆく。

結果として、軍事的な手腕にまさる為景が先手を打って府中を制圧し、房能を追い落とすことに成功した。そして、房能が兄を頼って関東へと落ちることを阻止するため、上野への退路を断つ形で捕捉した。おそらくこの時点でも、為景の本意は主君の抹殺ではなく、あくまで正当な守護の交代にあったろう。天水越で、為景は房能に出家を強要したにちがいない。しかし、プライドの高い房能は、若い被官に守護の地位を剝奪されて余生を送ることを潔しとせず、自決という道を選んだ――筆者は、事件の経緯を以上のように推測する。

二、国主への道のり

覆水盆に返らず

為景の真意がどこにあったにせよ、起きてしまった事態はもとに戻すことができない。そして為景は、自分の行為によって惹き起こされる次の事態に、ただちに対処しなければならなかった。すなわち、彼の行為を弑逆と見なした者たちが、いっせいに反撥したのである。まず事件直後の九月、中条氏と安田氏をのぞく下越地方の国衆たち、つまり「揚北衆」(下越地方は阿賀野川以北を指すため、こう呼ばれる)が蹶起した。この戦いは冬の訪れとともに膠着状態に陥ったものの、為景は翌春の雪解けとともに総攻撃を開始し、色部氏や竹俣氏らを次々と各個撃破して揚北衆を屈服させた。

と同時に為景は、自分の立場が正当なものであることの保証をえる必要に迫られた。つまり、他の国衆より経済力で優位にあり、中央政界とのパイプが太い、という守護代家の立場を利用して幕府に大金を積み、定実が守護、自分が守護代であることを正式に認めさせたのである。早い話、権威を金で買ったのだ。

だが、実の弟を討たれた関東管領の山内顕定は、これでは到底おさまらない。永正六年（一五〇九）に入ると顕定は、長尾景春の執拗な抵抗を排して越後に軍を進め、上田荘を策源地に定めた。上野と境を接するこの地は、越後長尾氏の庶流である上田長尾家が現地を支配してはいたが、もともと越後にありながら山内家の所領だったからである。顕定は、ここから中越地方の国衆たちに檄を飛ばし、大がかりな為景討伐軍を組織していった。

七月、顕定軍が府中に向けて進撃を開始すると、不利を悟った為景は、定実とともに越中へと逃げ込んだ。一方、府中を占拠した顕定は、敵対勢力を次々と攻撃してゆく。この事態を前に、為景も定実も軍事的には手の出しようがなかった。けれども、彼らは奥羽や越中・能登・信濃の諸将に対し支援要請の使者をはなった。わけても、北信濃の有力国衆だった高(たか)梨(なし)氏は為景と姻戚関係にあったから、援軍としてかなりの期待がもてた。

関東管領との戦い

翌永正七年、顕定による粛清がつづくなかで、為景と定実は越中から一旦佐渡にわたって兵を集めた。そして五月には、蒲原津(かんばらのつ)に上陸して反攻の足がかりを確保した。為景・定実方と顕定方、双方の国衆たちによる戦いは各地でつづいており、状況は予断を許さなかったが、信濃から入った高梨政盛(まさもり)が善戦していたし、顕定の強圧的な姿勢を嫌う空気も国内には兆し

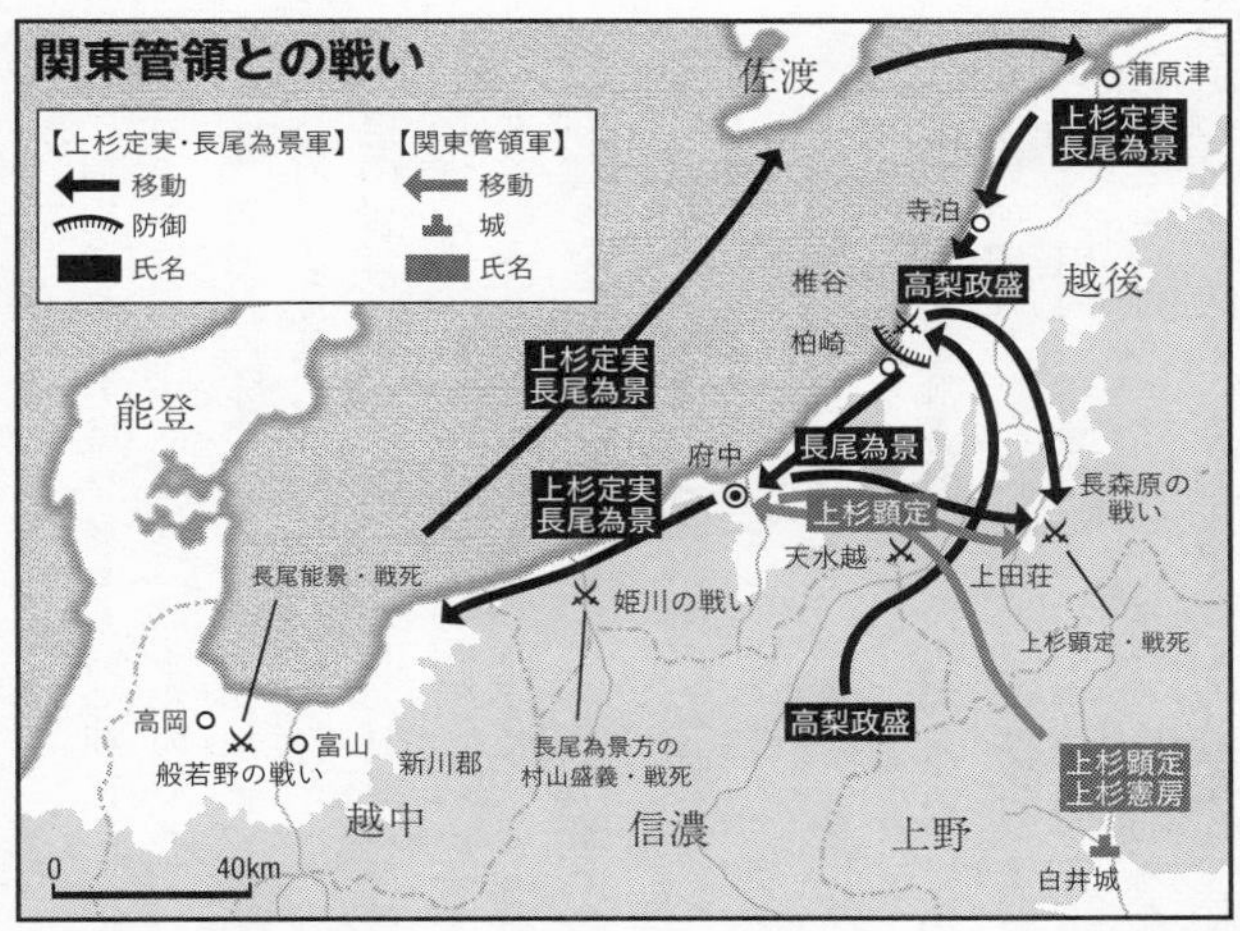

般若野の戦いで父の能景を喪い、天水越に主君を討った長尾為景は、主君の兄、関東管領上杉顕定の大軍を迎えることとなった。越後国衆の支援を受けた為景は、上杉顕定の拙劣な戦いにも助けられ、ついに関東管領軍を長森原に殲滅する。
※地図には、為景が越中守護畠山氏から拝領した新川郡も記入してある。

つつあった。

　さらに、顕定に深い怨みを抱いていた上野の長尾景春と、勢力拡大の機会を狙っていた伊勢宗瑞とが、ともに関東で兵を挙げた。為景の外交戦略が奏功したのだ。

　背後を攪乱されてあせった顕定は、子の憲房（のりふさ）に主力の一半を与えて為景軍との決戦に向かわせたが、これは拙速な兵力分割だった。六月、為景は椎谷（しいや）の陣において憲房軍の攻撃を退けて大勝し、勢いに乗って一気に府中を奪回した。蒲原津に上陸してから、わずか一月である。

　ここで、顕定のために策源地と後方連絡線を提供してきた上田長尾家が、為景・定実方の優位を見て寝返った。退路を失った顕定は六月二十日、ついに上田荘内の長森原（ながもりはら）で為景と高梨政盛の軍勢に捕捉され、力戦むなしく討ち死にした。越後に生まれ、関東で戦いつづけたプライドの高い管領は、最後は越後で散ったのである。

ここで為景は、定実と自分こそが越後の正当な支配者であることをあらためて示すため、再び幕府に工作して残敵討伐の命令書を得た。八月二十四日には、定実から幕府に対して国内鎮定の報告が出されているから、為景は間髪（かんはつ）をいれずに掃討戦を展開したのだろう。為景はこの顕定との戦いのなかで、用兵の巧みさだけでは敵に勝てないことを学んだ。

一方、ほうほうの体で関東に逃げ帰った山内憲房は、為景が守護の房能に次いで管領の顕定をも討ったことをなじったが、すぐに顕定の養子であった顕実（あきざね）との家督争いに忙殺されることになる。ここまで複雑に関係し合ってきた越後と関東は、この後しばらく、それぞれの乱世を歩むことになる。

越後永正の乱

一般には傀儡と評されている上杉定実ではあるが、この時点では必ずしも形式的存在とばかりはいい切れない。関東からの軍事介入を斥けた為景と定実は、手を携えて支配体制を整えるべく、国内の諸勢力に向けてせっせと安堵状を出していった。

けれども、両者の蜜月時代は長くはつづかなかった。永正九年（一五一二）には、為景と定実の対立が次第に表面化するようになり、長尾氏の内部も為景派と定実派に分かれて抗争をはじめるようになった。きっかけとなったのは、おそらく闕所地の処分であったろう。先年の戦いで顕定方についた者たちの多くは為景によって討伐されていたから、大量の闕所地が発生している。これを戦功のあった者に宛うのは、形の上では守護の定実だ。けれども、実際に討伐軍を率いたのは為景であったから、戦功は為景と近しい者に集中するし、闕所地の配分にも為景の意向が大きく影響する。

守護の一族や直臣たちからは、こうした戦後処理に当然不満が出てくるし、長尾氏一族のなかにも為景の一人勝ち状況を快く思わない者があった。景春の乱における道灌の戦後処理を彷彿とさせる事態だが、戦争の決着が次の戦争の火種となる、という人類史上の普遍的原理を見てとることもできよう。こうしたなか、為景と定実はともに表面上は平静をよそおいながら、水面下でしきりと多数派工作をおこなっていた。

永正十年（一五一三）八月、かねてから高梨氏と不仲だった北信濃の島津氏らが、定実の指嗾によって越後に侵攻した。そして、ひそかに牢人衆を集めていた定実は、為景が島津勢への対応に逐われている隙を衝いて挙兵し、守護代家の作戦基地であった春日山城を占拠してしまったのである。これにより、越後の国衆たちは守護派と守護代派とに二分され、各地で相争う事態となった。

だが、軍事的に為景を屈服させようとした定実の冒険主義は、ほどなく破綻する。為景はまず、定実が差し向けた牢人衆を蹴散らすと、兵力分割をさけて春日山に手勢を集中させ、逆に定実を包囲した。ことここに至って両者に和解の道はない。とはいえ、守護代という立場が為景の権力の源泉である以上、守護という存在を消し去るわけにもゆかない。

本質的な矛盾に直面したものの、立ち止まって論理的解決を模索してなどいられない為景は、もっとも現実的な解決を選択した。つまり、主君をとりあえず策動できないように幽閉する一方で、各地で守護方の勢力と戦って次々と撃破していったのである。翌年の五月には、ついに守護方の巨魁であった宇佐美房忠（うさみふさただ）を攻めて敗死させることに成功する。

この一連の戦いによって、越後国内の上杉氏庶家や守護の直臣たちは、ほぼ壊滅状態となった。為景は、彼らの所領を被官や自陣営の国衆たちに配分するとともに、奉行人や段銭所といった守護直属の行政機構をも支配下におさめていった。

幽閉を解かれた定実には、幕府からあらためて守護として認めるという報せが届いたものの、これはもはや現実的な意味をもたなかった。ちょうど伊勢宗瑞・氏綱父子が、実力で相模の大半を切り取っていた頃である。

越後「国主」・長尾為景

永正十五年（一五一八）、あいかわらず紀伊にあった越中守護の畠山尚慶から、為景に出兵の要請が届いた。守護代の神保慶宗が尚慶に従わず、越中の国内が混乱しているというのだ。神保慶宗こそは、父能景を死に追いやった仇敵に他ならない。為景はこの要請を受けて出陣し、二年にわたって越中各地を転戦したのち、ついに神保慶宗を討ち取った。そして、行賞として越中新川郡（にいかわぐん）の「守護代」に任じられた。越中の一部が事実上、為景の領国に組み込まれたといってよい。

大永四年（一五二四）になると、今度は高梨氏から支援要請があり、為景は北信濃に出陣することになった。同じ頃、関東で鎬ぜり合いをつづける扇谷朝興と北条氏綱の双方からも、為景にしきりと支援要請がきている。扇谷朝興は、かつての上杉氏のように関東の争乱を鎮めるべく兵を出してくれれば、大いに名声がとどろくであろうと誘い、かたや氏綱は贈り物攻勢を仕掛けてきた。周辺諸国の誰もが、為景を越後の事実上の支配者と見なして、外交交渉を展開するようになっていたのだ。

けれども、為景は朝興と氏綱の双方に、適当に気を持たせるようにあしらいつづけていた。三十代も半ばに差しかかり、狡猾さも板についてきた為景ではある。ただ彼の脳裡には、かつて関東への軍事介入に入れあげて越後国衆たちの憤懣を招いた、旧主房能の残像もあったのだろう。関東の戦争に直接関与することは、ついになかった。

大永五年、将軍足利義晴（よしはる）は京都に新たな御所を造営するため、各国にその費用を上納するよう命じた。これを受けた為景は、越後国内から段銭を徴収して幕府に納入している。さらにこの頃から、将軍をはじめとした幕府の要人たちに、しきりと金品を贈っている。

そのかいあって、享禄元年（一五二八）には将軍義晴から毛氈鞍覆（もうせんくらおおい）と白笠袋の使用を許されたが、これは本来なら守護の身分指標となるものだ。またこの時、まだ幼い嫡男のために将軍から「晴」の偏諱（へんき）も拝領し、「晴景」と名乗らせることとした。ついに為景は、幕府に対して自らを「国主」と認めさせたのである。

当時の幕府は内訌につぐ内訌によって分裂状態にあり、将軍といえども京都に常住はできない有様であった。そのような流浪の将軍にとっては、戦費の献上こそが、何より現実的な諸侯の「奉公」であったろう。むろん為景も、そうした状況を充分理解した上で「奉公」にいそしんでいるのだ。主君を弑したという、自身の「影」から逃れられない為景は、正当な権力者としての体面を整えようと懸命であった。

越後天文の乱

享禄三年（一五三〇）、為景はもう一人の男子を授かった。庚寅の年にちなんで「虎千代」と名付けられたこの男子こそ、のちの長尾景虎である。

けれどもこの時、越後は剣呑な空気につつまれていた。上条定憲が、公然と反抗の姿勢を見せたのである。これまでの内乱で、上杉氏の庶家はほとんどが滅亡の憂き目を見ていたが、ひとり上条家のみは、守護定実の実家であったために生き残っていた。そうした定憲にとって、「国主」として振る舞う為景の態度は許せないものであったのだろう。

為景、定憲はともに外交や謀略を駆使して多数派工作を進めた。そして、なんとか両者の間を取り持とうとする定実の努力もむなしく、各地で両派の小ぜりあいが繰りかえされるようになり、天文二年（一五三三）の秋には、ついに両者の戦闘が本格化した。

とくに「揚北衆」と呼ばれる下越地方の国衆たちは、連帯して定憲派に属していたが、これは国主化する為景に対する国衆たちの抵抗だった。守護の座にある定実が中立の立場をとりつづけている状況下では、彼らは定憲を新たな守護に推戴しかねなかった。

こうして、越後の諸勢力が為景派と定憲派（反為景派）とに分裂して、各地で対峙と戦闘を繰りかえすさなかの天文四年、為景は朝廷に申請して「御旗」を掲げる許可をえた。ちなみに、このとき為景が作らせたものと考えられる紺地日ノ丸の軍旗は、米沢市の上杉神社に伝存している。

さらに翌天文五年の二月には内乱平定を命ずる、いわゆる「治罰綸旨」をも得た。敵対勢力を「賊軍」として討伐する形を作り出すことで、自らの正当性を担保しようと企てたのである。当然、これには大金を積んでいる。

力の原理が支配する内乱の場では、こうした権威が必ずしも劇的な効力を発揮しないことなど、為景もわかっていただろう。それでも、守護代でありながら国主として内戦に臨む、という矛盾した立場にある以上は、正当性を裏付ける形式が必要だったのだ。

政治的解決

この年の五月、為景は三分一原合戦で、上条軍の攻勢をなんとか撃退した。だが、すでに中越地方で最大の勢力をもつ上田長尾家が定憲方についていたし、揚北衆は奥羽の芦名氏や伊達氏の援兵を引き入れつつあった。

軍事的な事態の打開に限界を感じた為景は、別の方策を模索した。そして結局、嫡男の晴景に家督を譲り、自らが出家隠退することで事態の収拾を図ろうとした。これには定実の意向も働いていたらしい。実権などなきに等しいとはいえ、定実は定実なりに、国内の混乱を何とか鎮めたかったのだ。

ともあれ、幕府や朝廷から国主待遇をえてきた為景が引退したこと、定実が調停に動いたことによって、守護定実――守護代晴景という図式が国内に対して示された。さらに為景は、中越地方における反為景派の中心となっていた上田長尾家に対し、娘を嫁がせる形での講和を持ちかけた。今後は上田長尾家を敵視しない証として、娘を人質に差し出すというわけである。

あわせて為景は、もう一人の娘を下越の加地(かじ)氏に嫁がせ、揚北衆の連帯に楔(くさび)を打ち込むことに成功した。ちなみに、このとき上田庄の長尾政景に嫁いだ晴景・景虎の姉はのちに仙洞(せんとう)院(いん)と呼ばれる女性で、彼女が政景との間にもうけた男児が上杉景勝(かげかつ)となる。

こうして、越後を二分した内乱も徐々に下火になっていった。時に為景四十八歳。若き戦術家として華々しいデビューをはたした彼も、いまは駆け引きと妥協によってなし崩し的に戦乱を沈静化させる、老獪な政治家となっていた。

三、簒奪と苦闘の軌跡

為景の最期

隠退したとはいえ、為景は背後からしっかりと晴景をコントロールしていた。越後は、何とか平穏を取り戻したかのように見えた。けれども、守護定実——守護代晴景という二重権力構造が、実は為景が背後であやつる三重構造をなしているという複雑な図式は、本質的な危うさを孕んでいた。

新たな発火点は、意外なところに潜んでいた。子宝にめぐまれなかった定実は、越後上杉家という名門の家名をなんとか残すため養子を迎えることを望み、かねてから姻戚関係のあった伊達稙宗の子、時宗丸（ときむねまる）に白羽の矢を立てた。

ところが、この入嗣問題が、揚北衆らの利害関係や、越後と奥羽の国境紛争などと複雑に絡み合って、伊達勢を巻き込んだ揚北衆内部での武力抗争に発展してしまったのである。火薬庫のような越後では、すべてが発火点になりえたのだ。

国内に再び緊張が走るなか、晴景は時宗丸入嗣問題を白紙に戻すことによって、難題を葬り去ろうとした。ところが、この措置によって、かえって晴景自身が「入嗣反対派」の頭目という、紛争当事者の立場にたってしまった。かつての父のように、朝廷に綸旨を申請して自らの正当性を担保しようとした晴景ではあったが、彼があがけばあがくほど、越後は「入嗣反対派」と「入嗣賛成派」に二分されていった。

こうして、重苦しい戦雲が再び越後を覆うさなかの天文十一年（一五四二）、長尾為景は五十四年の苦難に満ちた生涯を閉じた。のちに景虎は、「父の葬儀の時には、いつ敵が攻め込んでくるかわからない状況だったので、少年だった自分も甲冑を着して参列した」と、述懐している。

晴景から景虎へ

翌年、晴景は混乱を押さえ込むため、数えで十四歳になった弟の景虎を「古志郡司(こしぐんじ)」として中越地方に派遣した。栃尾(とちお)城に入った景虎は、周囲の敵対勢力を次々に打ち破って、天才用兵家の片鱗を見せた。かつての為景を彷彿とさせる、鮮烈なデビューである。姉を嫁がせて上田長尾家を取り込んだことと合わせて、上・中越地方において長尾氏一族が支配権力を分掌する体制を構築しようという、晴景のこの目論みは、しかし結果として裏目に出ることとなる。

内乱が激化する天文十七年(一五四八)、晴景は景虎に家督を譲って隠退することとなったのだ。一般にこの家督継承については、晴景が病弱であったため、と説明されている(景虎自身そのように主張している)。ただ、為景の死後も晴景はそれなりに守護代としてのつとめを果たしている。一時的に体調を崩すようなことはあったにせよ、政務に支障があるほど病弱だったわけではない。問題の本質は、おそらく別のところにあったのだ。

為景は、武力と権威で反対勢力を押さえ込む強硬路線が行き詰まった結果、政治的妥協によって引退した。したがって晴景は、必然的に柔軟路線を取らざるをえなかった。しかし、柔軟路線を選択したことによって、割拠志向を強める国衆たちから足元を見られることとなってしまった。

おそらくは、こうした状況を歯がゆく感じる者たちの間で、武勇にすぐれた景虎を嘱望す

下剋上の人、長尾為景が持っていた本質的な矛盾は、その子供に残され、兄弟の対決につながって行く。そしてその矛盾は、国主として国衆の支持を得なければ政権を保てず、国力を得るためには国衆の権力を掣肘しなければならないという、室町末期から戦国初期にかけての守護大名が持っていた矛盾でもあった。

る気運が強まっていったのであろう。府中と栃尾に分かれた兄弟の間にもいつしか溝が生じ、それは次第に修復しがたいものとなっていった。

この危機に割って入ったのは、今度も守護の定実であった。定実は両者の間を調停し、景虎が晴景の養子に入って家督を嗣ぐ、という形で決着をはかった。おそらく彼の目には、かつての房能と為景との対立がだぶって見えたのであろう。

二年後、守護として最後の勤めを果たした定実は失意のうちに世を去り、越後上杉家はついに断絶した。その三年後には晴景も没してしまう。かくて若い景虎に、敵と戦って伐り伏せる、という修羅の道だけが残された。

国主の影

越後という大国の事実上の国主へと躍り出

た為景の行動は、決して野心に衝き動かされてのものではなかった。若気のいたりであった主君との対立と、その不幸な結末が惹き起こした錯綜した事態。そうした事態に現実的な対応を積み重ねていった結果として、彼は次第に越後の「国主」へと登り詰めていったのだ。

とはいえ、守護代の被官ではない国衆たちから見れば、為景の行為は簒奪以外の何物でもない。当然国内は、為景派と反為景派とに分裂する。こうして内乱が繰りかえされる中で、各地の国衆たちが生き残ってゆくためには、それぞれの所領をしっかり保持し、地域支配権力として自立してゆかざるをえなかった。

その典型が「揚北衆」である。もともと下越地方には、鎌倉期の地頭の系譜をひく国衆領主たちが割拠していた。これは、鎌倉幕府の草創期に、下越地方に勢力を張っていた城(じょう)氏を頼朝が討伐し、その旧領を御家人たちに恩賞として与えたことに由来している。

一方、越後の守護は執権北条氏の一族が務めたから、鎌倉幕府を倒した足利氏は上杉氏を越後に入部させたのだ。この結果、上杉氏・長尾氏の一族とその被官らが多くの所領をもつ上・中越地方と下越地方とは、対照的な様相を呈することとなった。

ただし、下越地方の国衆たちが、最初から「揚北衆」と呼ばれていたわけではない。「揚北衆」の語が史料上に登場するのは、実は永正の乱以降である。つまり、上・中越地方を制圧して国主化しようとする為景の動きに、上杉氏・長尾氏の被官でも姻戚でもない下越地方の国衆たちが対応した結果、彼らは「揚北衆」と呼ばれるようになったのだ。

したがって、彼らが状況によって為景に与同したり、敵対したりと対応を変えるのは、当然であった。「揚北衆」が叛服常ない越後国衆の代表格のようにいわれるのは、こうした成りゆきの所産といえよう。

そのように考えるなら「揚北衆」は、スポットライトを浴びて戦国大名への道を突き進もうとする、為景自身の「影」とも見える。はなはだ皮肉なことだが、為景が「国主」化してゆく過程と、越後の国衆たちが割拠志向を強めてゆく過程とは、パラレルに進行していったのである。

たどり着いた地平

こうした国衆たちの動向に対し、主君を弑逆したという後ろ暗さから逃れられない為景は、自分が正当な権力者である、という証を常に必要としていた。最後に彼は、国内の不満と混乱を収めるため、自ら身を引いて「国主」の座を晴景に譲らざるをえなかった。しかし、それこそかつて彼自身が、主君の房能に迫ったものではなかったか。長尾為景が実際にたどりついた「国主」という地平は、かつて自身が打倒しようとした主君房能や定実の立っていた場所であった。

守護代からの戦国大名化、というコースがもつ宿命的な矛盾が、ここにある。守護権力の再編・強化がそのまま戦国大名化への道となった武田家・今川家や、外来勢力であったがゆえに新しい合理的な支配体制を構想できた北条家と、為景との決定的な立場の違いをここに見ることができる。下剋上は、甘い誘惑に満ちた危険な罠なのだ。

天文二十一年（一五五二）、北条氏康によって関東を逐われた管領山内憲政（のりまさ）が越後に亡命し、名跡の譲渡を申し出たことにより、永禄四年（一五六一）にいたって景虎は「上杉」を名乗るようになる。為景が没して二十年の後、ついに彼の後継者は、越後国主の決定的な担保を手に入れたのだ。だがその景虎も、国内の不統一には最後まで手を焼きつづける。

景虎（謙信）を嗣いだ景勝が、新発田（しばた）氏の乱を鎮圧して越後の統一が完成するのは天正十五年（一五八七）、為景が没してから半世紀近くも後のことである。それからほどなく、中央政権に屈した景勝が越後を去ることになるのは、ご存じのとおり。ただし、その代償として上杉家は、今川・武田・北条といった東国大名たちが次々と滅亡してゆくなかで、大名家としての命脈を後世まで保つことができたのである。これを幸運と評するべきか、皮肉と見るべきか。

＊　＊　＊

武田信虎や北条氏綱といった同世代のライバルたちと比べた時、宿命的な矛盾そのものと闘いつづけた長尾為景の人生には、苦労人の色がにじむ。また、為景自身の考えや心情を直接窺（うかが）い知ることのできる史料は、なぜかほとんど残っていない。それゆえであろうか、筆者には晩年の為景が、シニカルな表情を浮かべた、ひどく無口な人物であったように感じられてならないのだ。

第五章

河越夜戦

北条氏康、勝機に賭ける

河越夜戦は実在したか

天文十五年（一五四六）四月二十日、河越城を攻囲していた山内上杉憲政・扇谷上杉朝定および古河公方足利晴氏による一大連合軍は、寡兵であった北条氏康軍の急襲を受けて壊滅した――一般に「河越夜戦」と呼ばれるこの戦いは、嚴島の合戦、桶狭間の合戦とともに戦国の三大奇襲戦に指折られている。

しかし、この合戦は実態において不明な点が多く、歴史学研究者の間には、「夜戦」の実在を疑問視する意見も根強い。一大決戦とされるわりには、直接的に言及した良質の史料が乏しいこと、後世に編まれた軍記類が伝える合戦の経緯にも齟齬が多いことなどが、その理由である。

たとえば、伊禮正雄氏は『関東合戦記』の中で、次のように論じている。すなわち、軍記類の伝えるような大規模な夜戦は実際には起きてはおらず、北条氏康は河越城をめぐるいくつかの戦闘に総体的な勝利をおさめることによって、結果として連合軍の撃退に成功した。氏康の劇的な勝利という「河越夜戦」の伝説は、複数の戦闘経緯をもとに後世に創作されたものではないか、と。

近年、さまざまな史料集が公刊されたことにより、少しずつではあるが「河越夜戦」に関係する史料を見出すことができるようになってきた。また、戦国史研究が進展したことにより、この合戦の当事者たちの動向も明らかにされてきている。

では、その日、河越城外の闇の中でいったい何が起きたのか。そして、「河越夜戦」とはそもそもどのような戦いであったのか。まずは、河越城が戦局の焦点となったいきさつから見てみよう。

一、連合軍の反攻

中原に鹿を追う

河越――この地名は、入間(いるま)川の渡し場に由来するといわれている。武蔵国の中央に位置して入間川と越辺(おっぺ)川との合流点にのぞみ、鎌倉街道にも近接するこの地は、中世をとおして関東平野の要衝であった。

享徳の乱に際し、野心家の太田道灌(どうかん)は上杉軍の対古河公方戦線を利用し、本拠である相模と江戸城・河越城を結ぶ弧状のラインを中軸として、扇谷家の勢力拡大を目論んでいた――といった経緯は第一章で述べたとおりだ。道灌の死後も、長享の乱・永正の乱といった戦乱のなかで、河越は戦略上の要衝として重要視されるようになってゆく。一方、扇谷家の版図を蚕食していった北条家は、結果として道灌が生命線とした弧状ラインをたどることによって、自らの領国を形成していった。

大永四年（一五二四）、北条氏綱(うじつな)によって江戸城を奪取された扇谷朝興(ともおき)は、河越城を本拠として執拗な反攻を繰りかえしたものの、志なかばで没してしまう。天文六年（一五三七）、朝興の遺志を継いだ扇谷朝定は、深大寺に築城して江戸城奪回を策したのだが、主力を率いて小田原を発した氏綱が一気に河越を衝いたため、松山城への後退を余儀なくされた（第二章参照）。

朝定は翌年正月早々、宗家である山内憲政の支援をあおいで河越城奪回の兵を起こしたものの、氏綱の迅速な後詰によって撃退されてしまった。こうして河越城はいつしか、関東平野という「中原」で覇を争う者たちが夢中で追う「鹿」となっていた。

二人の管領

河越城争奪戦において重要な役割を担う山内憲政は、関東管領の地位と領国を失った人物として、世評芳しからぬものがある。けれども彼は、決して凡庸一方の坊ちゃん大名だったわけではない。

憲政の父である山内憲房（のりふさ）が没したのは、北条氏綱が扇谷家を圧迫していたさなかの大永五年（一五二五）であったが、山内家の家督と管領職は憲政ではなく、古河公方家から養子に入っていた憲寛（のりひろ）の嗣ぐところとなった。これは、関東の錯綜する政治情勢の中で、公方家との関係を良好に保つための措置だった。

この継嗣に納得できない憲政は、享禄四年（一五三一）、ついに憲寛を逐って実力で家督と管領の地位を手中におさめた。とはいえ、かつてのように関東一円に号令できる力は、この時の管領にはない。山内家は事実上、上野と武蔵北部を版図とする戦国大名といってよい存在となっていた。

天文八年（一五三九）、そんな憲政の神経を逆なでするような報せがもたらされる。古河公方晴氏のもとに氏綱の息女が嫁ぎ、晴氏が氏綱を管領に任じたというのだ。これは、晴氏と対立していた小弓公方の義明を、氏綱が国府台合戦によって討滅したことを受けての論功行賞、という色合いの強い措置である。

関東管領職は、本来なら室町将軍家が直接任命するものであるから、氏綱の管領職は公式には無効である。とはいえこの措置は、公方晴氏が氏綱を軍事的な後ろ盾として認めたことを意味していたから、憲政に容認できるものではなかった。

二年後の天文十年、憲政の憎悪が通じたわけでもあるまいが、氏綱は病の床に伏し、二十六歳の嫡男氏康に後事を託して世を去った。この若い新当主は、かつて父がしたように、家督継承後の数年間は積極的な軍事作戦は控え、内治の充実に充てたかったただろう。

しかし、それを許してくれるほど、山内憲政も扇谷朝定もお人好しではなかった。北条家の勢力圏にあって突出部を形成していた河越城に、当主交代の隙を衝くように攻め寄せて来たのである。このときは、籠城衆の奮闘で何とか撃退できたものの、氏康の思いをよそに、河越城を取りまく情勢は緊迫の度を増しつつあった。

駿東の足枷

この物語にはもう二人、重要な脇役が登場する。氏康の家督継承と同じ年、父信虎を逐って甲斐の守護となった武田晴信（信玄）と、その五年前に花蔵の乱を制して駿河守護家を嗣いでいた今川義元である。

氏康は、この二人とも父祖の代以来の因縁を抱え込んでいた。すなわち武田家については、扇谷朝興の構築した反氏綱包囲網に信虎が加わったことから、かなり剣呑な関係となっていた。また今川義元は花蔵の乱ののちに氏綱と断交して信虎との同盟を選択し、怒った氏綱は駿東地域に侵攻して富士川以東を占領してしまっていた。

さいわい氏康が家督を嗣いだ頃には、相模・甲斐・駿河の国境地帯は小康状態を保っていた。これは、晴信の主攻勢軸が信濃に、義元のそれが三河に向けられていたためだ。また、ほぼ同じ時期に家督を嗣いだ三人は、権力を盤石にするまでの間は不用意に強敵と戦うことを避ける賢明さを、ともに持ち合わせていた。

そこで氏康は、もともと相模と関係の深い郡内（甲斐東部）の人脈を利用して、武田家との本格的な関係改善を図るべく、水面下での折衝を開始した。そして、天文十四年（一五四五）に晴信が上伊那に侵攻すると、氏康と義元は相次いで晴信に援兵を送り込むこととなった。この結果、対立する北条・今川両家の部隊が遠く離れた信濃で同陣する、という奇妙な光景が現出したのだ。戦略的利害を考えれば同盟すべきであるのに、積み重ねられてきた相互不信が枷となって手を握ることができないという三者の関係を、象徴するような出来事であった。

状況を打開しようと考えた義元は、氏康に和睦折衝の使者を送ったものの、条件面で折り合わずに交渉は決裂してしまった。面目を潰されて怒った義元は、同年七月、大挙出兵して駿東方面の北条軍を圧迫した。九月にはいると、義元の要請を受けて甲府を出陣した武田晴信の軍も、駿東方面に展開した。これを見た氏康は、部隊を黄瀬川西岸の長久保城まで後退させた。今川・武田とは戦いたくない、という意思表示である。

河越城攻囲

氏康と北条軍主力が駿東で拘束されている状況は、河越城奪還を策する山内憲政と扇谷朝定の目には、千載一遇の好機と映った。天文十四年（一五四五）九月、両者は大軍（兵力については後述）を催して南下し、扇谷軍は河越城南方約四キロの砂窪に、山内軍は西方約四キロの上戸を中心に布陣して、長期戦の態勢を整えていった。

このような遠巻きの布陣は、一見すると消極的なように思える。けれども、平地における攻城戦では、高低差を利用して敵の攻撃力を削ぐことができないから、敵城と充分な距離をとらなければ、逆襲をまともに食らう危険がある。また、制高点の存在しない平野の戦いにおいては、作戦の鍵を握る地理的要素は街道と河川になる。街道を封鎖して後方連絡線（補給路）を断ちながら、圧倒的な兵力差を利して河越城を圧迫するというのは、理にかなった戦術といえた。

ところで、氏康が家督を嗣いだ頃、河越城の守備に当たっていたのは、氏康の実弟の為昌だったが、天文十一年に為昌が病没すると、氏康は義弟（妹婿）の綱成を河越城将に任じ、これを補佐するために叔父の幻庵（宗哲）を送り込んでいた。氏康が、危険な突出部である河越城を、なんとしても確保し通す覚悟を決めていたことがわかる。では、なぜそこまで河越城を重視したのであろうか。

かつて、扇谷朝興はいくどとなく北条領内の深くまで侵攻して氏綱を脅かしたが、氏綱は江戸・河越といった扇谷家の戦略拠点＝策源地を次々と奪うことによって、そうした脅威を押しかえしていった。もし今、氏康が河越城を扇谷朝定の手に渡してしまえば、滅亡寸前まで追い込んだ扇谷家は息を吹き返し、宗家である山内家の援護を受けて反攻に出てくるにちがいない。

そのような事態になれば、これまで苦労して味方につけてきた武蔵・相模の国衆たちは、再び旧主である山内家や扇谷家のもとに走るだろう。北条家の戦略は、大永四年（一五二四）時点まで後退してしまうのだ。氏康にとって河越城の確保は、自国の生存権を保証するために譲れない条件であった。

かたや、圧倒的に優位な状況を作り出すことに成功した憲政は、古河公方の晴氏にも参陣を呼びかけた。真の管領たる上杉家が、公方を助けて侵略者である氏康を撃退し、関東に秩序を取り戻そうというわけである。憲政の策動を知った氏康は晴氏に対し、公方家と北条家

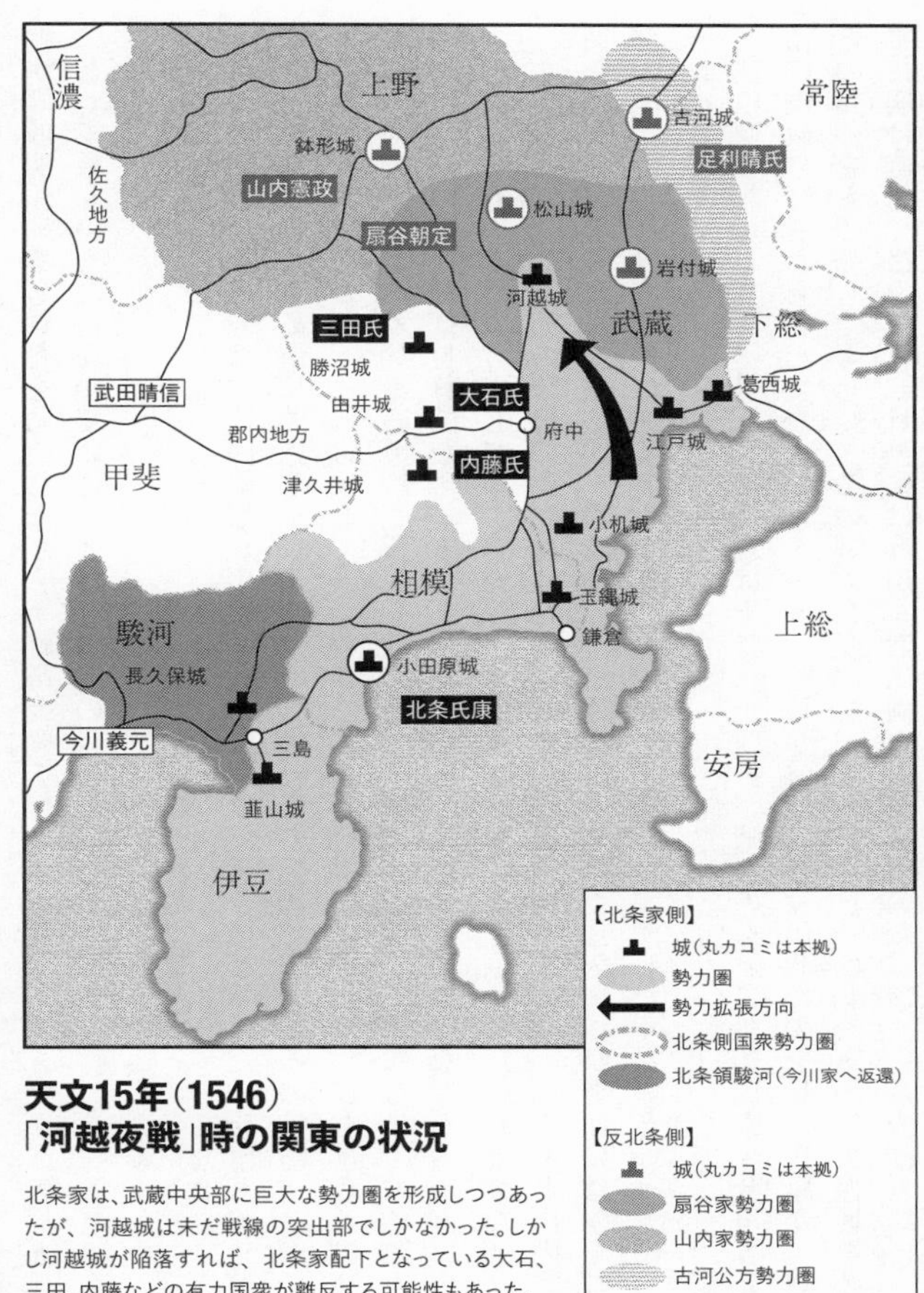

天文15年（1546）
「河越夜戦」時の関東の状況

北条家は、武蔵中央部に巨大な勢力圏を形成しつつあったが、河越城は未だ戦線の突出部でしかなかった。しかし河越城が陥落すれば、北条家配下となっている大石、三田、内藤などの有力国衆が離反する可能性もあった。

とが姻戚関係にあることを強調しながら、軽挙妄動を慎むよう懇請してきたが、戦局が氏康にとって厳しいものとなっていることは、晴氏の目にも明らかであった。

それぞれの打算

この頃、駿東戦線では、武田晴信が事態の収拾に向けて動き出していた。氏康と義元が、振り上げた拳のおさめ所に苦慮しているなかで、調停者の立場を保ちえるのは晴信しかいなかったからだ。ただし、これは決して親切心から出た行動ではない。晴信にしてみれば、駿東での対陣が終わらないかぎり、信濃に侵攻できない状況がつづくことになる。すぐれた戦略家――言い換えれば打算的な現実家であった晴信は、錯綜する情勢のなかから巧みに自国の利益をすくい上げようとしていたのだ。

ちなみに、この時期の晴信は山内憲政とも良好な関係を維持していた。武田家と山内家の関係は父信虎の代にまで遡るが、当時晴信が浸透を図っていた佐久（さく）・小県（ちいさがた）方面には、上野西部の国衆たちと縁戚関係にある者も多く、山内家を不用意に刺激したくないという事情もあったのだ。

武田側の記録（『高白斎記（こうはくさいき）』）によれば十月二十四日、晴信のもとに北条氏康・今川義元・山内憲政の三者から起請文が届いたという。晴信が斡旋に乗り出したのを見た氏康が、憲政との調停をも依頼したらしい。この調停を受けて、十一月六日には北条軍が長久保城を今川軍に明け渡して撤退し、二日後には今川・武田両軍も兵を引いた。

もっとも、義元はこの停戦合意に満足していなかったらしく、晴信に対し、氏康は不誠実で信用できない、としきりにこぼしていた。義元にしてみれば、氏康の祖父宗瑞（そうずい）がもともと今川家の部将であった以上、駿東のみならず伊豆も割譲（義元の感覚からすれば返還）すべきだ、ということなのだろう。けれども、実利のない戦（いくさ）で兵を疲弊させたくない晴信は、そんな義元を適当に宥めてさっさと甲府に帰陣してしまった。

こうして、駿東戦線が何とか収束に向かいつつあった十月二十七日、関東では憲政の度重なる要請に根負けした古河公方の晴氏が、ついに河越城攻囲に加わった。憲政が、晴信の調停を受け容れるそぶりを見せながら、一方で公方側に出陣要請を繰りかえしていたのは明らかだ。誰も彼もが、二枚舌を使い分けながら両睨み外交を展開していたのである。

二、戦機熟す

冬来たりなば

さて、晴信による調停から河越夜戦が起きるまでの五ヶ月以上もの間、北条氏康と山内憲政は何を考え、どのように時間を使っていたのであろうか。

まず氏康は、兵を動かしたくても、おいそれとは動かせない状況にあった。駿東方面では一応の停戦合意が成立しているものの、義元が不満を抱いているのは明らかで、戦火が再燃する怖れは払拭しきれなかった。

むろん、河越城をめぐる戦局は予断を許さないものである。連合軍は大兵力を擁していたし、何より公方晴氏が連合軍側に立って参戦したのは痛かった。仮に、氏康が河越城の救援に向かったとしても、兵力に劣っていることが明らかな状況で戦線が膠着すれば、かえって政治的に追い込まれかねない。氏康としては、何とか河越城の延命を図りながら、解決を模索せざるをえなかっただろう。

そこで、当座の状況をしのぐために、公方晴氏に対して弁明と謝罪を繰りかえし、河越城の明け渡しと引き換えに城兵を助命してほしい、と打診した。かつて父氏綱は、上総武田氏の内紛に介入した際、敵地で孤立した部隊を撤収させるため、小弓公方義明に弁明と謝罪を繰りかえしながら、辛抱強く情勢の好転を待ったことがある。氏康がこの戦例に学んだのは明らかだ。

一部の軍記は、氏康が武蔵府中付近まで進撃し、連合軍に撃退されるという行動を繰りかえして憲政を油断させた、と述べているが、氏康にそれほどの余裕があったとはとても思えない。もしそのようなことをして、兵力に劣る北条軍が何かのはずみで潰走してしまったら、取りかえしがつかないのである。ただし、威力偵察（註1）のために進出してきた北条軍の部隊を山内軍が追いかえして気勢をあげていた、ということなら充分ありうる。

事実、山内軍は河越城攻囲陣から五キロほど南西の柏原（かしわばら）に城砦を築いていた。北条軍の主力が進撃してきた場合、三ツ木・堀兼（ほりかね）付近に布陣展開する可能性が高いから、柏原に前衛を出しておけば、北条軍の側面を掣肘できる。また北条軍が鎌倉街道を通って入間川を渡った場合でも、山内軍を側撃するのを阻止できる。憲政は、氏康が主力を率いて出撃してくる事態に備えて、相応の手当をしていたのである。

ただし、連合軍はそれ以外には目立った動きを見せていない。公方晴氏が合戦直後に武蔵の国衆である毛呂（もろ）氏に出した文書には、在陣中に毛呂氏が鷹を献上したことを謝す文言が見える（註2）。山内・扇谷両家に属する国衆たちは、ひさびさに出陣した公方に代わる代わる拝謁し、陣中では贈答品が行きかっていたのだ。こうした状況がつづけば、参陣諸将はもちろん、現時点で積極的に連合軍に加わっていない国衆や、すでに氏康の軍門に降っている国衆たちも、次第に公方と管領の権威を意識せざるをえなくなる。

つまり、河越城近辺に大軍を駐屯させるという軍事的プレゼンスと、公方の政治的権威とを利用して氏康を追い込むことによって、河越城を放棄させる――これが、憲政の基本戦略であった。リスクの大きい決戦によって北条軍を覆滅する必要を、憲政は感じてはいなかったのである。氏康が、武田晴信を通じて講和を模索していること、公方晴氏に弁明と謝罪を繰りかえしていることは、憲政の思惑が実現しつつあることを示していた。連合軍の内部は、次第に楽観論に傾いていったようだ。

（註1）威力偵察＝実際に小規模な戦闘を仕掛けることによって敵情を把握する偵察行動。
（註2）「足利晴氏書状写」（『戦国遺文・古河公方編』六五三号）。

両軍の動員兵力

ここで、天文十五年（一五四六）の河越夜戦における両軍の動員兵力について、検討しておこう。

まずは北条軍について。合戦の直後に氏康が公方晴氏に送った書状（内容については後述）の中では、河越城の籠城衆を三〇〇〇余としている。この数字は、おおむね信用してよいだろう。次に氏康が直率した野戦軍については、軍記類はいずれも八〇〇〇余という数字を挙げている。当時の氏康の勢力圏、駿河・甲斐国境方面に警戒部隊を残置せざるをえなかった事情などを考慮するならば、これも妥当な数字といえそうだ。

一方の連合軍に関して、軍記類はおしなべて八万という数字を挙げているが、実態はどうであろうか。まず、天文十五年の時点で扇谷朝定の勢力圏は、松山領・岩付領の周辺のみとなっており、実質的には有力国衆程度にすぎなかった。ちなみに、天文六年（一五三七）に河越城が攻略された時、迎撃のため城外に展開した扇谷軍の主力を、軍記類は二〇〇〇余と伝えている。以上から考えると、河越夜戦時の扇谷軍の兵力は、せいぜい三〇〇〇程度であったろう。

かたや、上野と武蔵北部を勢力圏としていた山内軍は、かなりの兵力を動員できたはずだ。正確に算出するのは難しいが、単純に扇谷家と山内家の支配領域を比較するなら、山内軍の動員兵力は扇谷軍の数倍程度となる。やや大きめの数字になるが、ここでは仮に、一万二〇〇〇前後と見ておこう。両上杉軍合わせて、ざっくり一万五〇〇〇という勘定である。

連合軍の実態

問題は古河公方軍だ。古河公方は、かつては常陸・下野および房総三国の国衆を動員して、大軍を編成することができた。しかし、永正年間に内紛を生じて以降、彼らに対するその政治的影響力は次第に低下していった。さらに、この内紛が周辺の諸家に飛び火した結果、どの家でも内訌を制した者が地域権力として自立する、という傾向が顕著になっていった（第二章の第一次国府台合戦における小弓公方と里見軍との関係を想起されたい）。

要するに、天文十五年の時点で常陸・下野・房総の国衆たちは、公方の呼びかけに応じて出兵などできる状況にはなかったのだ。彼らは、家督継承戦争の真っ只中にあるか、自己への権力集中に血道をあげているか、ないしは昔日の面影もなく衰退しているかであった。史料を繙（ひもと）いてみても、彼らが積極的に参陣した徴証は見つからない。かつて古河公方の重要な支持勢力だった小田氏ですら、当主の政治（まさはる）ではなく宿老の菅谷隠岐守（すがやおきのかみ）を代参させているほどである。

おそらく公方軍の実態は、晴氏の旗本と宿老を主体としたもので、公方家と親しい関係にあった国衆の何家かが、形ばかりの兵を出した程度だったろう。公方軍の実数は数千からせいぜい一万程度ではなかったか。しかも、ひどく士気の低い軍勢である。ここでは一応、五〇〇〇前後と見ておきたい。仮にもっと大きな数だったとしても、積極的に戦闘に参加する意志がないのなら、動員兵力に加算してもあまり意味がない。

以上を総合すると、連合軍の兵力は総計でせいぜい二万程度ということになる。軍記の伝える八万という数字は、氏康が少ない手勢で大軍（たとえば十倍もの）を打ち破ったことを強調するための、文飾的な表現にすぎないと考えた方がよいだろう。

もちろん二万でも、この時期の関東では例を見ない大軍であり、連合軍の数的優位は疑いようがない。けれども、アテにならない公方軍を除いた、両上杉軍の兵力は最大でも一万五〇〇〇。北条軍の総兵力が一万一〇〇〇（野戦軍八〇〇〇・籠城衆三〇〇〇）であることを考えれば、両軍の兵力差は巷間いわれているほど大きくはなかったのである。

合戦を伝える史料

直接的な史料に乏しいといわれてきた河越夜戦ではあるが、大規模な戦闘が行われたことを示す史料は、何点か確認できる。合戦直後に北条氏康が古河公方側に宛てた書状や、公方晴氏が武蔵の毛呂氏に宛てた書状については、すでに紹介した。前者の中で氏康は、「憲政の馬廻り（うままわ）りを始めとして、三千人を討ち取った」と書いている。

また、山内憲政が合戦直後に家中に出した安堵状（あんどじょう）が何通か残っているが、それらは当主が戦死したため、遺領を女子や幼い男子に安堵する内容のものだ。三〇〇〇はオーバーとしても、山内軍がかなりの損害を出したことは間違いない。

さらに、武田晴信の近臣だった駒井高白斎が書き残した『高白斎記』の天文十五年の条にも、四月二十日に河越で「関東衆」と氏康が合戦し、上杉方の有力武将が戦死した、との記載がある。前述のような氏康・憲政と晴信との関係を考えるならば、武田家サイドが関東の戦局をかなり気にかけていたのは間違いない。高白斎には、あえてこの情報を書き留める必然性があったことがわかる。四月二十日に河越近辺で大規模な合戦が生起し、連合軍側が大敗を喫したのは、やはり事実なのである。

興味深いのは、三月七日（推定天文十五年）に氏康が、岩付城主太田資顕（すけあき）の重臣だった上原出羽守（うえはらでわのかみ）に宛てた書状だ（註）。岩付太田家は扇谷家中屈指の宿老であるが、この書状で氏康は、資顕が「逐日入魂（じっこん）」の様子であることを喜んでいる。連合軍の陣中に楽観論が擡頭（たいとう）している裏側で、氏康は連合軍を切り崩すための調略を仕掛けていたのだ。

もっとも、このタイミングであからさまに寝返ったりすれば、たちまち粛清されたはずである。氏康の持ちかけた条件は、おそらく次のようなものだったろう――自分と連合軍が一戦に及んだ場合、敵対行動をとらなければ本領を安堵する。これなら、資顕は話を腹の中にしまい込んだまま勝ち馬に乗ることができるから、リスクを負わずに済む。氏康が敗退した場合には口をぬぐっておればよいから、のみやすい条件だ。

さて、旧暦の三月と言えば陽春の頃である。甲斐では武田晴信が、雪の消えた信濃に兵を進めたくて、うずうずしていた。おそらく氏康は郡内の人脈を通じて、武田家中の動向をある程度つかんでいただろう。駿東ではまだ焼け棒杭（ぼっくい）がくすぶっているが、すぐに大きく燃え上がることはなさそうだ。扇谷軍の一角は調略によって切り崩せた。父祖譲りの勝負勘が、氏康にささやいた――やるなら今だ、と。

（註）「北条氏康書状」（『戦国遺文・後北条氏編』二六九号）。

三、闇の中の決戦

北条軍、動く

伊禮正雄氏らが指摘したように、河越夜戦の戦闘経過に関する軍記類の記述には齟齬や疑問が多く、にわかには信用できない。では、実際の戦いはどのようなものであったのだろうか。ここでは、当時の戦局全般と地形的要素から、もっとも蓋然性の高い推測を重ねることで、合戦の経緯をシミュレートしてみたい。

まず、氏康が四月十七日付で江之嶋神社に宛てた書状（推定天文十五年）には、「出陣に際して神馬を奉納するが、本意を遂げたならば必ず参詣するので、宜しく祈禱してほしい」旨が記されている（註）。これによれば、氏康が主力を率いて小田原を出陣したのは四月十七ないしは十八日と見てよく、東海道は経由しなかったことがわかる。北条軍は、矢倉沢往還（やぐらざわおうかん）を北東に進んで途中から進路を北に取り、鎌倉街道を通って多摩丘陵を抜け、武蔵府中を目ざしたのだろう。氏康は十九日の午後には府中に入り、ここで全軍に休息を命じた、と考えるのが妥当だ。

北条軍主力の河越城への進撃

戦機を見抜いた氏康は、主力を率いて小田原城を進発した。北条綱成の玉縄衆と幻庵の小机衆は河越城に籠城しているため、氏康が率いる兵力は、馬廻衆以外は、伊豆衆、相模中部を基盤とする小田原衆、傭兵的存在の諸足軽衆だったと考えられる。

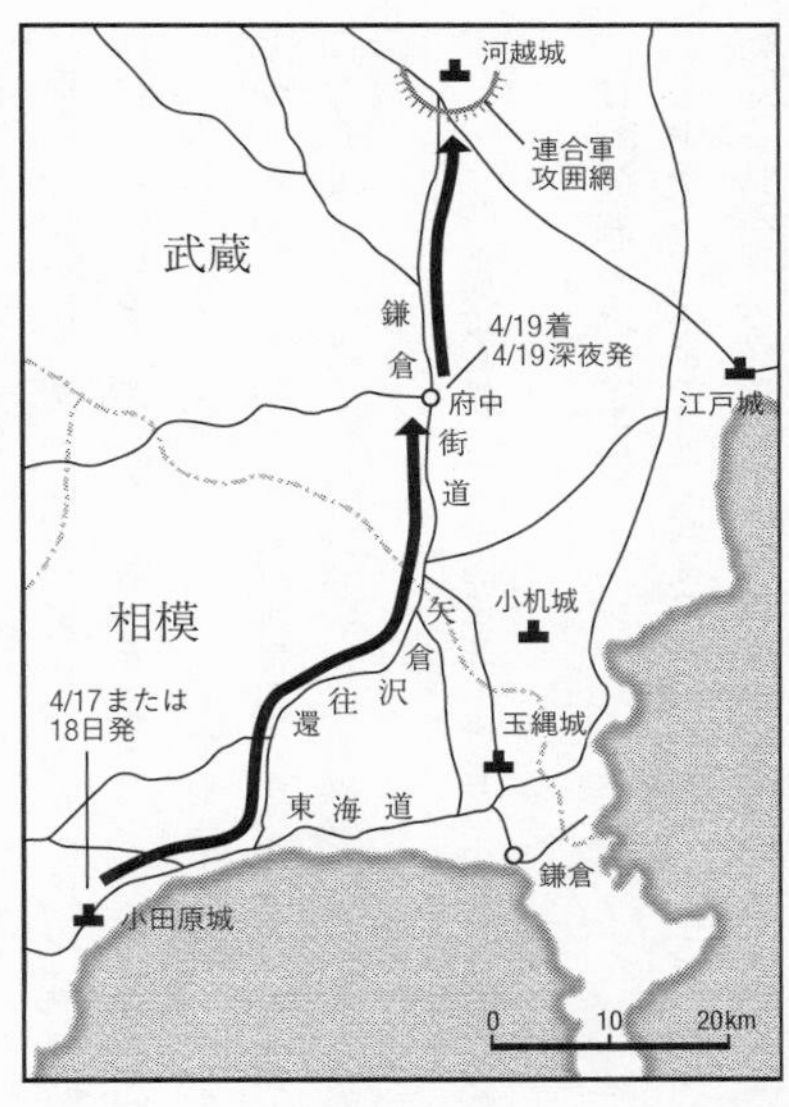

北条軍の進出は、柏原城で警戒に当たっていた山内軍の前衛によってキャッチされたはずである。当然、上戸の山内憲政のもとには急報が届き、憲政は首脳部を集めて情勢を検討しただろう。しかし、これまで氏康が消極的姿勢に徹していたことから、山内軍首脳部は氏康の真意を測りかねたのではあるまいか。常識的に考えれば、北条軍は府中で兵を休ませながら物見を出すなどして敵情の把握に努め、翌朝以降に本格的な作戦行動を開始するだろう。

だとしたら、この場面で憲政がとりうるもっとも妥当な対応は、次のようなものである。まず柏原城に対しては、北条軍の兵力と氏康本人が出陣してきているかを、至急確認した上であらためて報告するよう命じる。念のため、上戸や砂窪の各陣所に警戒を指示する。ただし、府中・柏原・上戸の位置関係からすれば、憲政の指令が柏原に届いたときには、すでに日は没していたはずだ。

同じ頃、氏康は休息中の全軍に、にわかに夜間行軍を命じた。最低限の携行食糧のみを持ち、重量物（滞陣に必要な用具類）は残置するよう、指示したにちがいない。府中から河越城外までは二十数キロ、この方面で何度も作戦している北条軍には土地鑑もあるから、軽装で夜を徹して行軍すれば未明までには到達できる。

面白いことに、例の公方宛書状のなかで氏康は、「砂窪に攻め寄せた」といっている。氏康はこの戦いを「砂窪の合戦」と認識していたようなのだ。つまり、河越城外に展開する連合軍のなかで、攻囲陣の南端にあって自軍からもっとも近く、戦意は旺盛だが数的には対処しやすい扇谷軍の陣所に、氏康は狙いを定めていたのである。おそらく、自軍と河越城との間を打通することを、最低限の達成目標と決めていたのだろう。

（註）「北条氏康書状」（『戦国遺文・後北条氏編』二七三号）。

戦闘経過を推理する

府中から砂窪までは、武蔵野台地上の平坦な道を行くことになる。連合軍側に夜間行軍を察知されるリスクはあるが、相手が本格的な対応をとるより先に、自分たちが目的地に達す

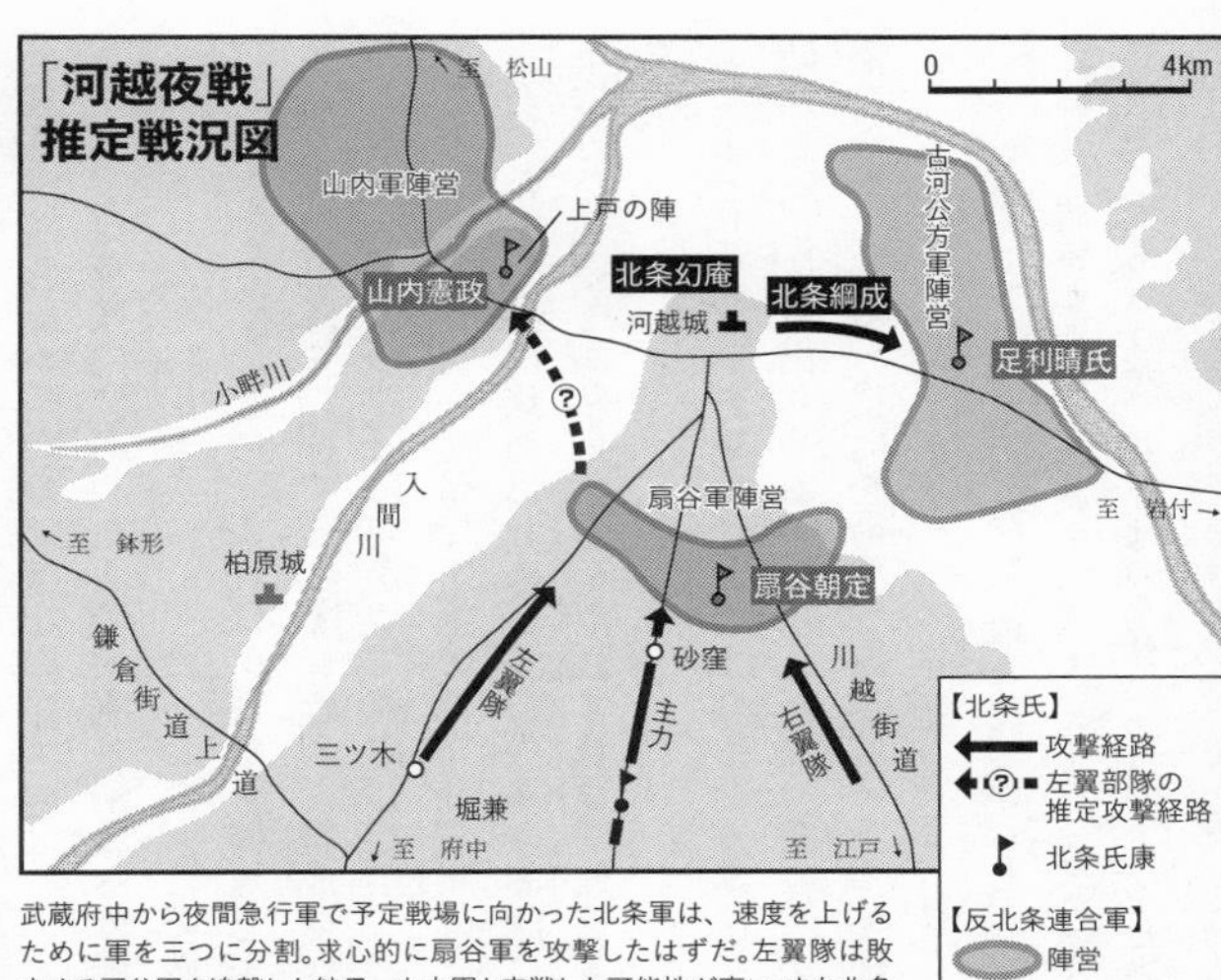

武蔵府中から夜間急行軍で予定戦場に向かった北条軍は、速度を上げるために軍を三つに分割。求心的に扇谷軍を攻撃したはずだ。左翼隊は敗走する扇谷軍を追撃した結果、山内軍と交戦した可能性が高い。また北条綱成は、優れた状況判断で古河公方軍を襲撃。北条軍は、氏康の巧みな作戦と、各級指揮官の当を得た判断で未曽有の勝利を手にした。

ることに、この時点では賭けるしかない。ここからはスピードがすべてだった。

かくして、北条軍は四月二十日未明、扇谷朝定の陣に殺到した。調略を受けていた太田資顕は離脱行動をとらざるをえないから、仮に扇谷軍が警戒を強めていたとしても、兵力差でたちまち圧倒されただろう。扇谷軍は、比較的短時間のうちに組織的抵抗力を失ったにちがいない。朝定は、乱戦の中で戦死してしまった。

そしておそらくは、潰走する扇谷軍が後方の山内軍をも混乱に巻き込んだのだろう。山内軍部将の中には、踏みとどまって抗戦を試みたものもあっただろうが、混乱の中で周囲との連携を失い、自陣に孤立したまま各個撃破されていったのではないか（註）。

一方、河越城内にあった北条幻庵・綱成らは戦闘騒音によって目を覚まし、氏康軍の到来を知ってただちに出撃を決心した。ただ、この戦いに関して、軍記類は幻庵の活躍についてほとんど触れていない。これは、彼が予備隊を率いて城内にとどまったためであろうと推測する。出撃部隊を指揮することになった綱成は、戦闘が行われているのとは反対方向、すなわち古河公方軍の陣所に向かって突出したが、この判断は正しかった。

もともと寄り合い所帯で士気の低い公方軍は、意気盛んな綱成隊の急襲をまともに受けた。少なくとも、小田氏をはじめとした国衆の諸隊は、ただちに戦場からの離脱を図ったはずだ。不本意な戦いであたら兵力を消耗すれば、帰還後に自分たちの権力が維持できなくなってしまう。

結果として、公方軍はひとたまりもなく壊乱した。精鋭をもって鳴る公方軍の旗本勢も、晴氏を安全に脱出させるのが精一杯だったにちがいない。おそらく氏康は、昇る朝日を背に浴びながら残敵の掃討を命じ、河越城に入って綱成・幻庵らとの再会を喜んだことだろう。

（註）残されている上戸陣の遺構を見てゆくと、方形に塁壕をめぐらせた陣城が広範囲に点在しており、諸将が別個に陣城を構えていたことがわかる。公方や管領の動員形態に基づく伝統的な方式なのであろうが、布陣地の全体が戦場となった場合は周囲との連携はとりにくかったはずだ。

しなくてよかった戦争

河越夜戦の全体をあらためてふり返ったとき、筆者の頭の中にひとつの疑問が浮かぶ。連合軍を事実上主導した山内憲政には、そもそもこの戦いを実施する必要があったのだろうか、という疑問である。

この時点での山内家は、上野と北武蔵を領国とする戦国大名として自活する道を、真剣に探るべき状況に置かれていたのではなかろうか。だとしたら、氏康が公方をどう取り込もうが、放っておけばよかった。扇谷家はいずれ氏康の圧迫に耐えかねて滅びるだろうが、それまでの間は防波堤として利用し、領国統治の充実を優先させるべきであった。扇谷家を助け公方晴氏を擁して、河越城の奪回を図ったりしたこと自体が間違いだったのだ。

にもかかわらず憲政が、かつて古河公方の勢力圏下にあった国衆らのように地域権力として自立する道を追求できなかったのは、やはり彼が「関東管領」という立場を捨てきれなかったからに外ならない。この肩書は、氏康にとっては利用可能な手駒のひとつにすぎなかったが、憲政にとっては己の拠って立つすべてであった。肩書に固執するあまり地域権力たる戦国大名に徹しきれなかったところに、憲政の限界が見える。

とはいえ、実際にはじめてしまった戦争において、連合軍側が勝利できる可能性は充分にあった。武田・今川軍と連携し、氏康が駿東で拘束されている機を捉えて河越城奪回を図る、という発想自体はひどく妥当なものであったし、そのためにかき集めた兵力も、当時の関東にあっては破格の規模である。

河越城周辺に大軍を布陣させ、連絡線を断ちながら圧迫しつづけることで、熟柿のように城が落ちることを待つ、という作戦方針自体も基本的には間違っていなかったし、公方軍を担ぎ出すことにも成功した。憲政の作戦方針は、全体としては堅実かつ常識的なものであり、彼には勝利を得るチャンスがあった。にもかかわらず、憲政と連合軍は致命的な敗北を喫してしまった。

決心できなかった憲政

ここで、夜戦当日の両軍の戦術・用兵を分析してみても、あまり意味がない。本稿で述べた戦闘経緯は、あくまで筆者の推定にすぎないからだ。天文十五年四月二十日、闇の中で実際に何が起きていたのかは、永遠の謎である。ただしこれは、ある意味では戦闘という事象の本質ともいえる。

ゲームと違って現実の戦場では、すべての状況を俯瞰し、把握しうる者など誰一人としていない。しかも、個々の将兵や部隊の動きは、他と相互に影響しあいながら同時進行してゆく。敵はおろか味方さえ、どこで何をしているのかわからないのが普通なのだ。河越夜戦の場合も、おそらく氏康自身、自軍がどのように戦い、どうして勝利したのか、よくわからなかったにちがいない。では、そのような戦場で勝敗を分けた要因は何だったのか。

憲政が公方晴氏の担ぎ出しに成功した天文十四年十月末は、また氏康が今川・武田両軍と停戦合意に達した時点でもあった。だとしたら、この時点以降、氏康が野戦軍主力を河越戦線に投入してくる可能性について、憲政はもう少し真剣に考慮すべきではなかったか。おそらく連合軍は、この時点で河越城攻略に本腰を入れるべきだったのだ。戦意の低い公方軍を援護に回したとしても、山内・扇谷軍の総力を挙げれば、攻略できる可能性は充分にあったはずなのだ。

にもかかわらず、憲政が強襲を選択しなかったのは、失敗した場合に士気の沮喪によって、寄り合い所帯の大軍が維持できなくなるリスクを怖れたゆえであったろう。けれども、背後には別の思惑も見え隠れする。すなわち、公方を擁する大軍が、関東平野の中心に存在しつづけることの政治的プレゼンス——憲政こそが正式の関東管領であることを関東の諸勢力に印象づけ、氏康を政治的に追い込んでゆくこと——に対する期待である。

結局、憲政は軍隊を動員して自ら戦争をはじめながら、政治や外交と相対化しながら軍事行動上の判断を下したために、河越城強襲という選択肢——勝機を得るための方法——を見失ってしまった。自軍が圧倒的優勢下にあるという状況認識も、リスクを取って賭けに出る決心をためらわせた。しかし、連合軍の作戦目的が河越城の奪還にあるのだとしたら、総攻撃という選択肢は、リスクは伴うにしても目的達成への最短ルートだったはずだ。

勝敗を分けるもの

対する氏康は、胡散臭い停戦合意によってえた、あまり長くはないかもしれない時間を使って、河越戦線を純粋に軍事的な手段で決着させる判断を下した。そのために彼が選択した作戦はきわめて投機的なものであったが、目的達成への最短ルートでもあった。

そして、野戦軍主力のすべてを砂窪の扇谷軍にぶつける思い切りのよさが、予想外の勝利を呼び込んだ。氏康にとって、砂窪の陣に対する攻撃が、純然たる奇襲として成功するのか、強襲に近い形となるのかは、あまり大きな問題ではなかったのだ。

このような積極性は、河越城から出撃した綱成隊の行動にも見てとることができる。もし綱成隊が西方に突出していたら、氏康の野戦軍との挟撃によって、扇谷・山内軍を容易にすり潰すことができただろう。しかし、この間に公方軍が背後から河越城を衝いたら、自軍が野戦で勝利しても城は失陥してしまう。一方、綱成隊が公方軍を撃破したとしても、兵力において劣る氏康軍が敗退してしまったら、河越城はやはり確保できないことになる。

この二つのリスクを秤(はかり)にかけ、綱成は瞬時に決心した。自分たちが命を失うリスクを最小限に抑えたとしても、河越城が敵の手に渡ってしまったら、自分たちが命を長らえる意味はないのだ。結局、綱成は氏康軍が勝利する可能性に賭け、その賭けに勝った。

綱成が、このような積極的な賭けにためらわずに出ることができたのは、河越城を確保し通すという戦略目的が、北条軍全体の中に貫徹していたゆえである。何が起きるか予測できない、状況を把握することすら困難な戦場だからこそ、明確な意志のもとに統一された単純な行動が勝利につながったのだ。

とどのつまり、氏康は思い切りのよい大博打に出て幸運を呼び込み、綱成ともども賭けに勝つことができた。氏康は、この「博打うちの才」を父氏綱から引き継いだが、残念ながら憲政はそうした才能には恵まれていなかった。

そして、河越城外で両者の明暗を分けたこの究極の要素こそ、戦を生業とする者にもっとも必要な資質に他ならなかった。なぜなら、軍事行動とは常にリスクを伴う営為であり、リスクを取って賭けに出る決心をしなければ、戦いの主導権を握ることも勝機を得ることもできないからである。

一掃された旧体制

この章のしめくくりに、河越夜戦の当事者たちのその後について述べておこう。

まず扇谷家は、当主朝定と宿老の多くを失って滅亡が避けられなくなった。北条軍は、扇谷家の遺臣たちが自ら焼いた松山城をただちに接収し、守備隊を配置した。岩付城主の太田資顕は、氏康への服属を明らかにして本領を安堵された。

四散した扇谷家遺臣のうち、上野に逃れていた上田朝直と太田資正（資顕の弟）は、朝定の縁者を捜し出し、松山・岩付両城を奪回して扇谷家の再興を企てた。しかし、北条軍の攻勢はやまず、天文十六年（一五四七）の暮れから年明けにかけて、松山・岩付の両城は相次いで氏康の手中に帰していった。勢いをえた氏康は、北武蔵から上野へと進出し、敗戦処理に追われる山内憲政を圧迫していった。

一方、失地回復を焦った憲政は信濃に出兵し、佐久・小県方面の国衆たちを助けて武田晴信と戦ったものの、天文十六年八月の小田井原合戦で武田軍に大敗を喫してしまう。この頃から、山内家中では北条家に内応するものが出はじめた。氏康が調略の魔手を伸ばしていたのである。

こうした事態に憲政は猜疑心を募らせ、一握りの側近のみを重用して独善的な行動が目立つようになっていった。人心は憲政から離れてゆき、天文二十一年（一五五二）二月に氏康が本格的な上野侵攻を開始すると、長きにわたって管領家の屋台骨を支えてきた国衆らも、次々に離反していった。居場所を失った憲政は、ついに越後に亡命して長尾景虎に庇護を求めた。付き従った者はわずか二十人ほどであったという。

北条氏康と憲政の間で逡巡をつづけた古河公方晴氏は、合戦直後の四月二十四日付で氏康から長文の書状を受け取った（註）。氏康による再三の懇願を振り切って、河越城攻囲陣に加わったことを厳しく指弾する内容であった。

憲政に強引に説き伏せられて参陣したこと、勢力下にあるはずだった国衆らがほとんど動員に応じなかったこと、実際の戦闘で為すすべもなく敗走したこと、自ら管領に任じた氏康から厳しく糾弾されたことにより、公方の権威は地に堕ちた。何より、公方が軍事的にはもはや無力な存在であるという事実が、白日の下にさらされてしまった。

古河公方家はこの後も、北条家を筆頭とした関東の諸勢力から推戴されつづけるけれども、その権威はもはや儀礼的・形式的な意味しかもちえなかった。というより、北条家を庇護者としなければ、公方家そのものが存続できなくなったのだ。その姿は、かつて執権北条氏によって推戴されつづけた、鎌倉後期の将軍たちに重なる。享徳の大乱以来、関東における政治・軍事のあり方を規定してきた枠組みは、ついに一掃されたのである。

このように見てくると、河越夜戦が関東に何をもたらしたのかが理解できる。戦いの当事者のうち、扇谷朝定はすべてを失い、山内憲政と公方晴氏も、自身の生命を除くほとんどを失うことになったのだ。

そして、彼らの失ったものがそのまま北条氏康の得たものとなった。すなわち氏康は、扇谷家領につづけて山内家領をも版図に組み込み、古河公方を傀儡化した。河越夜戦をターニングポイントとして北条家は、軍事・政治・経済のすべての面において、関東で圧倒的な存在に躍り出たのである。

一方、河越夜戦の結果を知った武田晴信は、待ちかねたように信濃に出兵して、佐久・小県地方を版図に収めていった。先の停戦合意に不平を鳴らしていた今川義元も、こののちは三河への勢力拡大を本格化させてゆく。彼もまた、実利に聡い打算家であった。

氏康・晴信・義元のこうした一連の動きは、やがて有名な三国同盟へと結実する。室町的な枠組みが消滅した東国を、「戦国大名」という新たな枠組みが覆わんとしていた。そして勝者である氏康も、この新たな枠組みのもとで、次なる強敵との対決を迫られることになる。

（註）「北条氏康書状」（『戦国遺文・後北条氏編』二七四号）。

第六章
山本菅助の虚実
傭兵たちの墓碑銘

異相の軍師

片足を引きずるように武田信玄の側近くに従い、さまざまな術策を進言する軍師、知謀にすぐれた隻眼の作戦参謀――山本勘助についての一般的なイメージは、大方このようなものであろう。

こうした山本勘助像の大元となったのは、江戸時代の初期に編まれた『甲陽軍鑑』である。それによれば、勘助は三河国牛窪の出身で、諸国を廻って兵法をきわめたのち、駿河の今川義元に仕えようとした。しかし、風体異様で出自の怪しい勘助を義元が嫌ったため、甲斐に赴いて信玄に才を見出された。こののち勘助は信玄の信頼を得て活躍したが、永禄四年（一五六一）の第四次川中島合戦において討ち死にしたという。

一方、歴史学者たちは長いあいだ、勘助の実在に疑問を呈してきた。勘助は武田二十四将の一人に数えられているが、他の武将たちと違って一次史料（同時代に書かれた文書など）に名前が見られず、『甲陽軍鑑』（以下『軍鑑』）にしか登場しない。また、『軍鑑』自体も後世の編纂物で内容に信を置けない、というのが理由である。つまり、『軍鑑』の作者が、自説を開陳するために必要とした狂言まわしのような人物、と考えられてきたのである。

ところが近年、信頼の置ける文書の中に「山本菅助」の名が記されている事例が確認されて、勘助らしき武将が武田家中に実在したことが判明した。では、山本勘助（菅助）とはいったい何者であったのだろうか――。

一、勘助と菅助

通説的山本勘助

一九六九年、釧路市の市河家が所蔵する古文書の中から、「山本菅助」という人名を記した武田信玄の書状（註1）が見つかった。市河家の祖先は、武田・上杉両軍が角逐をつづけた北信濃の国衆だったから、信玄の書状が伝存する必然性は充分だ。これ以降、山本菅助（勘助）なる人物が一応は実在したことが認識されるようになっていった。ただし、彼が何者で、武田家中においていかなる立場にあったのかは、依然として謎のままであった。

その後、二〇〇八年になって、群馬県の真下（ましも）家という旧家が所蔵する古文書のなかの数点に、「山本菅助」の名が記されていることが判明した。以下本稿では、同時代史料（文書など）に登場するカンスケを「菅助」、『軍鑑』に見える彼については「勘助」と区別して表記したい。

まずは、真下家所蔵文書に「菅助」が登場する経緯から説明しなくてはならないが、その前に指摘しておきたいことがある。『軍鑑』の史料的価値については、歴史学の分野においても近年、再評価すべきだとの意見が出されつつあるが、その信憑性についてはひとまず措（お）くとして、実はこの書には、勘助が信玄の軍師だったとは一言も書かれていないのだ。

天文十五年（一五四六）、勘助が信玄（晴信）に召し抱えられた経緯について述べたくだりには、足軽七十五人と知行八百貫を与えたとあり（品第二十六）、第四次川中島合戦に関する記述には、討ち死にした「御旗本足軽大将」として山本勘介の名が記されている（品第三十二、なお『軍鑑』には「勘助」「勘介」の表記が混在する）。この記述を読むかぎり、勘助は足軽大将として信玄に仕えていたことになる。

また、『軍鑑』をよく読むと、たしかに彼はたびたび信玄に意見具申をしたり、諸国で見聞してきたことを語ったりはしているものの、四六時中、信玄に近侍していたようには読めない。信玄は必要に応じて勘助を召し出し、勘助は信玄の問いに平伏して答え、意見を述べたことになっている。軍師とか参謀というのは、あくまで『軍鑑』の内容をもとにして後世に作られたイメージにすぎないのである。

付言するなら、現在に至る山本勘助の通俗的イメージが確立する契機としては、一九五五年に発表された井上靖の小説『風林火山』（註2）と、これを原作とした三船敏郎主演の同名映画によるところが大きい。

（註1）「武田信玄書状」（『戦国遺文・武田氏編』五六二号）。

（註2）井上靖の『風林火山』は、現在の目で見たとき時代考証に不満があるのは致し方がないけれども、歴史小説としての完成度は高い。文芸作品として一読をおすすめする。

実在した山本菅助

さて、新発見の真下家所蔵文書は研究者たちによって調査され、その過程で次のような興味深い事実が明らかにされた。まず、武田家中の山本家は、川中島で戦死した菅助一代かぎりで終わったわけではない。彼の子も同じく菅助を名乗って信玄・勝頼(かつより)に仕え、長篠合戦で戦死したようで、武田家の滅亡後は山本家も他の遺臣たちとともに徳川家康に召し抱えられた。そののち、多少の紆余曲折があって、山本家は最終的には高崎藩松平家に仕官している。

一方の真下家は上野安中の薬種商で、幕末維新の頃の当主は古物収集に熱心だったらしい。真下家と山本家との具体的な接点については不詳だが、たとえば経済的な事情から、山本家が家宝の一部を真下家に売却した、といったような経緯は充分にありうる。

真下家所蔵文書のうち、信玄が山本家に宛てたものは四点、うち二点が菅助(川中島で戦死した人物)に宛てられたものだ。これら四点は、料紙・筆跡・花押・書式などから見るかぎり戦国期の文書として不自然ではなく、後世に作られた偽文書ではなさそうだ(註1)。

新発見の文書のうちの一通は、年欠卯月(四月)二十日付で信玄が菅助に宛てた直筆書状である。この書状で信玄は、戦地(信濃であろう)にいる菅助に対して作戦上の指示を与えるとともに、小山田(おやまだ)が腫れ物を患って容態が思わしくないそうだが、彼は当家の宿老なので様子を見に行ってこい、と命じている(註2)。

書状が直筆であることを考えるなら、この病気見舞には一種の密命としての含みがあると見るべきだろう。小山田が武将としての任に耐えそうかどうか、周囲に不穏な動きはないのかなどを確認して報告せよ、というのがこの書状の真意ではなかったか。だとしたら、菅助は信玄から相当の信頼を得ていたことになる。

（註1）真下家文書については海老沼真治編『「山本菅助」の実像を探る』によった。
（註2）文書を調査した海老沼真治氏は「小山田」を信有に、文書の年次を天文二十年（一五五一）に比定しているが、平山優氏は「小山田」を虎満、年次を永禄元年（一五五八）と推定している。

黒駒の関銭

すでに知られていた市河文書は、北信濃方面での上杉軍の動静に関する報告を受けた信玄が、市河氏に対応を指示している内容だが、文末に「なお山本菅助口上あるべく候」と書かれている。大要は書状に書いておいたが、具体的なことは使者である山本菅助に指示を託してあるのでよく打ち合わせろ、ということだ。

こうした方法は、戦国時代にはしばしば用いられた。あまりこまごまとした指示を書き送っても、書状が現地に着く頃には情勢が変わっていることも多いからである。ただし、こうした場合の使者は、主君の意図と戦略的状況をよく理解した上で、情勢の変化に対応できる、機転の利く人物でなければ勤まらない。菅助は信玄の戦略的意図をよく理解する人物として、最前線へ派遣されていたようである。

筆者がより興味を惹かれたのは、もう一通の天文十七年（一五四八）卯月吉日付で、山本菅助に宛てられた判物（所領の安堵や宛いのために花押を記して発給する文書）だ。

　今度伊奈郡に於いて、忠信比類なき次第に候、茲により黒駒の関銭之内百貫文、出し置くべき者也、仍って件の如し、

信濃の伊那郡において比類のない働きをしたので、褒美として黒駒の関銭のうち百貫文を与える、というわけだ。なお、この判物では宛所を「菅介」と表記している。

黒駒というのは、郡内の河口湖方面から国中へと通じる「御坂みち」が、御坂峠を越えて甲府盆地へと下りてきたあたりで、信玄はこの要衝に関所を設けて関銭（通行料）を徴収し、武田家の財源に充てていたらしい。

この判物は、一見するとごくありふれた論功行賞の文書に思えるが、筆者はこれこそ、菅助が「御旗本足軽大将」だったという『軍鑑』の記述を裏付ける証左だと考えている。ではなぜ、菅助が足軽大将だったと考えることができるのか。また、足軽大将の菅助が、なぜ信玄から密命を受けたり、使者として戦地に派遣されたりするのだろうか。

二、戦国の傭兵と山本菅助

東国足軽事始め

武田軍における菅助の立場を知るためには、「足軽」についての理解が不可欠である。「足軽」といえば、多くの人は、鑓（やり）や鉄炮を担いで集団で戦う軽装歩兵のイメージを思い浮かべる。彼らの実態を、戦国大名の領内から徴発された農兵、と理解している読者も多いだろう。けれども、「足軽」とは本来は一種の非正規兵を指していた。

中世社会において軍隊の基幹構成員、つまり正規兵をなしていたのは武士（侍）である。武士とは武（＝戦いや殺生）を家業として主君に仕える者のことであり、幼い頃から武芸を徹底的にたたき込まれて育つ、いわば職能戦士だ。したがって、武家政権とは職能戦士身分に属する武士が階級的に結集して作り出した政権＝権力構造、ということができる。戦国大名権力も、そうした性格をもつ軍事政権である。

これに対して「足軽」とは、軽装で山野を疾駆する非武士身分のゲリラ兵、といったニュアンスをもつ言葉だ。つまり、支配階級である侍が正規兵（正規軍の基幹構成員）であるのに対し、足軽は被支配階級に属するゆえに非正規兵なのである。

この足軽が、大量かつ組織的に動員されたのが応仁の乱だ。京都を舞台に展開したこの市街戦では、犯罪者や社会のあぶれ者たちが東西両軍に足軽として金銭で雇われ、放火や略奪、襲撃といった非正規戦闘や陣地構築に投入された。こうして、非武士身分の戦闘員である足軽は、傭兵という性格を強くもつようになっていった。

傭兵としての足軽は、やがて戦国大名たちの軍事力の中に取り込まれてゆくようになる。第二章で触れたように、東国において傭兵的足軽を活用した最初の大名は、おそらく伊勢宗瑞である。宗瑞が駿河に下向した時に同行した朋輩のうち、多米氏と荒川氏はのちに北条氏康が編んだ『北条家所領役帳』の中に、「諸足軽衆」として書き上げられているのだ。『所領役帳』では、伊豆衆・玉縄衆・江戸衆など、地域別に編成された「衆」（戦略単位としての部隊）が、北条軍の基幹戦力として書き上げられているが、「諸足軽衆」は地域別の「衆」とは性格の異なる戦闘集団として、別立てで書き上げられている。「諸足軽衆」の筆頭に挙がっている大藤氏も、氏綱の代の比較的早い時期には史料で存在が確認できるから、足軽部隊の原型は宗瑞の段階に存在していた可能性が高い。

ちなみに、太田道灌が足軽戦法の先駆者であったように言われることもあるようだが、筆者の知るかぎりでは、道灌が足軽を用いたり軽装歩兵部隊を創設、運用した事実を確認できる良質の史料は存在しない。よって、今のところ、この説は根拠不明であり支持できない（ご存じの方がいらしたら、是非ご教示願いたい）。

足軽の任務

ところで、荒垣恒明氏の研究によれば、北条軍における足軽の任務は大別して次のようなものだ（「戦場における傭兵」）。

一．略奪や放火といった非正規戦
二．城郭などの普請
三．交通路の監視と封鎖（通行料の徴収や通行者からの略奪を含む）
四．前線へ派遣する援軍

北条軍の足軽は、明らかに応仁の乱に登場した足軽たちの延長上に存在していることがわかる。足軽をコマンドのような特殊部隊と見なす説もあるが、荒垣氏も指摘しているように、戦国大名たちが「忍（しのび）」「乱波（らっぱ）」といった特殊な技能集団を足軽とは別に用いていたことは、良質の史料からも確認できる。したがって、足軽衆はコマンド部隊ではなく、やはり傭兵部隊として理解した方がよい。

おそらく、京都で応仁の乱を経験した宗瑞は、傭兵としての足軽が有用であることを認識していた。宗瑞の駿河下向に同道した多米や荒川は、応仁の乱で傭兵隊長として足軽を率いて戦った経験をもっていたのではなかろうか。つまり、金によって募った兵を、戦闘部隊に仕立てて運用するノウハウを身につけた人物として、東国で一旗揚げようと目論む若き日の宗瑞に見込まれたか、ないしは意気投合したのではあるまいか。このように考えてくると、宗瑞が「八月の侵略者」であった理由もよくわかる。

ちなみに、氏綱が上総武田氏の内訌に介入した際に派遣したのは（第二章参照）、足軽衆の大藤氏であった。足軽衆は、他国への軍事介入のような「汚れ仕事」を割り当てられる存在でもあったことがわかる。これは現代におけるフランス外人部隊などと同様で、いかにも傭兵部隊がやらされそうな任務といえる。では、菅助が仕えることとなった武田家の場合はどうであろうか。

武田軍における足軽衆

武田軍に傭兵としての足軽衆を導入したのは、守護大名から戦国大名への脱皮を遂げた信虎（のぶとら）である。第三章で述べたように、信虎は本拠を躑躅ヶ崎（つつじさき）へと移し、国内諸勢力に城下への集住を求めることによって、潜在的反抗分子をあぶり出し、一挙に覆滅することに成功した。この戦いで活躍したのが「上意の足衆」――つまり、武田家当主の指令によって行動する足軽部隊だったのである。信虎は、当主直属の傭兵部隊を創設することによって、あいつぐ合戦で消耗した戦力を補うとともに、自身への権力集中を担保したのである。

注目すべきは、この足軽部隊が栗原・大井・今井といった、武田庶流系の有力国衆の軍勢を打ち破っていることだ。信虎の足軽部隊は、戦い方によっては当時の正規軍と互角かそれ以上の戦闘力を発揮したことになる。では、非正規兵であるはずの足軽部隊が正規兵部隊に対抗できたのは、なぜだろう。

戦国時代に入って急速に普及した武器がある――鑓だ。部隊編成が判明する戦国後期の史料で見るかぎり、戦国大名たちの軍隊における主力兵器は、数の上では間違いなく鑓——わけても長柄鑓である。二間半〜三間といった長大な鑓は、個人で振り回して使うには勝手が悪いから、密集隊形で戦うのが基本となる。いわゆる鑓衾だ。

一方、中世社会における軍隊の基幹構成員は武士（侍）であるが、室町時代の合戦では甲冑に身を固めた武士たちが、乗馬して刀や薙刀を振り回して戦うのが基本であった。職能戦士、つまりは個人技に長けた戦闘のプロフェッショナルたる武士たちが、甲冑を着し、刀や薙刀を振りかざして乗馬突撃すると、非武装の民衆や軽装の歩兵に対しては圧倒的な破壊力を発揮する。それゆえに彼らは、武力を背景として支配階級を構成できたのだ。

ところが、長大な鑓で密集隊形を構えると、軽装の歩兵でも重装騎兵の突撃に対抗できるようになる。しかも、足軽のような非正規兵は、武士のような卓越した個人技を持ち合わせていない分、訓練次第ではかえって鑓衾のような組織的な行動を身につけることができる。軽装歩兵の戦列化だ。

筆者は、信虎の足軽部隊が有力国衆の軍勢を撃破できたのは、戦列を組んで組織戦を行ったためであろう、と推測している。こうした軽装歩兵の戦列化は、戦国大名たちの軍事力構造を大きく変える原動力となっていった。ただし、その信虎自身が、金で動く傭兵集団としての足軽によって国境を封鎖され、甲斐を逐われた皮肉な経緯は、第三章で述べたとおりである。北条軍の場合と同様、武田軍においても交通路の封鎖は足軽の任務だったのだ。

足軽大将・山本菅助

さて、話を菅助に戻そう。ここまで読んで、察しのよい読者なら、あるいはピンときたかもしれない。そう、菅助は信玄から、黒駒の関銭を戦功の賞として与えられていた。そして、交通路の監視や封鎖は足軽の任務なのである。日常的な交通路の監視は、実態としては関銭の徴収や、場合によっては通行者からの略奪を含んでいる――現在のわれわれが黒駒へ行こうとすると、中央高速の一宮インターで関銭を徴収されることや、うっかりスピード違反などしようものなら、有無を言わさず罰金を剝奪されることを想起されたい。

黒駒で関銭の徴収に当たっていたのも信玄直属の足軽衆であり、この政策は信虎から継承したものと考えて間違いない。つまり信虎や信玄は、領内の要所に直属の足軽衆を派遣して関銭を徴収させ、武田家の財源としていた。

実際には、足軽たちは徴収した関銭のうち一定の割合を武田家に納め、残りを自分たちの収入に宛てていたのだろう。真下家所蔵文書に記されていた、関銭百貫文を与えるという文言は、信玄への上納分を菅助の収入に繰り入れてよい、という意味に理解できそうだ。

そもそも、封建社会における武士は、土地を媒介とした主従関係によって主君と結びつく存在であるから、戦国大名が家臣の戦功を賞する場合には、知行地を与えるのが普通だ。これに対し、もともと武士身分に属さない足軽は、金銭によって大名に雇われるのが基本である。信玄が、戦功の賞として知行地ではなく関銭を菅助に与えたのは、彼が傭兵隊長としての足軽大将だったからに他ならない。

武田家中に実在した山本菅助は、信玄直属の傭兵的足軽衆の一隊を率いる足軽大将であった。そして、信玄直属であるがゆえに、病気見舞の形をとった情報収集や、最前線への指令の伝達といった、さまざまな任務にも就いていた。文書から浮かび上がってきた、このような菅助像と『軍鑑』の伝える勘助像は案外、矛盾しないように思う。

信玄の懐刀

筆者は、山本菅助の実像を次のように推測している。

勘助は隻眼で片足が不自由だったばかりでなく、全身に刀傷があり手の指も欠損していたと『軍鑑』は伝えているが、実在の菅助も案外そのような外見だったのかもしれない。もろもろの障碍は、激しい武者修行の産物だったのだろうが、今川義元は兵法者としての働きは期待できない、と踏んだのだろう。

風体異様で素性の知れない菅助が仕官を求めてきたとき、武田家中の宿老たちも、今川家中の者たちと同様に違和感を覚えただろう。けれども信玄は、諸国を放浪してきたという菅助に興味を示した。義元が本拠としていた駿府は、人・物・情報とも活発に行きかう東国屈指の経済・文化都市であったが、山国の甲斐にあっては他国の情報は積極的な収集に努めなければならない。菅助に対する評価が、義元と信玄とで分かれた原因のひとつに、そうした両国の地政学的条件の違いがあったように思う。

この男は使えるかもしれない――そう直感した信玄は、菅助を足軽大将（傭兵隊長）として採用した。足軽大将は、大名家家中の正規構成員ではないから、侍大将などと呼ばれる宿老衆より格下の存在であるが、足軽衆は大名家当主の直属部隊でもある。

おそらく信玄は、当主から直接指示を受ける立場にある菅助を呼び出し、他国の様子などについて下問したのであろう。それに対し、甲斐国内に地縁も血縁ももたず、金銭で雇われているというドライな立場にあったゆえに、菅助は武田家を客観視することができた。こうした視点は、信玄にとって新鮮だったにちがいない。信玄は、宿老たちとは違った角度からの情勢分析を欲するとき、菅助を呼び出して意見具申を求めるようになり、信玄と菅助との間には独特の信頼関係が形成されていった。

かくして、直属の傭兵隊長である菅助は、信玄にとって使い勝手のよい懐刀となった。ただし、懐刀と呼ばれる者の仕事がきれいごとばかりでないのも世の常だ。それに、傭兵である足軽には、ダーティーな任務が割り当てられる傾向がもともとあった。菅助はしばしば、信玄の密命を受けて情報収集や調略などに当たっていたのだろう。上杉氏との勢力境にあった市河氏のもとに、作戦打合せのために派遣されたのも、前線への派遣部隊という傭兵任務の延長線上にあるといえる。

現代風に表現すれば菅助は、武田家の正社員ではなく、使いべりのしない有能な契約社員、といったところだろう。菅助が、他の武田家の部将たちのように同時代の一次史料にあまり登場しないのも、足軽大将という立場ゆえではなかろうか。

三、史実と伝説の間

『甲陽軍鑑』と山本勘助

勘助＝参謀役としての軍師、という巷説の元となったとされる『甲陽軍鑑』は、信玄の寵臣で海津城将を務めた春日虎綱（いわゆる高坂弾正）と、その甥の春日惣次郎がつづった手記をもとに、元和年間（一六一五～二四）に小幡景憲が編んだもの、ということになっている。小幡景憲は、武田家の足軽大将として海津城に在番した小幡氏の子孫で、甲州流軍学を起こした人物である。したがって『軍鑑』は、読み物としての性格の強い軍記というより、軍学の理論書ないしは甲州流軍学のテキスト、と考えるのが正しい。

こうした成立過程に鑑みるなら、『軍鑑』の記述には春日虎綱・惣次郎・小幡景憲の三者三様の立場が、複雑に交錯していることになる。少なくとも一部の記述は、景憲の軍学理論を説明する必要上から書かれている、と見なければならない。

たとえば『軍鑑』では、築城の要諦は虎口にあるとして、枡形虎口や馬出の有効性を勘助に力説させている（品第二十五）。しかし、近年の城郭研究の成果に学ぶなら、菅助が活躍していた天文～永禄初年の武田氏系城郭には、枡形虎口や丸馬出は備わっていなかった可能性が高い。武田氏系城郭の特徴とされるそれらのパーツが定型化されるのは、勝頼が武田家を嗣いだ元亀・天正年間以降と見るべきだ。

足軽大将衆一覧

	氏名	騎馬	足軽	出身・備考
信虎登用の足軽大将	小幡(小畑)虎盛	15	75	遠江牢人。『甲陽軍鑑』の作者とされる小幡景憲の祖父。
	小幡光盛	12	65	遠江牢人。虎盛の弟。使番から足軽大将となる。
	多田満頼	?	?	美濃牢人。
	原　虎胤	35	100	下総牢人。下総の国衆、原氏の庶流。
	横田高松	30	100	伊勢牢人。
	長坂虎房	40	45	釣竿斎光堅。甲斐小領主。のち奉行人となる。
信玄登用の足軽大将	安間三右衛門	5	50	不明。
	山本勘(菅)助	?	75	三河牢人。
	三枝新十郎	3	10	侍大将・三枝虎吉の弟。奥近習から足軽大将となる。
	三枝昌定	30	70	三枝虎吉の嫡男。のち奉行人となる。
	小幡昌盛	3	10	小幡虎盛の嫡男。奥近習から足軽大将となる。
	今井九兵衛	-	10	甲斐国衆・今井氏庶流。
	横田康景	30	100	横田高松養子(原胤虎の実子)。
	米倉重継	?	?	地侍(甲斐武川衆)。
	初鹿野忠次	?	?	甲斐小領主。
	大熊朝秀	30	75	越後牢人(元越後守護家公銭方・上杉家重臣)。
	城　伊庵	10	30	越後牢人。
	関　甚五兵衛	?	10	尾張牢人。
	遠山右馬介	?	30	美濃国衆・遠山氏の一族。
	上原民部入道	3	30	随翁軒。甲斐国衆・小山田備中守の一族か?
	下曽根	20	50	下曽根浄喜か?　甲斐小領主(武田氏庶流)。
	曽根七郎兵衛	?	70	甲斐小領主(武田氏庶流)。
	市川等長	10	50	甲斐小領主。小幡虎盛の婿。
	原　与左衛門	10	50	甲斐小領主。小幡虎盛の婿。
	多田治部右衛門	?	20	多田満頼の一族か?
	江間右馬丞	?	10	飛騨国衆・江間輝盛(他国衆)の弟。人質から足軽大将へ。
	武藤昌幸	10	30	信濃国衆・真田幸綱の三男。奥近習から足軽大将へ。のちの真田昌幸。

『甲陽軍鑑』で足軽大将とされた武田家家臣は、戦乱によって在所を離れざるを得なかった牢（浪）人や、武田氏庶流も含めた小身の甲斐衆が主なメンバーで、上層家臣を構成する規模の大きな領主に対し、出自を問わない抜擢人事の登用枠だったことが窺える。なお部隊としての足軽衆には騎馬武者も含まれる。

※平山優『山本勘助』(講談社現代新書)／『甲陽軍鑑』を参考に作成。

築城術や戦略・戦術といった軍学のセオリー――軍学の理論書・テキストとしての『軍鑑』のキモの部分――に関しては、小幡景憲は勘助の口を借りて自説を論じているのであろう。ただし、景憲がそのような仮託を行ったベースには、しばしば信玄の下問に答えて意見具申する、という実在した菅助の立ち位置があったにちがいない。

勘助の最期

勘助についてのもっとも有名なエピソードといえば、永禄四年（一五六一）の第四次川中島合戦に際してのキツツキ戦法であろう。この年の五月、上杉謙信（長尾景虎）が関東に長征中であることを見越した信玄は、北信濃における覇権を確立するべく、武田軍の動きを活発化させていた。

対する謙信は、関東から越後に帰陣して一旦兵を休ませたのち、八月には一万三〇〇〇の軍勢を率いて善光寺に出陣してきた。そして、千曲川東岸にあって武田軍の戦略拠点となっていた海津城に脅威を与えるように、妻女山に布陣した。事態を受けて、信玄も主力約二万をもって川中島へ進出し、両軍は海津城を挟んで対峙するに至ったのである。

九月九日の夜にいたり、武田軍は主力の一半を春日虎綱らにあずけ、ひそかに妻女山後方に迂回させた。上杉軍を平地（八幡原）につつき出して挟撃しようと目論んだのだ。いわゆるキツツキ戦法である。ところが、武田軍の動きを察知した謙信は夜のうちに全軍を妻女山から下山させ、翌早朝には千曲川を渡って、八幡原に展開していた信玄の本隊に決戦を挑んだ。このため、主力の一半を欠いた武田軍は大苦戦に陥り、一時は本陣も崩されかけるほどであった。

最終的には、妻女山に向かった別働隊が駆けつけて、謙信は長居は無用とばかりに兵を引き、武田軍は海津城を確保しつづけることができた。しかし、信玄の実弟である信繁(のぶしげ)が戦死するなど、武田軍の損害が甚大であったのも事実である。

『軍鑑』は、勘助もこの戦いで討ち死にしたと伝えている。信玄の懐刀的な足軽大将という立場を考えるなら、実在の菅助が本陣の近くにあって、乱戦の中で戦死した可能性は大いにある。

菅助は作戦参謀たりえたか

一般には、このキツツキ戦法は勘助の献策によるものと思われている。しかし、『軍鑑』は、情勢を検討した信玄が勘助と馬場信春(のぶはる)の両名に作戦の立案を命じた、と記している。馬場信春は信玄の寵臣の一人ではあったが、軍師とか作戦参謀と見なされる立場にはない。信玄は、適任者をその都度指名して作戦の立案や献策を求めていたのであり、特定の誰かが専属の作戦参謀を務めていたわけではないのだ。

そもそも、封建制社会における軍隊は、「家」という観念的システムを基礎単位として構成されている。大名や武将は指揮官であると同時に「家」の当主でもあるから、指揮官は部隊の所有者でもある。国家に雇われて指揮権を付与されているにすぎない近代軍隊の将帥とは比較にならないくらい、大きな権能と責任とを独占する立場にあるわけだ。

したがって、当主権力を補佐する近臣や吏僚層（事務的業務に当たる）は存在しても、近代軍隊のような作戦参謀は存在しない。というより、作戦の企画立案を専門とする参謀は、軍隊が近代化する中で生まれたポジションなのであり、戦国時代の軍隊に参謀の姿を探し求めること自体が間違いなのだ。実在の山本菅助も、信玄の懐刀ではあったが、作戦参謀と呼べる立場にはなかったはずだ。

勘助が軍師のように思われてきた背景には、『軍鑑』が彼を信玄の「軍配者」として記している、という事情がある。『軍鑑』の記述を点検してみよう。

永禄四年に川中島合戦之時、討死せし山本勘助は信玄公旗本に足軽大将の中、五人すぐられたる名人と云ひ、是も軍配鍛錬の者なり（品第七）

ただしこの一文は、「軍配者」として数々の「奇特」（スピリチュアルな効果）をなした、小笠原源与斎（げんよさい）という人物についての記述のなかに現れるものだ。そして、勘助の軍配には源与斎のような「奇特」はなかったが、戦陣における「雲気・烟気」をよく読み、すぐれた計略を進言したので、信玄は勘助を重用したのだ、と述べている。

軍配者としての菅助

軍配は大将が軍勢を指揮するためにふるうもの、というイメージがある。ただ、実際の軍配は、軍陣における呪術用具という性格も強くもっていた。軍陣において日時や方位などの吉凶を占い、彼我の陣から立ち上る「気」を見定めるような呪術的行為としての「軍配」の術に、勘助は熟達していたというわけだ。

「軍配」のような呪術的行為は、戦国時代の軍陣には不可欠の要素であり、武将たちはしばしばそうした吉凶占いに基づいて行動していた。生と死とが隣り合わせる戦場は、同時に不可測性と流動性とに満ちた空間でもある。しかも、判断を下すために必要な情報は常に不足していて、指揮官はしばしばコインを投げるような一か八かの決断を要求される。そうした戦場に生きる将兵たちが、日時や方位の吉凶を占ったり、験をかついだりする行為を必要としてきた事情は、古今洋の東西を問わない。

たとえば、第二次大戦期におけるアメリカ航空技術の結晶といえるB29爆撃機は、空力的性能を最大限に発揮させるため、迷彩塗装を施さず磨き上げたジュラルミン地肌のまま飛んだが、その機首には生還を期したおまじないとして、しばしば美女のピンナップが描かれていた。似たような事例は、現在にいたるまでいくらでも見つけることができる。科学的思考や合理主義と、ある種の呪術的行為とは、容易に同居・両立しうるのだ。

また、血液型による性格判断のように、現代の科学では因果関係が否定されていることでも、信じている本人にとっては科学そのもの、というセオリーもある。戦国時代の人々が、戦陣に立ち上る「気」を読む行為を、彼らなりの「科学」と考えていたとしても不思議ではない。

筆者は、実在の山本菅助が、『軍鑑』の伝えるような「軍配者」であった可能性は高いと考える。大名家への仕官を求める菅助にとって、「軍配」の術は売りになったはずだからだ。あるいは、戦術家としての観察眼や直感でつかんだ敵の様子を、軍配術の形を借りて進言していたのかもしれない。

山本菅助とは何者だったか

このように考えてくると、第四次川中島合戦における菅助の戦死も、なかなか意味深長な出来事であったように思える。信玄は、この合戦で結果として戦術判断を誤り、本陣すら崩されかけた武田軍は多くの人的損失を出すことになった。

けれども、直属の足軽大将であり、信玄の懐刀であり「軍配者」でもあった菅助が討ち死にしたことによって、信玄は作戦失敗の責から解放されることになった。しかも、よそ者である傭兵隊長の死は、武田家中の正規構成員からすれば受容できる損失だ。この結末は、享年六十二という菅助の最後の奉公であったのか、それとも信玄の冷徹な駆け引きの所産であったのか。

足軽のような軽装歩兵を戦列歩兵化することによって当主権力を強化し、組織戦を遂行できる軍隊を求めてゆく——武田家中における山本菅助の立場は、戦国大名の軍事力構造がそうした変化を遂げてゆく時代を、象徴する存在のようにも見える。ただここで、本章の冒頭に掲げた問いに依然として答えが出ていないことに、筆者はあらためて気づかされるのだ——山本菅助とは、いったい何者だったのだろうか？

彼の実名は俗説では晴幸とされているが、信玄（晴信）が将軍義晴からの偏諱である「晴」字を下賜することはありえない。実名については『軍鑑』も記していないので、不明とするしかない。また通称についても、『軍鑑』には「勘助」「勘介」の表記が混在しており、一次史料でも「菅助」「菅介」と一定しない。

一方で、菅助が実在の人物であったのならば、少なくとも彼の出自や風体について、『軍鑑』があえて特異な人物造形を加える必然性はなかったはずだ。三河牛窪の生まれで、諸国を遍歴して兵法の研鑽を積んだ異形の男というプロフィールは、案外事実なのかもしれない。ただ、『軍鑑』はそうした話を、「末書」において「山本勘助噂五ヵ条の事」と簡略に記しているのみである。

結局、菅助が何者だったのか、本当のところは信玄も春日虎綱も小幡景憲も、誰も知らなかったのだ。何者とも知れぬ一人の男が、戦国時代半ばの武田家中で足軽大将として活躍し、人々に強い印象を残して去っていった——彼にまつわるさまざまな伝説は、歴史に名を残すことなく消えていった無数の足軽たちの、墓誌のようでもある。

第七章

越山

孤高の軍神、関東平野に立つ

北の空から

私事で恐縮だが、筆者は北海道の片田舎で生まれ育った。そんな筆者が、受験ではじめて上京したとき何より驚いたのは、来る日も来る日も乾燥した晴天がつづく、関東の冬空だった。北国の人間にとって、冬空とは重く垂れ込める雪雲を意味していたからだ。

戦国時代、この冬晴れの空に魅せられたかのように、雪国から関東への冬期侵攻を繰りかえした武将がいた。長尾景虎――すなわち上杉謙信である。越後の地に生を得たこの武将は、いったい何を求めて関東で戦いつづけたのだろうか。

一、軍神降臨

少年景虎

長尾景虎は享禄三年（一五三〇）一月二十一日、越後の守護代で春日山城主だった長尾為景の次男として生まれ、庚寅の年にちなんで虎千代と名付けられた。母は一族の古志長尾家だった長尾房景の娘とされる。ライバルとなる同時代の武将たちと比べるなら、甲斐の武田信玄（晴信）より九歳、相模の北条氏康より十五歳若く、織田信長より四歳年長ということになる。

第四章で述べたように、景虎の父である為景は、下剋上によって越後国主の座についた。しかし、簒奪を快く思わない国内諸勢力をまとめきれないまま、政治的な妥協として家督を嫡男の晴景（はるかげ）に譲らざるをえなかった。

こうした複雑な政治情勢をよそに、景虎は春日山城下の林泉寺（りんせんじ）で高僧天室光育（てんしつこういく）の薫陶を受けつつ、多感な少年時代を過ごしていた。成人してのちも景虎は書を能（よ）くし、和歌や能・琵琶なども嗜んだことが知られている。また、のちに彼が残す書状類からは、ひとかたならぬ教養と知性が感じられるが、こうした文化的素養の基礎は、林泉寺での少年時代に培われたものであろう。

一方、穏健路線をとらざるをえなかった兄の晴景は、国内の反対勢力の対応に苦慮していた。さらに、守護の上杉定実（さだざね）が隣国出羽の伊達（だて）氏から養子を迎えようとしたことが発端となって、越後は内戦状態に陥ってしまった。事態を収拾するため、兄の晴景に請われて栃尾（とちお）城に入った景虎は、中越地方の敵対勢力をまたたくまに制圧して諸将を驚かせた。そして、景虎の軍事的手腕を嘱望する声が高まるようになると、これに危機感を覚えた晴景と景虎の兄弟は、次第に対立するようになっていった。

ちなみに、このとき景虎派だった主要勢力には、中越地方の古志長尾家（景虎の生母方）や栖吉（すよし）長尾家、直江（なおえ）氏、下越の中条（ちゅうじょう）氏、公銭（こうせん）方つまり財務官僚の大熊氏、為景以来の親交があった北信濃の高梨（たかなし）氏などがある。

越後を統べる

結局、この対立には上杉定実が割って入り、晴景が景虎に家督を譲って隠退することによって何とか決着を見た。こうして天文十七年（一五四八）、景虎は奇しくも父為景と同じ十八歳で長尾家を嗣ぎ、春日山城主となった。

注意したいのは、景虎が最初から用兵家として登場してきたことだ。ライバルたちと比べてみると、たとえば武田晴信（信玄）はクーデターによって父信虎を放逐し、家臣らの支持を取り付けるという政治的プロセスを踏むことによって、武田家当主となった。また、順当な家督継承をつづけた北条家の場合、若い新当主は父の庇護と後見のもとに政治や軍事の実績を積みながら帝王学を身につけていった。

これに対し、景虎は政治家として経験を積む充分な機会も与えられないままに、軍事的手腕を嘱望されて家督を嗣ぐことになった。要するに、周囲の支持者たちは景虎を軍神としてまつりあげ、まだ人間のどす黒い欲望を知らない十代の若者も、その気になったのだ。景虎に与えられていたのは、最初から戦争であった。

二年後、傀儡とはいえ守護だった定実が没すると、越後上杉家は絶えてしまった。京の将軍家は景虎に対し、為景・晴景と同じように白傘袋と毛氈鞍覆の使用を認めて守護待遇とした。この当時は将軍家も慢性的な内戦のなかにあったから、各々の国を統括して戦費を献上してくれる「国主」が必要とされていたためである。

とはいえ、上からあてがわれた権威だけで統治できるほど、越後の国内情勢は甘くはない。わけても、景虎の姉（仙洞院）の嫁ぎ先だった長尾政景（上田長尾家）は、先の兄弟対立に際して晴景派の中心となっていたこともあって景虎と折り合いが悪く、天文二十年に入る頃には両者の間で戦端が開かれるにいたる。

この戦いは、兵力で劣勢に立たされた政景が折れて和睦を申し出ることになる。越後国主としての地位を自力で確保しなければならない景虎は、この事件をあくまで軍事的に決着させたかったが、周囲から強く諫止されて政景との和睦を受けいれざるをえなかった。

空白の八年間

一般に景虎の「越山」、つまり関東侵攻は、北条氏康によって上野を逐われた管領山内憲政の要請によるもの、と説明されている。これまで本書で述べてきたような上杉家と長尾家との関係を考えるなら、この支援要請には一定の必然性があることがわかる。

とはいえ、実際の越山にいたる経緯はそれほど単純ではない。氏康の圧迫に苦しむ山内憲政が、最初に景虎に支援を要請したのは天文十八年（一五四九）のことだ。このとき景虎は上野に出兵したが、短期間で撤退している（本書では越山にはカウントしない）。

景虎としてみれば家督についた直後のことであり、本格的な外征を行う余裕などがなかったのであろう。また、永禄初年に北条軍の一部が越後に侵入し、景虎がこれに脅威を感じていたという説もあるが、侵入に対するなら国境の防備を強化すればよく、大挙して相模にまで侵攻する必要はない。

憲政が本拠だった上野平井城を逐われたのは天文二十一年（一五五二）で、景虎は前年には長尾政景を屈服させて一応の国内統一を見ていた。にもかかわらず、自身が関東の戦場に現れるのは、永禄三年（一五六〇）のことである。なぜここに八年ものブランクが生じるのかという問題は、これまでほとんど注目されてこなかった。しかし、越山という軍事行動の意味を理解するために、この八年間のブランクについて考えてみたい。

まず押さえておきたいのが山内憲政の動向だ。実は、憲政が景虎と会った時期についてはは明確に特定できていない。前後の状況から考えると、平井城を脱出した憲政は、とりあえず上野北部に潜伏しながら景虎に支援要請を繰りかえし、しかるのちに上越国境を越えてしばらく長尾政景のもとに身を寄せていた、と見るのが妥当だろう。政景の治める上田荘は、越後にありながらもともと関東管領の所領であり、上田長尾家は管領家とも深い関係をもっていたからである。

だとすると、景虎が越山を決意した背景には、憲政を放置しつづけた場合、政景と結んで独自の動きをはじめかねないことへの危惧があった、と見るべきだろう。さらに景虎には、永禄三年までの間に対処しなければならない課題がいくつもあった。

山積する課題

景虎が対処すべき課題のひとつは、国内で繰りかえされる国衆どうしの諍いであった。各地で起きる所領をめぐる相論は簡単には決着しなかったし、先年の伊達時宗丸（ときむねまる）入嗣問題を発端とする揚北（あがきた）衆の抗争なども、ことあるごとに再燃していた。しかも、この種の問題は、どちらかが一方的に悪いと断じられるような性格ではないため（裏を返せばどっちもどっちだ）、軍勢を差し向けて討伐するというわけにもゆかず、かと言って双方が感情的になっているゆえに理のみを説いておさまるものでもなく、結局は辛抱強く調停をつづけるしかなかった。

二つ目は北信濃の問題——つまりは川中島における武田信玄との対峙である。景虎の生涯ではじめての本格的外征となったこの戦いは、村上義清（よしきよ）・高梨政頼（まさより）といった北信濃の国衆が、信玄の圧迫に耐えかねて景虎に支援を請うたことに端を発している。都合五回に及ぶ川中島の対陣は、通説的には村上・高梨らに頼られた景虎が義に感じて出兵したとか、北信濃が武田軍の版図に入った場合、越後府中までの戦略縦深が確保できなくなるため、と説明されることが多い。けれども、歴史的経緯を踏まえるともう少し別の事情が見えてくる。

そもそも長大な越後国のなかで、府中のある上越地方は北信濃と地理的に近く、人的・経済的交流も密であった。北信濃の国衆は為景の代以来、越後の内乱と深く関わってきており、景虎の家督継承に際しても高梨政頼は擁立派の一角を担っていた。

もし、武田軍の行動を黙認しつづけたならば、北信濃と関係の深い越後国衆の統制にも支障が出よう。政頼らが苦境に立たされているのを見たとき、北信濃へ出兵して武田軍を駆逐しよう、と景虎が考えたのはごく自然な成り行きであった。こうして景虎は、天文二十二年

（一五五三）につづいて弘治元年（一五五五）にも善光寺平に出陣して武田信玄と対峙したものの、大規模な主力同士の会戦にはいたらなかった。

もうひとつ、景虎が関心を寄せていたのは、京都である。信玄との最初の対陣を終えた直後の天文二十二年、景虎は二千の兵を率いて上洛した。そして将軍義輝（当時は義藤）にも拝謁しようと試みたものの、三好長慶と抗争中の義輝は近江にあって京の町は三好軍が実効支配している状態だったため、代わって後奈良天皇から越後と周辺国の敵対勢力を討伐してよいという、いわゆる私敵治罰の綸旨をえた。

このように中央から特権を得るやり方は、本来守護代である長尾家が国主として振る舞うために必要な方策として、為景・晴景以来つづけてきたことである。また、景虎が家督を継承した過程や、定実の死去によって越後の守護家が断絶している状況を考えるなら、国主としての体面にこだわるのは当然ともいえた。

景虎出奔

京都から帰った翌年早々、刈羽郡の北条高広が信玄に内通しているとの報告がもたらされた。私敵治罰の綸旨をえて、越後国内の反抗分子を討伐し、武田軍と戦うことの正当性を主張できるようになった景虎は、意気揚々と兵を発したものの、周囲の取り成しによって高広の帰参を許さざるをえなくなった。内通云々は、あるいは武田側の謀略情報だったのかもしれないが、真相は不問に付されることになった。

軍事的手腕を嘱望されて家督に就いた景虎ではあったが、近臣や国衆たちに擁立されて国主の座にある以上、彼らの利害を体現しなければ国主権力たりえない。しかも「彼らの利害」は厄介な問題だった。たとえばこの時期、近臣である直江実綱（さねつな）・本庄実仍（ほんじょうさねより）と、公銭方奉行人の大熊朝秀（ともひで）との対立が深刻化していた。

弘治二年（一五五六）の六月、二十六歳になった景虎は突如として隠退を宣言し、春日山を出奔して高野山に向かった。このとき、恩師である天室光育に宛てた書状では、自分がこれまで越後のために尽くしてきたので国は豊かになったにもかかわらず、国衆たちの諍いはかえってやまない、と嘆いている。結局、宿老らが懸命に説得したため、景虎も翻意して八月には春日山城に戻ることになる。

この出奔事件については、これまで多くの研究者たちが、一種の政治的「狂言」と推測してきた。事件を機に景虎は、国主の座にとどまる条件として国衆たちから起請文と人質の提出を求め、結果的に彼らの統制を強化することに成功している、というのがその根拠である。

しかし筆者は、この考え方に賛成できない。執務を放棄して春日山城の一室に籠居するならともかく、国外に出奔するという行為は「狂言」としてはリスクが大きすぎるからだ。この時代、出征や外遊の最中に本国でクーデターが起こり、帰城できなくなった武将の例はいくらでもある。

仮に誰もクーデターなど起こさなかったにしても、何かのはずみで騒動が生じてしまえば、国内はたちまち景虎派と反対派とに分裂して、容易には収拾できない事態に陥ったであろう。

火種などいくらでも転がっており、国内に内通者が存在しない保証もないのだ。実際、くだんの大熊朝秀は、景虎の出奔中に府中を追い落とされて越中へと逃亡し、武田信玄の指嗾によって挙兵する始末であった。

おそらく景虎は、国主という立場に本当に嫌気がさしたのだ。それゆえに、近臣たちも出奔が本気であることを感じ、結束して景虎の復帰を求めたのではなかったか。近臣たちも国衆たちも、それぞれの利害や思惑や主張をもっていたが、それらを実現するためには越後という枠組みが必要であり、国主というタガが外れれば越後はバラバラになってしまうのだ。ともあれ春日山城に帰った景虎には、ただちに対応を要する問題が待っていた。越中から攻め入ってきた大熊朝秀を退けるために兵を差し向ける必要があったし、年貢収納の季節を前にして、朝秀が抜けたあとの公銭方の手当も考えなければならなかった。戦争と政治という、国主としての日常が景虎に戻ってきた。

二、景虎、関東を席捲す

地ならし

翌弘治三年、武田軍は再び北信濃に侵攻して越後方の拠点を次々と攻略した。景虎も四月には川中島方面に出撃して、信玄との三回目の対陣に及んだ。この戦いで、景虎は大胆な機動で幾度も武田軍をおびやかしたものの、双方が戦術的な駆け引きを繰りかえしたために、主力どうしによる会戦はついに起きなかった。半年近い対陣を終えて越後に帰国する際、景虎は戦線を整理して、高梨政頼ら北信の諸将を飯山城に後退させた。

二年後の永禄二年（一五五九）、景虎は五千もの兵を率いて再度上洛し、数ヶ月間滞在して将軍義輝への拝謁を実現させたほか、各方面の文化人たちとも親交を結んだ。この上洛の成果として景虎は、足利一門や幕府管領家なみの「裏書御免」の文書形式、塗輿や屋形号の使用といった特権を認められた。幕府から正式に守護としての待遇を得るという、前回の上洛でお預けとなっていた課題をようやく、しかもおまけ付きで果たすことができたわけだ。景虎はさらに折衝をかさねて、信濃の国衆と山内憲政に対する支援を認める御内書をも義輝から取り付けた。

そもそも越後・甲斐・駿河の国々は、関東に対する押さえとして室町幕府から位置づけられており、関東における争乱に際しては、越後上杉氏・甲斐武田氏・駿河今川氏が幕府軍の尖兵となってきた。景虎はこうした歴史的経緯を踏まえた上で、関東に出陣するための地ならしとして、義輝の御内書を得ることにこだわったのである。

明けて永禄三年（一五六〇）、武田信玄と結んで反景虎の兵を挙げていた神保長職を攻めるため、景虎はまず越中に出兵した。帰国して内治にいそしむ景虎に対し、春日山城下に寄寓していた山内憲政は、関東にも兵を出してくれるようしきりと懇望してきた。こうしたさなか、房総の里見義堯からの救援要請が届いた。北条方の大軍が、里見氏の重要拠点だった久留里城に迫っていたのである。条件は整った。

三国峠を越える

八月二十九日に憲政を擁して春日山を出陣した景虎は、越後各地から糾合した八千の軍勢を率いて三国峠を越えた。そして、沼田城の北条軍守備隊を蹴散らして上野北部をまたたく間に制圧し、九月末には厩橋城に入った。かつて憲政を見限って北条家の軍門に降っていた上野と下野西部の国衆たちが、景虎のもとに集まってきた。

対する北条氏康は、ただちに久留里城の包囲を解いて主力を松山城方面に転進させた。しかし、これまで不本意ながら北条家の下に甘んじていた岩付城の太田資正や、忍城の成田長泰は景虎方に立った。このため、氏康は景虎軍を北武蔵で迎撃するのは困難と判断し、河越・江戸といった重要拠点の防備を固めさせると、主力を率いて相模に後退し、三国同盟を結んでいた武田信玄と今川氏真に援軍を要請するしかなかった（註）。

将軍家の要請によって関東管領家を再興するという大義名分が、絶大な威力を発揮しつつあった。上野や武蔵の国衆のなかには、もともと自分たちは上杉家の被官だという意識があるから、この状況下で北条側に立ちつづける勢力は、逆賊であり裏切り者である。よってこれを敵として討滅すれば、その所領を恩賞として得ることができるが、もたもたしておれば逆に自分が攻撃対象にされかねない。

こうして、深谷上杉氏・多摩の三田氏など、武蔵の諸氏が続々と景虎側に転じてきた。また、下野・常陸・下総などにおいても、景虎方に立った小山氏や多賀谷氏らが、北条方の結

永禄3年夏、武田軍の北進はほぼ限界に達し、今川家は同年5月の桶狭間合戦により義元が討ち死にしたことから、その勢力は退潮にあった。関東では一人、北条家が勢力圏を拡大していたが、そのため、関東の諸勢力は反北条として結集しつつあった。

【長尾家の勢力範囲と城】
城(丸囲みは本拠)

【親長尾方勢力】
城　氏名

【北条家の勢力範囲と城】
城(丸囲みは本拠)

【武田家の勢力範囲と城】
城(丸囲みは本拠)

【今川家の勢力範囲と城】

【その他の反長尾方勢力】
氏名

城氏や壬生氏らを攻撃していた。下野・常陸・房総諸国の国衆や大名は本来、上杉家の被官ではなかったが、関東管領は関東の諸勢力に対する一定の軍事指揮権を有していた。北条家討滅という大義を掲げることによって、景虎は彼らに対しても公権の行使による参陣要求ができたのである。

(註)北条氏康は、表向きは前年の永禄二年に氏政(うじまさ)に家督を譲っていたが、なおしばらくの間は氏政を後見して外交・戦略における実権を保っていた。

鎌倉への転進

翌永禄四年二月、厩橋を発して南下をはじめた景虎軍は、たちまち雪だるま式にふくれあがった。古河公方家の宿老衆や(註)、結城氏配下の領主の中からも景虎方に転ずる者が続出する。息を吹き返した里見軍も反攻に出て葛西城を陥れる一方、優勢な水軍力を利して浦賀水道を押し渡ってきた。三月下旬になると景虎軍は大挙して相模西部に押し寄せ、先鋒は酒匂川を渡って小田原の城下を灰燼に帰せしめたものの、景虎はついに氏康・氏政父子の籠もる小田原城を攻略することなく、鎌倉方面に転進していった。

この時の景虎軍の総数について、軍記類があげる一〇万以上という数字は過大であるとしても、三〜四万程度には達していたと見てよい。一方の北条軍側は、上野・北武蔵方面の前哨戦で兵力を消耗しているうえ、江戸・河越・滝山・玉縄などの主要拠点にも守備兵を割かなければならなかったから、小田原に籠城していたのは一万内外であったろう。このように、景虎は兵力では圧倒的に優位であったにもかかわらず、小田原城攻略をあきらめた。なぜであろうか。

理由の第一は、景虎の率いていた軍勢が寄合所帯だったことである。彼らは「大義」のもとに結集してはいるが、基本的には利害も思惑もバラバラな集団だ。対する北条軍は、数的には劣勢だが統一された意思をもった精鋭である。数にものを言わせて攻城戦を強行すると、失敗した場合に一気に崩壊するリスクが大きい。

第二に兵站（補給）の問題がある。この問題については、兵站線の長さに目が向きがちではあるが、戦国時代における「補給」は、実態としては現地調達に負う部分が大きい。現地調達の実態は、商人からの買い付けか略奪による。したがって後方連絡線が長くのびたとしても、敵領内を動き続けるかぎり、略奪によって軍隊は簡単には飢えないが、大軍による攻城戦が長期化すれば、兵站には本格的な手当が必要となる。しかも、各地の拠点を保持していた北条軍の一部は景虎軍の背後を攪乱しつつあったから、兵站の手当はかなりの難題となる。小田原城を前にした景虎軍は、こうした問題に直面せざるをえなかったのだ。

さらには、季節的な要因も見のがせない。中世においては、秋に収穫した米などが払底しはじめる春先から麦秋、つまり初夏にかけての季節に食糧事情が逼迫する。景虎軍が小田原に迫った三月下旬（旧暦）はこうした問題が兆しはじめる時期である。しかも、北条軍は拠点城郭への食料集積を進めていたから、このまま小田原で長陣になれば景虎軍の兵粮（ひょうろう）調達が困難になるのは時間の問題となっていた。実際、こののち繰りかえされる越山においては、四月には上野に後退して帰国するのが常となっている。

（註）天文十五年（一五四六）の河越夜戦ののち、氏康は古河公方の足利晴氏に圧力をかけて長子の藤氏（ふじうじ）を廃嫡させ、氏康の妹（芳春院）との間に生まれた義氏（よしうじ）に家督を譲らせて公方を傀儡化していたが、晴氏・藤氏と宿老衆の一部はこれに不満を抱いていた。

関東管領上杉政虎

景虎が撤退を決意した理由の第三として、北条家と同盟関係にあった今川・武田両家の動向がある。すでに今川軍の先遣部隊は河越城守備隊に合流してかなりの活躍を見せていたし、氏真自身も主力を率いての出撃を確約していた。信玄も甲相国境に進出しつつあり、北信濃の武田軍も景虎の背後を牽制するべく蠢動（しゅんどう）しはじめていた。景虎としては、相模の戦場で信玄と衝突することは望ましくなかっただろうし、今川・武田両軍の主力が小田原近傍まで進出してくれば、戦局が膠着する公算は大きい。

以上のようなリスクと戦果――関東の諸勢力を味方につけ、北条家の領国を大々的に蹂躙した――とを秤（はかり）にかけたうえで、景虎は小田原城攻略を断念したのであろう。ただし、これは景虎にとって退却ではなく、転進であった。なぜなら、彼は重要な目的をもって鎌倉に向かったからである。

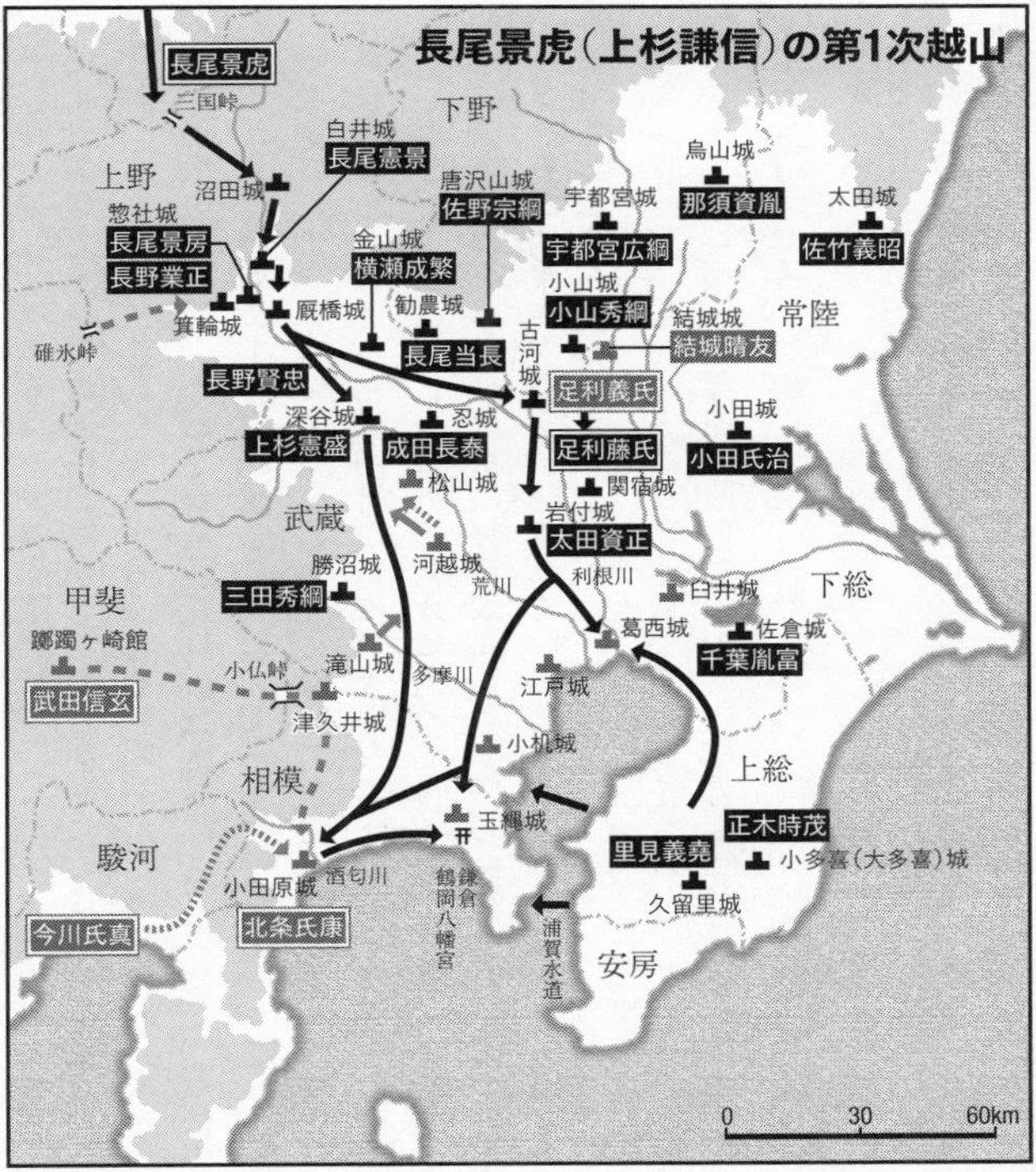

長尾景虎（上杉謙信）の第1次越山

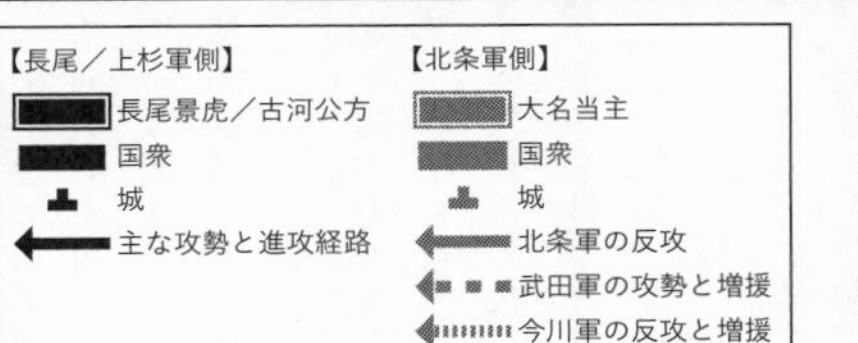

長尾景虎（上杉謙信）は、関東管領復活を大義名分に関東の諸勢力を糾合し、圧倒的な軍勢で北条領を席捲した。だが、北条氏康も、拠点城郭を固守するとともに、進攻軍の後方連絡線に脅威を与えて粘り強く防戦した。

閏三月十六日、参陣諸将とともに鶴岡八幡宮に参詣した景虎は、ここで山内憲政から正式に関東管領職と上杉家の名跡を継承した。と同時に、氏康の傀儡だった古河公方の足利義氏に代わって、新たに藤氏を擁立することを表明した。さきに北条家が義氏を公方に擁立したのち、前公方の晴氏と廃嫡された藤氏は義氏と対立していたが、謙信の越山によって、宿老の簗田氏らとともに上杉方に属していたのである。

景虎がこれまで幕府に大金を積んで獲得してきた、白傘袋だの塗輿だのといった小道具や、将軍義輝からもぎとった御内書がここで大きな意味をもった。すでに北条家も関東管領を称していたが、これは前古河公方の晴氏に迫って得ていた称号にすぎない。関東管領の職は、関東の公方ではなく本来は京の将軍家によって任じられるのが筋なのだ。京の将軍家と太いパイプを有し関東の支配を公認されている景虎と比べたとき、小田原の氏康・氏政父子の名乗る管領職は、いかにも胡散臭かった。

ちなみに、景虎はこのとき山内憲政から偏諱を受けて上杉政虎と名乗り、さらに将軍義輝からも一字を拝領して輝虎と改名し、のちには得度して謙信と称するが、繁雑なので本稿では以下「上杉謙信」で統一する。

川中島へ

鎌倉で盛大な襲名披露式を挙行した謙信は、武田・今川軍主力との離隔をはかりながら四月には厩橋まで後退し、しばらく北条軍の動きを牽制したのち、六月末には三国峠を越えて越後に帰国した。すでに、北信濃では武田軍が動きはじめていたし、越後の国内情勢も気にかかるところであった。

　実際、謙信は関東出陣にあたって、近臣たちに留守中の処置をこまごまと指示していた。その中には、春日山城を改修して油断なく警備することや、不測の事態が生じた場合は近隣から民兵を徴発して春日山城の守備隊を補強すること、国内に不穏な動きがあればただちに陣中に報告すること、といった項目が含まれている。

　一方、上杉軍が関東遠征で疲労していると見た信玄は、越中一向一揆を指嗾して謙信の背後を牽制しつつ、自らは北信濃での覇権を確立すべく二万余の大軍を率いて川中島に進出してきた。春日山で一息ついていた謙信は、この急報に接すると越中一向一揆への対応を長尾政景に指示し、一万三〇〇〇の兵を率いて川中島へと出陣していった。関東を制するためには、武田軍を撃破しておかなければならないことを理解したからである。

　これを知った信玄も、西相模で捕捉しそこなった上杉軍主力と雌雄を決することを覚悟した。川中島における両軍の対陣は、四回目にして大規模な主力決戦にいたる必然性を孕んだのである。

　この第四次川中島合戦は、戦術的には痛み分け、戦略的には海津城と川中島を確保し通した信玄の勝ち、と評されることが多い。けれども、武田軍の勢力圏内に楔（くさび）を打ち込むように妻女山（さいじょさん）に布陣することで信玄に決戦を強要し、相手の数的優位が決定的に作用する以前にすばやく戦場を離脱した謙信の用兵は、やはり鮮やかである。ここでの上杉軍の目的は短期間で敵に痛打を浴びせることであり、謙信は数的には劣勢だが使いなれた越後勢を存分に動かして、この目的を相応に達成したことになる。

北条軍の反攻

一方、長年にわたって営々と築き上げてきた成果を台無しにされ、満面に泥を塗りたくられた恰好の北条氏康・氏政父子は、力ずくの失地回復に打って出た。謙信が越中や北信濃で拘束されることを見越し、八月になると温存していた主力を繰り出して、転向勢力に対する報復攻撃を開始したのである。

まっ先に血祭りにあがったのは、多摩地方の有力国衆だった三田氏である。三田氏の討滅は、周囲に少なからぬ見せしめ効果を発揮したようで、九月以降、北条軍が松山城方面に進出すると、北武蔵・上野・下野の国衆たちの中には動揺が広がった。

川中島合戦ののち休養していた謙信も、この事態に応えて十一月には二度目の越山を行い、翌永禄五年三月にかけて上野・下野方面を転戦した。ただし、今回は北条軍と連動した武田軍が西上野に侵入して上杉軍の動きを牽制したので、思うように戦果を拡大できなかった。このように見てくると、越山と川中島の合戦とは、戦略的には密接に連関して展開していたことがわかる。

上杉軍が思うような戦果を上げられずにいるなかで、忍城の成田長泰をはじめとした北武蔵の国衆や下野の佐野氏らが謙信の軍門を離れていった。謙信は、報復措置として佐野氏の唐沢山城など数箇所の拠点を攻略したものの、古河城で孤立していた憲政を収容して越後に引き揚げざるをえなかった。せっかく擁立した公方の藤氏も、里見氏を頼って安房に落ちのびて行くこととなった。

しかも春日山に戻った謙信は、勢力を盛り返した神保長職と戦うために越中への出陣を余儀なくされ、この間に北条軍は武蔵各地で攻勢に転じた。九月に入ると、武田信玄が再び上野に侵攻して上杉方の拠点を次々と陥れ、さらには北条軍と連携して北武蔵の要衝松山城に迫った。松山城は、さきの越山の際に岩付の太田資正が攻略して、そのまま在城していたのである。

関東平野のオセロゲーム

太田資正からの急報に接して越中から戻った謙信は、三度目の越山を敢行して上野で年を越し、北条・武田連合軍を前によく持ちこたえている松山城を救援するため、南下をはじめた。しかし、包囲下にあった資正は上杉軍の接近を察知できず、翌年の二月四日、謙信が荒川東岸の石戸まで進出したところで、力尽きて開城してしまった。

戦局の焦点となっていた松山城を目の前で敵に奪われた謙信は切歯扼腕し、成田長泰の忍城や騎西城など、北条方についていた国衆たちの城をすさまじい勢いで踏みつぶし、松山城以北の北武蔵、上野から下野西部、下総の北西部にかけての地域を再び勢力下に組み敷いた。とはいえ、いつまでも関東にとどまることはできない。四月下旬に越後に帰国してみると、色部氏と平賀氏が互いの小旗の紋様が似ていることをめぐって揉めており、謙信はこうした問題を一々調停しなければならなかった。

こののちも謙信は年中行事のように十一月頃に越山し、四月になると帰国するというパターンを繰りかえし、その合間に川中島に出陣して武田信玄とも対峙しなければならなかった。そして、謙信が帰国すると同時に北条軍は反攻に出て、ときに武田軍と協働しながら上杉方の拠点を攻略する、というパターンを辛抱強く繰りかえした。

関東における両者の戦いは、さながらオセロゲームのごとき様相を呈することとなった。謙信は幾度となく盤面の中央を雪のような白に染めたが、結局は北条軍が盤面を黒く塗りつぶしてゆくのだった。

第五次越山中の永禄九年（一五六六）三月には、関東平野の奥深くまで攻め込んで、原胤貞の下総臼井城を攻囲した。しかし、北条方の援軍が接近していることを知った関東の国衆たちが浮き足立って、攻囲作戦は失敗してしまった。

また、この年の十月からはじまった第七次越山では、謙信が上野・下野を転戦している最中に、厩橋城を守っていた北条高広が調略に乗って離反してしまった。苦境に陥った謙信は佐竹義重と連携して事態を切り抜けようとしたものの、双方の思惑が一致せずに連携作戦は不発に終わった。関東における上杉軍の勢力範囲は、徐々に後退していった。

越相一和

永禄十一年（一五六八）、越中に出陣していた謙信のもとに、揚北の本庄繁長（しげなが）が謀叛したとの急報が届いた。信玄の調略によるものだ。ただちに帰国した謙信は、北信濃と越中国境の手当をしたのち本庄氏討伐に向かったが、今度は北条軍が機に乗じて上野北部に侵攻してきた。かつてない窮地に陥った謙信であったが、事態は意外な方向に急展開する。

武田軍が三国同盟を破って駿河に侵攻し、今川氏真の支援を決意した北条家と対立するにいたったのである。本庄攻めの陣中にあった謙信のもとには、何と小田原の北条氏政から同盟の提案が持ちかけられてきた。謙信は、陣中から周辺諸国の芦名・伊達・里見・姉小路といった諸勢力にさかんに使者を放って情報収集に努めた。そして、翌十二年の三月には人質を出させて本庄繁長を赦免し、つづいて氏政との同盟に向けて本格化な条件交渉に入っていった（註）。

この交渉において、北条側は伊豆・相模・武蔵が自国領、上野が上杉領という線引きを主張したが、謙信は北武蔵の国衆領（成田氏の忍領・太田氏の岩付領・上田氏の松山領・広田氏の羽生（はにゅう）領・深谷上杉氏領など）――すなわち永禄四年時点での勢力範囲――を上杉領として主張し、なかなか折り合いがつかなかった。長年戦いつづけてきた当事者の間に、根強い不信感がわだかまっていたのだ。

それでも、六月までには北条家側が上野と関東管領家の名跡を謙信に引き渡すこと、その代償として北条家の擁する義氏を古河公方として認めるなど、大筋の条件で合意に達し、双方が起請文を交換して一応の同盟関係が成立した。後顧の憂いを何とか取り除いた謙信はただちに越中に出兵し、つづいて十月からは九回目の越山にかかった。これを知った氏政は、上杉軍が上野西部で武田軍を牽制することを期待したものの、謙信は翌春にかけて下野から上野東部の佐野・館林（たてばやし）方面を転戦して、自軍の勢力回復を優先させた。

苦労して締結した同盟を何とか有効に機能させたい氏政は、謙信の歓心を買うため前述した北武蔵の国衆領を割譲するなど条件面での譲歩を見せ、さらに弟の三郎を人質に送ってよこした。謙信は、この三郎が眉目秀麗な男子であることを喜び、春日山に連れ帰ると景虎と名付けて養子とした。

以降も謙信は、関東と越中とに交互に出兵したものの、北信濃に再び足を向けることはなかった。この頃から、徳川家康や織田信長がしきりと接触を求めるようになってきたからである。謙信の関心は、次第に西へと移りつつあったのだ。

（註）この同盟交渉に当たって、北条家側は氏康・氏政父子だけではなく、氏政の弟である氏照（滝山城主）・氏邦（鉢形城主）らもそれぞれに接触を試みている。この方法は、一見すると交渉の窓口がバラバラなように見えるが、実際は北条家内部の意思統一が図られていることを謙信に印象づける上で、かなり有効だった。また、実際に関宿（せきやど）城や北武蔵などの戦場で、上杉軍と直接対峙する機会の多かった氏照や氏邦から、具体的な条件提示を行ったことも効果があった。

乏しい果実

一方、謙信が武田軍と戦うことに消極的である様子を見た北条氏政は、次第に同盟の有効性を疑問視するようになっていった。そして、元亀二年（一五七一）に越相同盟に積極的だった氏康が死去すると、氏政は謙信と断交して再び武田信玄と結ぶことを決意した。

結局、北条家との短い同盟は、謙信にとっては危地を脱するための時間稼ぎとしては有効だったが、北条軍の圧迫に耐えながら謙信の出陣を望んでいた関東の国衆・大名たちは、梯子をはずされた恰好になった。岩付城を逐われていた太田資正は佐竹氏の客将となるものの、ついに武蔵に帰ることはできなかったし、里見氏は劣勢を覆すことができなくなってゆく。古河公方の藤氏が逃れたのちも公方領を懸命に維持してきた簗田氏は、関宿城主として自力での生き残りを図らざるをえなくなっていった。

また、成田氏ら北武蔵の国衆たちも、自発的に上杉側に属することをしなかったため、謙信は北武蔵を自力で支配することができず、彼らはなし崩し的に北条方に組み入れられていった。この時代、大名間の交渉で支配領域の線引きがなされても、当該地域の支配はあくまで自力で達成しなければならなかったのである（註）。

一方、再び東部戦線の安定をえた武田信玄は、対徳川・織田戦線に本腰を入れるようになり、自軍の背後を安定させるために越中の反上杉方勢力や加賀一向一揆と結んで、しきりと上杉軍を牽制していた。謙信の主戦場は越中・能登にシフトしてゆき、合間を縫うように行

越山年表

第1次越山 永禄3年(1560)8月～ 同4年(1561)6月	上野・武蔵を席捲して小田原城に迫る。
第2次越山 永禄4年(1561)11月～ 同5年(1562)4月	上野。下野を転戦するが、古河を失陥。
第3次越山 永禄5年(1562)11月～ 同6年(1563)4月	松山城救援に向かうも果たせず。北武蔵・下野を制圧。
第4次越山 永禄6年(1563)11月～ 同7年(1564)4月	降雪のため、進軍が遅れるが、小田氏・佐野氏を攻める。
第5次越山 永禄8年(1565)11月～ 同9年(1566)4月	下総臼井城を攻めるも失敗。
第6次越山 永禄9年(1566)8月	上野金山城を攻めるも短期間で撤退。
第7次越山 永禄9年(1566)10月～ 同10年(1567)2月?	厩橋城の北条高広が離反。
第8次越山 永禄10年(1567)10月～ 12月	唐沢山城を攻めて、佐野氏を帰服させる。
第9次越山 永禄12年(1569)10月～ 元亀元(1570)4月	越相同盟を結んで北関東を転戦。
第10次越山 元亀元年(1570)10月	西上野の武田軍を撃退して短期間で帰国。
第11次越山 元亀2年(1571)11月～ 同3年(1572)1月	越相同盟破れる。西上野で武田軍と対峙したのち帰国。
第12次越山 天正2年(1574) 2月～5月	上野で北条軍と対峙。
第13次越山 天正2年(1574) 8月～閏11月	関宿城救援を図るも果たせず。佐竹氏とも決裂。
第14次越山 天正3年(1575) 9月～11月	沼田城の防備を強化したのみで帰国。
第15次越山 天正5年(1577)5月	短期間で帰国。

われた越山も短期間にとどまって、自軍の主要拠点が失陥しないよう手当するのが精一杯となっていった。

(註) 謙信の関東支配は、上野の沼田領・厩橋領・桐生領などは在番衆を編成して、上杉領としての支配を展開していたようだが、他の地域は基本的に国衆領であった。

最後の越山

天正二年(一五七四)、北条軍主力が北上しつつあるとの報に接した謙信は、めずらしく八月に越山して上野から北武蔵を転戦したが、氏政の本隊はこの間に関宿城に迫っていた。松山城失陥の轍(てつ)を踏みたくない謙信は、ただちに関宿方面への急進撃を開始して途中の北条方拠点を蹂躙しつつ、佐竹義重をはじめとした常陸・下野の有力諸将にも連携を呼

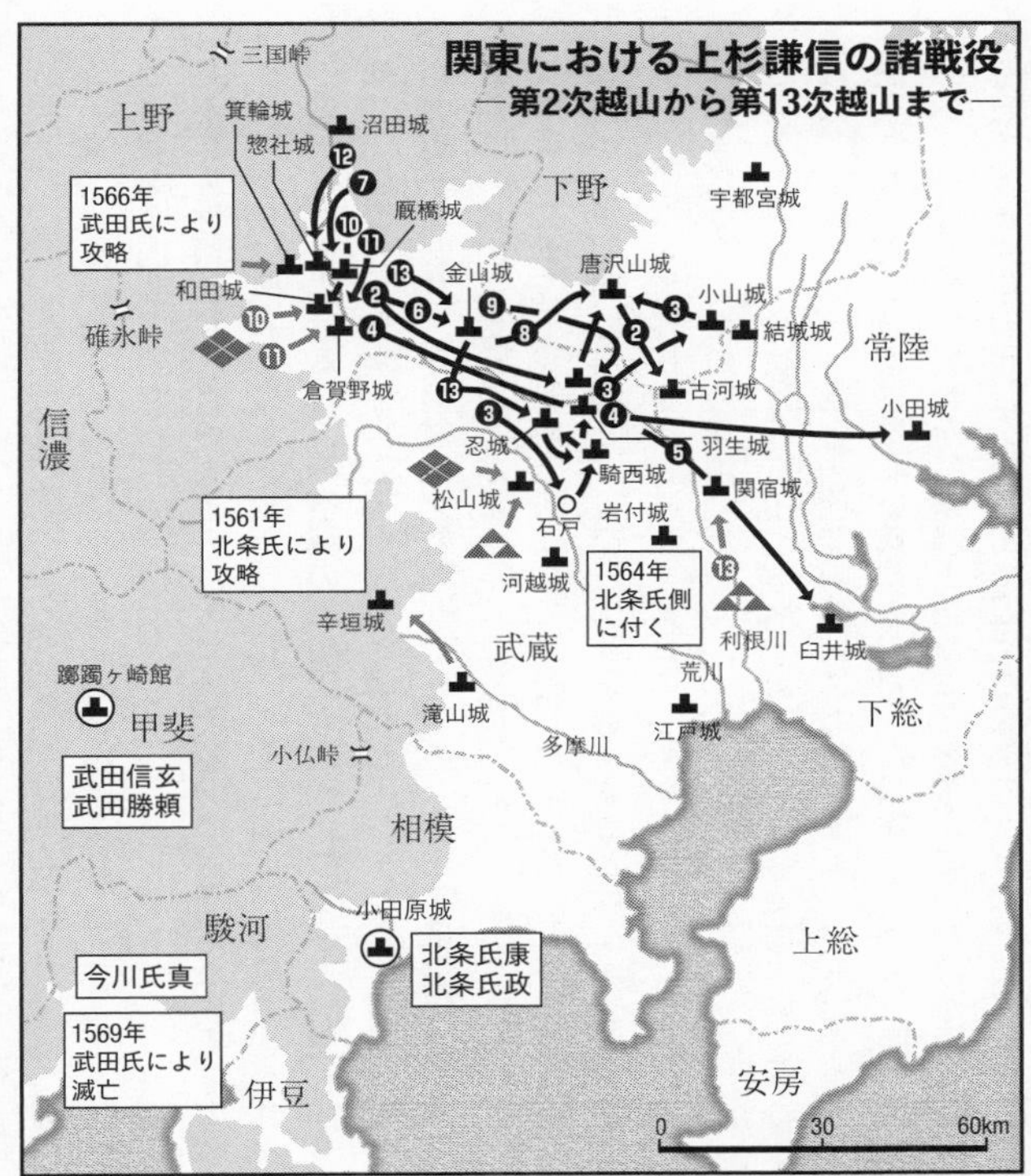

上杉軍の攻勢
北条／武田軍の攻勢　北条軍　武田軍
（数字は“越山”の回数を表し、表の第２次～第13次に対応）
※越山の回数は、短期間の帰国をはさんで作戦を継続している場合もあるので、数えかたによる違いがあるが、ここでは謙信本人が上越国境を越えるごとに1回と数えた。

第1次越山（小田原城攻撃）以外の謙信の関東での軍事行動は、多くの場合、北条軍との係争地であった。またそうした地域への出撃拠点となる北上野は、上杉領として形成されていった。謙信の行動は「関東の秩序回復」以前に、より現実的で「短期的な利害」に基づくものだったといえる。

びかけた。「佐竹殿がモタモタしているなら越後勢だけで決着をつけてしまうが、それでは佐竹の家名に傷が付くだろう」――佐竹義重宛の書状にこう書いた謙信は（註1）、北条軍との決戦を企図していたらしい。

しかし佐竹側はリスクの大きい決戦には消極的で、謙信と義重との会談も決裂して、決戦はついに不発に終わってしまった。そして、上越国境が雪に閉ざされる直前の閏十一月に謙信が越後に引き揚げると、関宿城の簗田氏も北武蔵の上杉方国衆も待っていたように北条方に転じ、佐竹義重や宇都宮広綱も氏政と講和してしまった。謙信は多聞天に願文を捧げて氏政の非道をなじり、その討滅を祈願したものの、翌三年は沼田城の防備を強化するため、秋に短期間の越山を行うにとどまった。

二年後の天正五年、能登を転戦して帰国した謙信は、五月に都合十五回目となる越山を果たしたが、短期間で帰国し、再び三国峠を越えることはなかった。謙信はこの直後に能登に出陣し、手取川で織田軍を撃破して信長の心胆を寒からしめたものの、深追いを戒めて能登の仕置きに専念したのち帰国した。

この年の暮れ、謙信は春日山で「名字尽」という一通の奇妙な文書を残している（註2）。これは、上野・越後・越中・能登の諸国にある、配下のおもだった武将・国衆ら八十一名を列記したものだ。謙信には北条氏政の弟だった景虎と、甥の景勝という二人の養子があったが、あるいはこのいずれかに家督を譲ることを考えていたのかもしれない。

そして天正六年の正月を春日山で迎えた謙信のもとに、関東からまたもや出陣の要請が来た。越中・加賀・能登戦線の一応の安定を見て、ひさびさに本格的な越山に乗り出す気になったものか、謙信は大がかりな陣触れを行っている。また、雪解けを待つ間、出陣の準備を進める傍らで、京都から招いた絵師に自らの法体寿像(ほったいじゅぞう)を描かせたりしていた。だが、三月九日に昏倒して人事不省に陥り、意識が戻らないまま四日後に四十八年余の生涯を閉じた。

（註1）天正二年十一月二十四日付「上杉謙信書状」（『上越市史別編1　上杉氏文書集一』一二三三号）。

（註2）天正五年十二月二十三日付「名字尽」（『上越市史別編1　上杉氏文書集一』一三六九号）。

三、越山とは、大義とは

すり切れる権威

上杉謙信にとって、越山という行為、関東管領という肩書とは何だったのだろうか。謙信という武将は、義を重んじ、あるべき秩序の回復を志していたゆえに、領土的野心をもたずに北信濃や関東への出兵を繰りかえした――と、評価されがちである。

たしかに、関東でも北信濃でも、彼はしばしば大規模かつ果断な作戦を行っているものの、領土的な成果はほとんど得ていない。軍事行動と版図の維持拡張が直結している武田信玄や北条氏康・氏政と比べてみると、たしかに謙信には領土的野心が乏しかったようにも見える。

ただ、謙信の行動原理が義や秩序の実現にあるのだとしたら、越相同盟成立以降の関東における彼の軍事行動は、不義理にすぎる。謙信には、北条氏政と条件を調整しながら関東の秩序回復に向けて尽力する道もあったはずだ。

にもかかわらず、実際には越山しても自軍の作戦拠点を確保するための手当を済ませると、さっさと帰国することが多くなってゆくし、せっかく公方に担いだ藤氏もあっさり見捨ててしまっている。関東管領という肩書に本気で責任を感じていたとは、到底思えない。天正二年（一五七四）に関宿で目論んだ北条軍との決戦が不発に終わったのも、上杉軍の圧倒的プレゼンスが自分たちの生存を必ずしも保証しない、という不信感が関東の諸氏の間にわだかまっていたためではなかったろうか。

まったく同じことが、北信濃に関しても言える。越相同盟が破綻して甲相同盟が復活したのち、信玄の主攻軸は対徳川・織田戦線にシフトしていったから、上杉軍が総力を挙げれば北信濃の武田軍を善光寺平以南まで押し下げて、高梨氏らの旧領を回復してやることは不可能ではなかっただろう。謙信が義を重んずる武将なら、少なくとも突破を試みる価値はあったように思う。

にもかかわらず、ここでも謙信は、武田軍が現状以上に北進しないよう手当を施すにとどまり、村上義清も高梨政頼も、なし崩し的に上杉家中に組み入れられてゆくことになった。正直、こうした関東や北信濃での消極的な姿勢を見ていると、謙信はこれらの戦場に興味を失っていた、としか思えないのだ。

結局、最初の越山において大きな威力を発揮した関東管領の肩書も、翌年に関宿城から山内憲政らを引き取り、藤氏を里見家に亡命させて以降は急速に陳腐化し、越相同盟が成立したのちは、ほとんど意味を持たなくなってしまった。自力のみで存続できない関東の国衆たちは、謙信が席捲すれば謙信に靡いたが、北条軍に圧迫されればそちらにつく、という行動を繰りかえして生き延びるしかなかった。管領という大義名分は、それを身にまとう謙信より、振りかざされる関東の国衆たちにとって大きな意味合いをもったのだ。

かつて関東の地を払った公方と管領という旗印は、北条家の簒奪によってすっかり色あせ、一旦はこれを取り戻した謙信によって繕われたものの、再び乱暴に使い込まれて雑巾のようにすり切れてしまった。同じ頃、上方では三好長慶・松永久秀らによって使い古された将軍・幕府管領の旗印を、信長がお払い箱にしていた。時代は、むき出しの「力」よる統一を志向しつつあったのだ。

謙信を衝き動かしたもの

そもそも、最初に憲政からの支援要請を受けたとき必ずしも積極的ではなかった謙信（景虎）が、なぜ何年もかかって関東へと意識を向けたのだろうか。この間に生じた最大の戦略的情勢変化が北信濃での武田信玄との戦いであることを考えるならば、三回にわたる外征が謙信の目を関東へ向けさせた、と考えるのが妥当だろう。

川中島での対陣は、外征がもついくつかのメリットを謙信に認識させた。そのひとつは、版図の拡大である。川中島への出兵は、もとはと言えば北信濃の国衆を支援して彼らの所領を回復してやることが目的であった。けれども実際に戦争をつづけてゆくと、北信濃には越後軍と武田軍との軍事拠点が林立して、所領の単位に代わって両者の軍事的実効支配地域が形成されていった。

こうした状況のなかで、北信濃の国衆たちは越後軍の部将として行動することによってしか、生存できなくなっていった。事実、高梨政頼は飯山城将の一人となったし、村上義清も景虎の客将と化していった。外征を行えば、必ずしも敵（信玄のような）を討滅しなくても領国は拡大できるのだった。

次に、越後の国内では諍いの絶えない国衆たちも、外征先の戦場では当座の間「越後衆」として団結することができた。国内にくすぶる火種を根本から解決することは難しいとしても、適度な期間の外征をつづけているかぎりは、大規模な内訌を抑制できる。危険因子となる軍事力自体を、国内から持ち出すことができるのである。

もうひとつ付け加えるならば、とかく複雑な政治力学がはたらく国内の戦場とちがって、外征では政治的なしばりが少ない（ないしは無視できる）。景虎は、用兵家としての才を存分に発揮して戦うことができる外征に、ある種の魅力を感じていたのではあるまいか。

謙信は、越後を統べてゆくための手段として外征にメリットを感じ、関東に出兵するための地ならしを着々と進めていった。関東管領という肩書も、そのための手段であった。そして、関東には謙信が越山を繰りかえしたくなるような要素があった。

恒例化する戦争

面白いことに都合十五回に及ぶ越山は、大半が晩秋から春先にかけての季節に実施されている。とくに、謙信の主戦場が越中・能登方面にシフトする以前は、上越国境が雪に閉ざされるよりさきに上野入りして関東で年を越し、雪解けとともに越後に帰国して、初夏から秋にかけては越後で内治に当たったり、川中島や越中方面に出陣するというパターンを正確に繰りかえしている。まるで、暖地で越冬する渡り鳥だ。

越後に生まれ育った者にとって、冬とは重い雲がたれこめすべてが雪に覆われる季節であったから、毎日晴天がつづき地面の見える関東の冬は別世界に思えただろう。北関東の空っ風は思いのほか体にこたえただろうが、彼らは本能的にこう考えたはずである——ここにはまだ食い物がある、と（本当はそうでもなかったのだが）。

そもそも、この時代の戦争は日常的に略奪を伴ったから、外征はそれに参加する末端の兵士たちにまで一定の充足感を与えることができた。実際、天文の末年から永禄初年にかけて、東国では火山噴火や旱魃・台風といった天変地異があいつぎ、飢饉と疫病が蔓延していた。国内で食い詰めた兵たちを外に連れ出すメリットは、小さくなかったのだ。

とはいえ越後の国衆たちは、川中島でも関東でもしばしば長陣に倦(う)んで、諍いをはじめるのが常だった。それに、大規模な外征ではあっても越後の全兵力を連れ出すわけではないから、どうしても国内には一定の不安定要因を残すこととなる。それゆえ、外征は季節性の強い戦役（註）とならざるをえず、帰国した将兵たちのなかからは、次の越山を望む声が多く上がるようになっていった。こうして次の戦役が準備され、実際の戦場はまた新たな不満を生じさせて、さらに次の戦役が必要となる。かくて、越山は恒例化していったのだ。

いまひとつ、筆者は謙信個人の軍事的資質という要素を考えたい。川中島合戦や小田原侵攻に端的に現れているように、用兵家としての謙信の特質は素速い決心と大胆な機動にある。開豁（かいかつ）な関東平野は、そうした素質をもつ謙信には、魅力的な戦場と映ったのではあるまいか。とどのつまり関東管領という肩書は、謙信が自分のしたい戦争を実行に移すための道具立てとしては好都合だったのだ。

（註）特定の目標のもとに行われる一連の諸作戦からなる軍事行動の全体を Campaign と呼び、その訳語には「戦役」をあてる。

孤高の軍神

最後に、必ずしも義将ではなかった謙信——いや、ここではあえて景虎と呼ぼう——の人物像について少し考えてみたい。彼の人間性を特色づける要素のひとつとして、生涯不犯（ふぼん）を通したことがある。この問題に関してしばしば言われるのは、衆道（男色）の影響だ。景虎が衆道を好んだのは事実だし、戦国時代の武家社会にあっては衆道は珍しいことではなかった。とはいえ、妻帯そのものを拒んだ例はやはり稀有である。

別の角度から、この問題を考えてみよう。そもそも、景虎は誰を娶ればよかったのか。まず、越後国内の長尾一族や国衆から正室を迎えようとすれば、たちまち内乱の火種になったはずだ。かつての伊達時宗丸の入嗣問題を考えれば、周辺諸国の国衆・大名家との婚姻も剣呑だ。しかも、幼くして父を亡くし、兄と決別し、調停者となりうる傀儡守護さえ失った景虎に、誰が進んで縁談を世話してくれるのか。

このような状況では、近臣・宿老たちの誰も、進んで景虎の縁組みという問題に手を突っ込もうとしなかったのではあるまいか。要するに、結婚したくてもできないままに適齢期をすごしてしまった景虎は、自ら軍神となるしかなかったのだ。

けれども、そうして実際に踏み出した軍神としての道は、修羅の道そのものであった。越後の統一を維持するために進んで国外に戦場を求めた景虎は、思う存分に軍勢を動かして敵を打ち破ることに、少なからぬ喜びを見出したのかもしれない。

その一方で、彼の進撃路は放火や略奪の巷と化し、城を落とせば城下には人買いの市が立った。しかも、景虎の鮮やかな用兵に畏敬の眼差しを向けていた関東の国衆たちは、結局は景虎の軍事力と管領の肩書とを都合よく利用するだけだった。あまつさえ武田信玄や北条氏政は、容赦なく調略の魔手をのばして、せっかく伐り従えた国衆たちを次々に離反させていった。

虚像の上杉謙信

戦国武将たちの書き残した文書を読んでゆくと、景虎（謙信）ほど書き手の「個」が文面に強くにじみ出ている者はいない、と思う。ほとんどの武将たちが感情を押し殺し、時に仮面を被ってまで家の当主としての公的立場に徹しようとしているのに比べ、景虎の書状には個人の感情や価値観が溢れている。

と同時に、配下の武将に宛てた書状では、作戦や統治上の指示などを実に細かく具体的に指示している。これを細やかな配慮と評する研究者があるが、何を言っているのかと思う。細かく具体的な指示は、強い自意識と不信感の所産ではないのか。豊かな教養と強い自意識を併せ持った景虎には、我欲に汲々とする配下の武将たちが卑俗な人物と映っていたにちがいない。死の三月前、春日山城の寒い一室で黙々と「名字尽」をしたためる景虎の、なんと孤独なことか。

おそらく景虎は、数少ない心の癒しを酒に求めていった。彼は大酒家として知られ、脳卒中であったらしい最期にも過度な飲酒の影響が感じられる。景虎は、出陣に先だっては必ず毘沙門堂に参籠し、余人を寄せつけずに祈禱に専念したという。あるいは、護摩を濛々（もうもう）と焚きながら酒気を抜き、苦悶の中で作戦上のインスピレーションを得ていたのではあるまいか。断酒をへて毘沙門堂から出てきた景虎の顔は、家臣たちにはひどく神々しいものと映ったであろうが、そうしてはじまる戦陣の日々は、再び大酒と修羅の日々となった。

越後国主・上杉謙信でありつづけるかぎり、景虎に安息の日はなかったが、彼は死してなおこうした苦悩からの解放を許されなかった。彼の遺体は甲冑を着せられて大甕（おおがめ）に封じられ、後継者となった景勝の手で会津から米沢にまで運ばれ、上杉家の行く末を見守らされるのだ。今なお流布する、さまざまに美化された彼の姿は、あたかも永遠に煉獄をさまよう景虎がわれわれに見せつづける、亡霊のようでもある。

第八章

永禄十二年の武田軍関東侵攻

もっとも戦国的な戦い

本質を映す戦役

天文十五年（一五四六）に起きた河越夜戦ののち、それまで対立をつづけてきた北条氏康・武田信玄（晴信）・今川義元の三者は連携を強化し、同二十三年（一五五四）には相互の婚姻関係に基づく強固な攻守同盟が確立した。この三国同盟は、戦国大名たちが結んだ同盟の中でも例外的なほど安定したものとなったが、それは同盟が三者に等しく大きな恩恵をもたらしたためである。すなわち、氏康は関東へ、信玄は信濃へ、義元は三河・尾張へと、背後を気にすることなく、それぞれに勢力を拡大することができたのだ。

ところが、永禄十二年（一五六九）にいたり同盟を一方的に破棄した信玄は、関東に侵攻して氏康・氏政父子の拠る小田原城に迫り、三増合戦で北条軍を撃破した。この戦役には、当該期における軍事のさまざまな要素が凝縮されており、ゆえに軍事政権としての戦国大名権力の本質を映す鏡のような戦いといえよう。

以下、本章ではこの永禄十二年の戦役を分析してゆくが、まずは武田軍の目的を明らかにするため、三国同盟が破綻に至った経緯から説明しよう。

一、三国同盟の破綻

北条氏康の勇退

本章の主人公である北条氏康と武田信玄（晴信）の人生には、宿縁とでも呼べそうな奇妙な符合点がある。信玄が、父・信虎を追放して武田家中を掌握したのは天文十年（一五四一）の六月だが、氏康もちょうど同じ頃、病床にあった父・氏綱から家督を譲られている。その氏康は永禄二年（一五五九）の末に家督を氏政に譲り、自らは後見役として政務を補佐することとなったが、信玄も同じ年の二月、家督こそ譲らなかったものの出家を遂げている。

氏康が永禄二年という時期を選んで勇退した理由について、これまでの戦国史研究は、東国一帯を襲っていた飢饉との関係を指摘してきた。すなわち、領国の危機に際して人心を一新し、新当主のもとで社会の再建を図ることを家臣や領民に示すためであり、経済状況の悪化に伴う家臣たちの窮乏を救うため、代替わりによる徳政を行うという現実的な目的もあった、という考えである。

けれども筆者は、この従来説を支持できない。戦国期には大規模な自然災害や飢饉は何度も起きており、その度に当主が隠退していたら、家督がいくらあっても足りないからだ。筆者は、当時の戦略的状況を総合的に判断した上で、氏康が勇退を決意したのではないかと考えている。

封建社会における大名家当主と家臣たちとの主従関係は、本質的には個人対個人の契約という性質をもっているから、当主が交代すると契約（主従関係）は一旦リセットされる。戦国大名がしばしば行った代替わり徳政も、こうした原理に基づくものだ。したがって、当主の交代時には契約リセットに伴う所領安堵などの事務手続きが発生し、これを迅速に行わなければ家中は不安定化してしまう。

かつて父の急病によって家督に就いた氏康は、当時最大の敵だった山内憲政と扇谷朝定の攻勢に悩まされながら代替わりに伴う手続きをこなさなければならなかった。三国同盟の恩恵によって勢力を拡大させていた氏康が氏政に家督を譲る際には、さらに膨大な事務手続きが発生することになる。

そこで、戦況が小康状態をえている間に勇退し、氏政が実績を積むまで後見人として権力を支えようと考えたのではあるまいか。事実、この年の六月には、家臣たちへの軍役賦課の基準台帳となる『北条家所領役帳』（註）が完成している。この有名な『役帳』は、家督譲渡の準備として作成されたのであろう。氏康は、早めに身を引くことによって順当な権力の継承を実現したのだ。これもまた三国同盟の恩恵といえよう。

（註）一般には『小田原衆所領役帳』と呼ばれている史料で、刊本もこの書名を冠しているが、史料の性格に鑑みるなら本来は『北条家所領役帳』ないしは『後北条氏所領役帳』と称するべきであろう。

武田晴信の出家

一方、信玄（晴信）の出家もまた三国同盟と深く関わっていた。同盟の恩恵を受けて信濃の大半を制圧した信玄は、永禄二年（一五五九）までに善光寺平で三度、長尾景虎（上杉謙信）と干戈を交えていた。東国一円に飢饉と疫病が蔓延していたこの年、信玄は信濃善光寺の如来仏を甲斐府中に建てた新善光寺に安置し、盛大な法要を営んでいた。

信玄の出家は、この宗教行事のさなかに行われているので、一見すると領国内の人心安定を目的としたものであるように思える。けれども、出家の背景にはもう少し複雑な政治状況が見え隠れしている。

二年前の弘治三年（一五五七）に行われた第三次川中島合戦に際し、将軍足利義輝は御内書を発して信玄と景虎との調停を試みており、信濃守護への補任を希望する信玄も、この調停に従うこととなった。にもかかわらず、一旦信濃守護の肩書を得た信玄は、旱魃と台風による不作が深刻化した翌年には、早くも調停に背いて善光寺平方面における武田軍の行動を活発化させ、景虎方の勢力を圧迫しはじめたのだ。面目を潰された義輝は激怒し、上洛した景虎に信濃や関東での敵対勢力討伐を認める御内書を発することになる。

信玄の出家は、こうした状況を背景とした政治的パフォーマンスだったと考えてよいのではなかろうか。事実、武田軍は永禄二年から三年にかけて大規模な軍事行動を見せておらず、剃髪して信玄と号することとなった晴信も、内政に専念している（これはこれで信濃支配を固める作業であったのだが）。

桶狭間と川中島

永禄三年（一五六〇）五月、束の間の平和を得て内治にいそしんでいた氏康と信玄（晴信改め）のもとに、今川義元が桶狭間で敗死したという報せがもたらされた。両者はただちに後継者の氏真と連絡を取り、同盟維持の方針に変わりがないことを確認しあった。

この年の秋、長尾景虎が山内憲政を奉じて越山し、翌四年春にかけて関東一円を暴れ回り、ついには小田原城にも迫る事態となった。この時は、信玄・氏真とも相模国境に向けて兵を進め、景虎に脅威を与えて撤退させることに成功している。

さらに、永禄四年の九月には信玄は善光寺平において、上杉謙信（景虎改め）と最大の激闘を交えることとなる（第四次川中島合戦）。このの ちも、信玄は北条軍を援けて上野や北武蔵に兵を出し、信濃方面の戦局もこれと密接に連動していった。この時点まで、三国同盟は非常に有効に機能していた。

同盟をめぐる戦略的状況に変化が生じはじめたのは、永禄四年を過ぎる頃からである。まず、上杉謙信との相次ぐ衝突によって、信濃での武田軍の北進が限界に達しつつあった。次に、信玄は西上野を版図に収めることに成功していたが、永禄六年に松山城攻防戦が決着して北武蔵が北条家の勢力圏として確定すると、関東における戦局の焦点は北条家と上杉家のいずれが上野を支配するかに移っていった。

信玄が善光寺平で謙信とつばぜり合いをつづけている間は、関東において上杉軍を牽制する軍事行動も、信玄に相応の戦略的利益をもたらしていた。けれども、信濃における膨張が限界に達してしまうと、領土拡張を伴わない関東での作戦は、次第にうま味の少ないものとなってきた。

永禄七年（一五六四）、信玄は例年どおり上野に出兵し、さらには新たな版図を求めて飛騨へ兵を送った。しかし、これを越中に脅威を与える戦略次元での延翼運動と見なした謙信が善光寺平に進出してきたため、信玄は川中島での五回目の対陣に臨むこととなった。この時は両軍ともに積極的な動きを見せず、大きな会戦にはいたらなかったが、それは北信濃における両軍の勢力圏が確定している現状で衝突をつづけても益はないことを、双方が認識していたためである。信玄は、上杉軍を刺激する飛騨進出を一旦あきらめざるをえなくなった。

義信粛清事件と戦略転換

信玄の膨張戦略は、明らかに行き詰まりつつあった。永禄八年（一五六五）には、美濃東部に進出した武田軍の先鋒が織田信長（のぶなが）の軍と接触したが、信長が和睦交渉を持ちかけてくると、信玄はこれを受けいれてしまった。おそらく信玄は、新たな出口をどこに求めるか迷った挙げ句、信長からの申し入れを前にして、西へ向かうよりまず南に向かった方がよいと判断し、この時点で今川家との同盟を破棄する腹を決めたのであろう。

けれども、この信長との同盟交渉は、武田家中に亀裂を生じさせることとなった。信玄の嫡子である義信（よしのぶ）は今川氏真の妹を室としたことにより、彼の周囲に親今川派ともいうべき勢力が形成されていたからだ。信長との同盟という外交路線の転換は、当然のことながら親今川派勢力の許容するところではなかった。信玄が、信長の養女（もとは東美濃の遠山氏の娘）を庶子だった諏訪四郎勝頼の室として迎えようとしたことも、義信を刺激した。

信玄と義信の間は、以前からしっくりいっていなかったらしい。『甲陽軍鑑』（以下『軍鑑』）によれば第四次川中島合戦の際、越後軍が退却するのを見た信玄が、追撃を早々にあきらめて（この時点で武田軍は相当の損害を出していた）千曲川を渡って兵をまとめにかかったのに対し、川の対岸（八幡原）に残された義信は、追撃の徹底を主張して信玄の用兵を非難したという。

あるいは、かつて信玄と信虎の間に存在したような性格的な対立が、底流にあったのかもしれない。ただ、いずれにせよ、信玄による外交路線の転換が、父子の対立を決定的なものとしたことは間違いない。信玄はこの頃、暗殺を警戒して厠まで改修したという。

結局、信長の養女を迎える直前になって、信玄は陰謀が露見したとの理由で飯富虎昌をはじめとした義信派の諸将を粛清し、さらには義信本人も幽閉してしまった。粛清事件ののちも、信玄はあいかわらず信濃や上野に兵を出し、北条軍（註）と連携しながら上杉方と交戦をつづけてはいた。

けれども、今川家との関係は急速に冷え込んでゆき、永禄十年十月に幽閉されていた義信が死去すると、信玄はその室を駿河に送りかえした。信玄が三国同盟を破棄するのではないか、という観測がしきりと流れるようになった。破局が回避できないと見た氏真は、極秘裏に上杉謙信との接触をはじめた。

(註) 永禄九年頃には、氏政の文書発給数が氏康を上回るようになり、氏康の出陣もほとんど見られなくなって、氏康は氏政が戦陣にある場合には小田原で代わりに文書を出すなど、氏政のフォローに徹するようになってゆく。

信玄、駿河を侵す

ところで、今川氏真という武将に関する世間の評価は非常に低い。彼は、和歌や蹴鞠にうつつを抜かす愚将であったがゆえに今川家を滅ぼしてしまった、というのが大方の認識であろう。けれども、和歌や蹴鞠は名門今川家の当主には不可欠な教養であり、武将としての資質とは本来分けて評価されるべきだ。

氏真愚将説は、後述するような松平（徳川）家康の軍事行動を正当化するために、江戸時代に意図的に流布された俗説である、という山室恭子（やまむろきょうこ）氏の指摘は興味深い（『群雄創世記』）。信玄の事績を顕彰する傾向の強い『軍鑑』も、氏真は剛毅な武将であったと繰りかえし述べている。

実際、氏真は義元の死後に起きた家中の権力闘争に悩まされながらも、懸命に今川家を立て直そうと努めていた。永禄六年、今川氏から織田氏側へと寝返った松平家康を討つため三河に出兵した際には、遠江の飯尾連竜（いのおつらたつ）が叛くという事件が起きたものの、氏真はほどなく鎮圧している。

一方、膨張戦略が行き詰まった信玄にとって、出口は駿河（今川）か三河（徳川）しかなかった。永禄十一年、信玄は家康に密使を送り、東西から駿河・遠江に侵攻して今川領を分割することを提案したが、同時に氏真に対しても、裏切り者である家康を討伐するため三河へ共同侵攻しよう、と持ちかけていた（註）。何とも不誠実な二枚舌外交である。だが、ムシのよい提案の裏に潜む危険性を察知した氏真は、「親の敵である信長と結んだ武田家は、すでに半ば敵のようなものだ」と突っぱねた。

この年の夏、越後で本庄氏が挙兵したことを契機として、信玄は北信濃に出て上杉軍を牽制し、同方面の防備を手当したのち帰国して大規模な動員の準備にかかった。そして十二月六日、信玄はついに大軍を率いて駿河を侵した。

氏真は、要衝である薩埵（さった）峠付近での迎撃を試みたものの、信玄の調略による離反者が続出したため、退却を余儀なくされた。今川家累代の本拠だった駿府館は大混乱の内に放棄され、氏真は懸川（掛川）に後退して態勢を立て直そうとした。だがしかし、このときすでに徳川軍は、西から泥棒猫のように遠江を蚕食（さんしょく）していたのである。

一方、武田軍が駿河に侵攻したという報に接した小田原の北条氏康は、氏真を支援するため、ただちに氏政を駿東方面に出陣させた。信玄からは、氏真が謙信と結んで敵対したためやむをえず開戦した、という書状が届いたが、氏真に嫁していた自分の娘が輿にも乗らずに徒歩で脱出した、という報告を受けた氏康は激怒した——娘によくも恥をかかせてくれたな、というわけである。
そして、信玄との断交を決意するとともに、本庄氏と対陣中だった謙信に同盟交渉を持ちかけることとした（第七章参照）。このあたりの氏康の判断と行動は、まことに迅速である。

（註）家康は元服した際、今川義元から偏諱を受けて元信、ついで元康と名乗ったが、今川氏から離反して織田氏と結ぶに当たって「元」の字を捨て家康と改名した。松平から徳川への改姓は永禄九年十二月頃とされる。

二、侵掠すること火の如く

錯綜する対立軸

永禄十二年（一五六九）の正月を信玄は暖かな駿河で迎えたが、彼をとりまく戦況はお寒い限りであった。北条軍は、すでに蒲原（かんばら）に拠点を確保したうえで薩埵峠付近まで進出している。これでは氏真に止（とど）めを刺せないばかりか、甲斐との後方連絡線さえも切断されかねない。

信玄は、里見・佐竹・宇都宮・簗田（やなだ）といった反北条側の諸将に連携を呼び掛けたり、自軍の別働隊を秩父方面に侵入させたりして、氏康の後方攪乱を図った。

また、氏真の側面を衝くべく、秋山虎繁（とらしげ）の一隊を伊那から二俣方面に南下させていたが、これは先の今川領分割に関する密約に反するという家康からの猛抗議を受けて、引っ込めざ埵峠方面で北条軍と対峙したものの戦局を好転させることはできなかった。このため、四月には興津・久能山両城の防備を強化して、一旦甲斐に帰還することとなった。

一方、信玄の苦境をよそに、徳川軍は順調に遠江を制圧して懸川へと迫っていた。危地に陥った氏真は、五月六日には懸川城を家康に明け渡して船で伊豆へと脱出し、北条氏政の庇護の下に駿府の奪回を目ざすことにした。これにより、北条軍は駿河に介入する大義名分を得た。信玄は、御殿場口（駿東方面）・小仏口（八王子方面）、秩父方面などに次々と兵を出して北条軍を攪乱し、六月には自らも駿東・伊豆方面に出陣して、黄瀬川沿いから三島・富士郡一帯を荒らし回った。

この時期、小田原の氏康からは、家臣たちに部隊を率いて移動するよう命じた文書が多数出されている。同時多発的な侵入に対処するため、北条軍が領内の兵力移動に追われていた様子がわかる。とはいえ、甲武国境を侵した武田軍諸隊は、滝山城などの主要拠点を攻略するほどの兵力は有していなかった。

駿東・伊豆方面においても、深沢・韮山・大宮・蒲原などの主要拠点は北条軍が確保しつづけたので、武田軍は放火や略奪以上のことはできなかった。狩野川沿いの宿営地がにわかな増水で流され、ほうほうの体で退却する一幕などもあって、この時の武田軍は、総じて嫌がらせ以上の戦果を上げていない。

氏康は、同盟を結んだ謙信に西上野や北信濃方面への出兵を求めたが、謙信は将軍義昭が

武田軍の第1次、第2次駿河侵攻
―永禄11年（1568）12月～永禄12年5月・6月―

駿河に侵攻した武田軍であったが、北条軍に後方を脅かされて薩埵山において戦況は膠着状態に陥り、辛くも甲斐へと撤退した（第1次駿河侵攻）。続いて行われた第2次駿河侵攻では、伊豆方面に南下して北条軍を牽制し、富士郡の大宮城を攻略することに成功した。だが、駿河の完全領有のためには、どこかで北条軍に大打撃を与えなければならなかった。

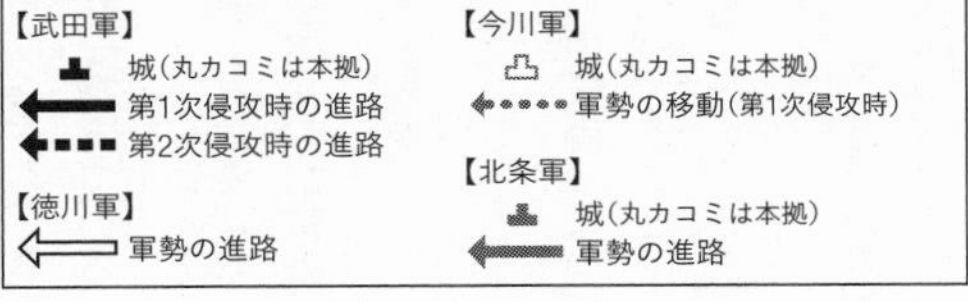

信玄との和睦を仲介してきたことを理由として応じなかった。越相同盟を結びながら、他方で信玄との和睦をさっさと受諾してしまう謙信もひどいが、越後国内に凶状を抱えている状況では、こうした対応もやむをえなかったのだ。対する氏康も、水面下で家康と接触していた（氏真の処遇をめぐって交渉する必要はあったのだが）。要するに、信玄の戦略転換によって東国全体の外交的枠組みが激変した結果、誰もが二枚舌外交を余儀なくされていたのである。

目的と目標

この時点で信玄の目的とするところは駿河の領国化であったが、その最大の障碍となっていたのは北条軍だ。けれども、もはや外交的手段によって北条家の介入を排除することはできない。北条家に大きな軍事的打撃を与えないかぎり、駿河の占領は達成できないことを、信玄は認識せざるをえなくなっていた。

かくて永禄十二年八月、甲府を発した信玄は碓氷（うすい）峠を越えて西上野に入り、二万余の軍勢をもって小田原に向けた進撃を開始した。北条軍を撃破することによって駿河から手を引かせることが、武田軍の作戦意図である。目的は駿河領有、目標は北条軍であり、そのための到達予定地点が小田原であった。

このような作戦意図を前提とするならば、信玄が一見すると遠回りとも思える上野経由の侵攻経路を選択した理由も、以下のように解析できる。

一．信濃や西上野で兵力を集結できること。
二．五～七月にかけての同時多発的な侵入によって北条軍の兵力配置が混乱しているため、武蔵方面では大きな抵抗を受けずにすむ公算が大きいこと。
三．広範囲に領国を蹂躙することで、北条軍の動員・継戦能力を減殺できること。

九月に入ると信玄は、町や村を破壊しながら武蔵国内を南下する一方で、小山田信茂が率いる兵力一一〇〇（侍衆二〇〇、足軽・雑兵九〇〇）の別働隊を、再び郡内から小仏口へと侵攻させた。対する滝山城主の北条氏照は、宿老らに約二〇〇〇の兵を預けて廿里山（とどり）（註1）で迎撃に当たらせた。しかし小山田隊は、数隊に分けた侍衆を先鋒として残余の足軽・雑兵をこれに続行させ、巧みな機動をもって北条軍を翻弄した。

このころ北条氏政は、武蔵・相模の拠点城郭を守る諸将に対して、「どこが火になろうとも水になろうとも、取りあわずに其の地（各拠点）を堅固に守備せよ、どこに凶事が起ころうとも其の地から一足たりとも動くな、もし命令に違反したのちにも当家が存続していたら、その時は首を刎ねるから覚悟せよ」と厳命を発している（註2）。武田軍の挑発に乗ることなく、別命あるまで各拠点を保持して兵力を温存し、勝機を待つという方針である。小山田隊の迎撃に失敗した滝山衆も、氏照の待つ滝山城に撤収して武田軍主力の来襲に備えることとなった。

（註1）現在のJR中央本線高尾駅北方の丘である。

（註2）九月十七日付「北条氏政書状写」（『戦国遺文・後北条氏編』一三一四号）。

滝山城攻防戦

小山田隊と合流した信玄は、滝山城とは多摩川を隔てた対岸である拝島（はいじま）に本陣を据え、城に攻めかかった。『軍鑑』『関八州古戦録』（以下『古戦録』）によれば、勝頼以下の武田軍諸隊が猛攻を加え、三の曲輪（くるわ）（外郭）を突破して二の曲輪まで攻め込み、氏照が二の曲輪の「二階門」で懸命に防戦の指揮をとったという（註）。城兵（滝山衆）は、前哨陣地帯で一定の抵抗を行ったのちは、主城部に退却して防備を固めたのであろう。

滝山衆の守備兵力は、廿里から退却した部隊に、予備隊や氏照の馬廻りなどを加えた二五〇〇～三〇〇〇程度であろう。したがって、武田軍が総力を挙げれば攻略は不可能ではなかったはずだったが、信玄はあっさりと解囲を決めた。

なぜなら、今次作戦の目標は北条軍を撃破することであり、滝山城自体は他の城と同様、通過点のひとつにすぎないからだ。もちろん、滝山城の攻囲によって北条軍主力を小田原から引きずり出し、決戦に持ち込んで撃破するという選択肢もないわけではない。

けれども、滝山城の周囲には丘陵・谷戸・間道などが錯綜した、複雑な地形が展開している。城を攻囲するために土地鑑の乏しい丘陵地帯に自軍諸隊を占位させたところで、北条軍主力に急襲されれば、武田軍は最悪の場合、丘陵と多摩川との間ですり潰されかねない。何といっても相手は、かつて河越夜戦を成功させた氏康なのだ。信玄は、こうした局面で熱くなって優先順位をまちがえる指揮官ではなかった。

（註）この記述を滝山城の遺構に当てはめて武田軍が侵入した範囲や「二階門」の位置を比定し、滝山城は落城寸前まで追い込まれたと解釈している例が多いが、誤りである。現在見る滝山城は、天正九〜十年の大改修によって成立したものであり、永禄十二年時点の滝山城はもっと小規模だったはずである。

焦土と化す北条領

滝山城解囲後における武田軍の進撃経路は、諸書によって記述がマチマチである。近世に成立した地誌類にも、このとき戦火を被った村や寺社の伝承が数多く記されていて、定説を見ていない。むしろ、それだけ広範囲に戦火が及んだと考えるべきであろう。筆者は、これらを総合的に勘案した上で、武田軍の進撃経路を以下のように推定する。

まず信玄は、滝山城からの離隔を慎重に図りながら多摩川の北岸を東進したのち、全軍をいくつか（三つ程度）に分割した。右翼軍は立河原（たちがわら）付近で多摩川を渡り、滝山衆を牽制しながら河越街道（現在の国道十六号）沿いに南下して相模に入り、相模川東岸の当麻宿（たいましゅく）付近で停止して敵情の把握に努める。中央軍は府中付近で渡河し、多摩丘陵を縫って小山田荘（おやまだのしょう）（現町田市一帯）を通り、同じく相模川左岸で停止。

残る左翼軍はさらに東進し、高井戸・世田谷をへて江戸城を牽制しつつ、目黒付近で旋回して池上を通り、矢口で多摩川を渡って平間に上がり、稲毛荘・小机領（現川崎・横浜市域）を蹂躙、矢倉沢往還を経由して相模に入った。『古戦録』には、道々の村や寺社を「思ふさまに乱妨して」とあるので、道路事情や敵勢の動向を見ながら各軍をさらに分割したり、支隊を派出するなどして、徹底的な放火と略奪を行ったのだろう。

こうして、相模川左岸に再集結した武田軍は怒濤のごとく西進を開始し、十月一日には酒匂川を越えて小田原城下に達した。八年前の謙信（景虎）侵攻による荒廃からようやく立ち直った小田原の町は、再び焦土と化した。しかし、北条軍は城に接近した武田軍部隊に鉄炮を撃ちかけるのみで、一向に出撃してくる気配を見せなかった。

実は、このときすでに、北条綱成の率いる玉縄衆や氏邦の鉢形衆、江戸衆、河越衆、下総方面から糾合した国衆諸隊などが、武田軍の背後を衝くべく行動を開始しつつあった（註）。これら、支城（戦略拠点）ごとに組織された北条軍の諸部隊（衆）が、氏政の厳命によって籠城に徹してきたのは、単に武田軍をやり過ごすためではなかった。無用の消耗を避けながら、武田軍が攻勢限界に達して自軍が攻勢に転移するタイミングを、じっと待っていたのである。

信玄は、さらに部隊を派出して、城下から離れた山手にある北条家宿老たちの屋敷や、湯本方面の民家までをも焼いた。しかし、氏康・氏政父子が挑発に乗らない様子を見て、彼ら

武田軍の関東侵攻 ―永禄12年(1569)8月～10月―

北条軍を撃破するため、北条領国を破壊しつつ南下する武田軍は、まず鉢形城、次いで滝山城を攻撃。さらに北条氏の本領である相模に侵入し、小田原を攻囲した。しかしこのとき、北条軍諸隊は、武田軍を捕捉殲滅するため、領内より続々と集結しつつあった。自らの不利を悟った信玄は、一転、本国へ向けて撤退を開始する。

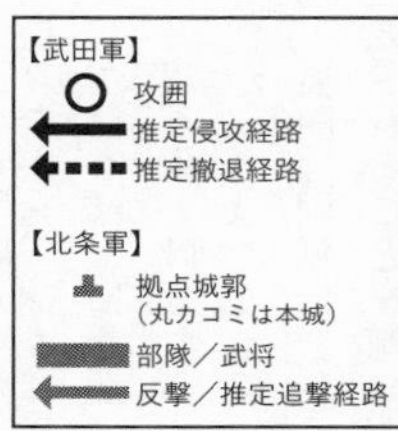

が仕組んだ恐るべき罠を察知し、反転を決意した。

（註）玉縄衆以下の諸隊が出撃した具体的な日時は不明だが、この時点で行動を開始していなければ、後述する三増合戦の経緯が説明できない。

信玄、野戦を決心す

十月四日、小田原を引き払った武田軍は、東海道を東進して平塚（ひらつか）で進路を北に転じた。甲相国境を目ざすのであれば、小田原から北東に向かう矢倉沢往還が最短ルートになるはずだ。にもかかわらず、あえて東海道を選択したのは、行軍速度を確保できる平坦な道と、不本意な接敵を避けられる開豁（かいかつ）な地形を求めたためであろう。

対する氏康・氏政父子は、武田軍を追跡捕捉するべく出撃の準備を進めるとともに、行動を開始していた諸隊に伝令を送った。滝山城で兵を休ませていた氏照も出撃し、両軍は互いに物見（斥候）を放って敵情を探りながら、徐々に接近していった。

五日の夕刻頃、三増峠を前にした信玄は、にわかに全軍に戦闘展開を命じた。北上をつづける武田軍は、三増峠を越えると奥三保（おくさんぼう）と呼ばれる山間部に入る。また、三増峠の向こうには、北条方の拠点である津久井（つくい）城が立ちはだかっている。当然、行軍速度は低下するし、地形的な制約を受けて軍勢の機動・展開は困難になる。信玄は、このような状況下で北条軍に追いつかれて不本意な戦闘を強要されることを嫌い、武田軍にとって最後の開豁地となる三増において、野戦を挑むことを決心したのだ。

信玄は、小幡信貞（兵力一二〇〇）を津久井城への押さえとして派出し、また有力な別働隊（兵力五〇〇〇）を編成して山県昌景に預け、迂回して敵の側背を衝くべく夜間行軍を命じた。また『軍鑑』によれば、会戦を決心した信玄は内藤昌豊に小荷駄奉行を命じ、「せっかく決戦だというのに小荷駄奉行では軍功が立てられない」と渋る内藤に対し、「この度の戦では小荷駄が殊のほか大切だ、これは信玄のたっての頼みだ」として、押し切ったという。小荷駄とは、領内から徴発した陣夫や駄馬によって編成された輜重部隊である。

『軍鑑』は信玄に、「先年、関東に侵攻した謙信が、退却時に小荷駄を切り崩されて敗北したからだ」と説明させている。ただし、永禄四年（一五六一）の謙信と違って、このときの武田軍は最低限の腰兵粮（携行食糧）さえあれば自国にたどり着ける場所に達していたから、補給部隊としての小荷駄はさほど重要ではなかったはずだ。

にもかかわらず信玄が小荷駄を重視したのは、おそらく略奪物資という「戦果」を持ち帰りたかったからであろう。内藤は「能き小荷駄」を選抜し、戦闘部隊の邪魔にならぬよう、間道を伝って脱出させることとした。少しでも多くの「戦果」を確保するための措置である。

両軍の激突

永禄十二年十月六日に両軍の間で起きた合戦は、一般には三増峠合戦と呼ばれることが多いが、実際には峠自体が戦場になったわけではないので、ここでは三増合戦と呼ぶことにする。この合戦における両軍の布陣や戦闘経過などについては、諸書によって記述の異同が大きい。ここでは最大公約数的に読みとれる要素をもとに、おおよその様子を推定してみよう。

十月五日、武田軍は、小幡隊や内藤昌豊率いる小荷駄隊、山県昌景の支隊等を派出したのち、三増峠南方の丘陵上から麓にかけて主力を展開した。翌六日の朝、相模川を渡って追蹤してきた北条軍の諸隊――滝山衆（氏照）・鉢形衆（氏邦）・玉縄衆（綱成）・江戸衆・河越衆、および房総方面の国衆諸隊（合計一万五〇〇〇～一万七〇〇〇と推定）――は、武田軍との間合いを詰めすぎないように注意しながら戦闘展開をはじめつつ、氏康・氏政の率いる本隊（馬廻衆・小田原衆基幹）が合流するのを待とうとしたようだ。

しかし、北条軍の一部が、三増峠方面に向かう小荷駄の列を、退却する武田軍主力の一部と誤認したことから、なし崩し的に戦端が開かれ、これを見た信玄はためらわずに全軍に攻撃を命じた。北条軍諸隊は、氏康・氏政の到着まで何とか持ちこたえようとしたものの、迂回してきた山県昌景の支隊に側面を衝かれて一気に崩れ立った。

北条方では、綱成が玉縄衆を率いて、全軍が無秩序な潰走に陥るのを回避すべく奮戦していた。氏康と氏政がいない状況で先任指揮官の立場にあった綱成は、おそらく中津川を渡った対岸の山上に味方諸隊を一旦収容した上で、本隊の合流を待とうとしたのだろう。だが、結果として北条軍諸隊は、武田軍に追われて渡河する際に大損害を出すことになる。

一方の信玄は、深追いを制し全軍をまとめると、三増峠を越したのちに首実検を行って勝鬨をあげた。そして、翌七日には無事国境を越えて戦闘態勢を解除し、八日には躑躅ヶ崎に

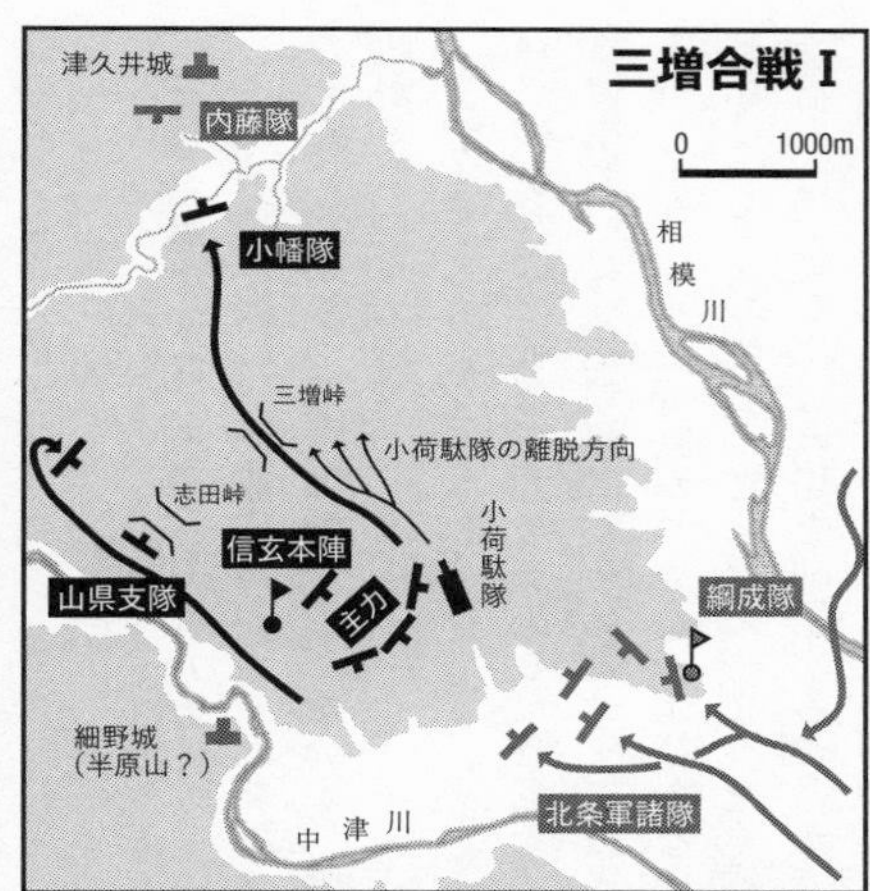

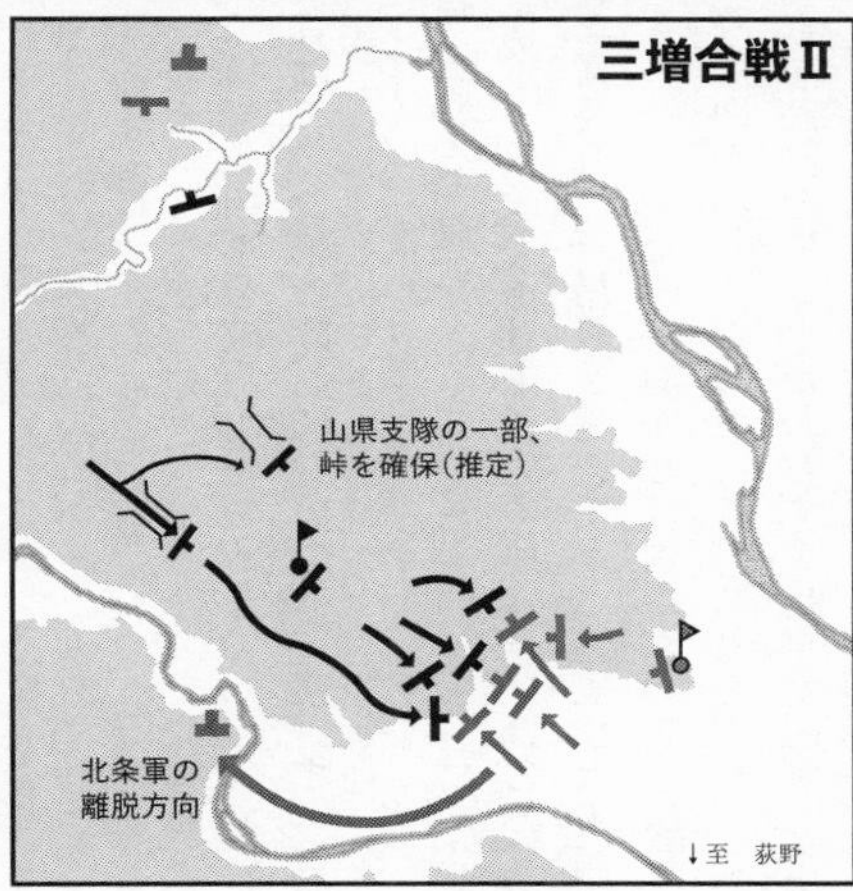

Ⅰ甲斐へと撤退する武田軍は、山間部に入る前に、有利な地形で北条軍に一撃を与えようと、小幡隊、山県支隊を派出して退路を確保せしめ、全軍を反転させて北条軍を待ちかまえた。
Ⅱ一方の北条軍は、全軍の集結が終わる以前に戦闘を開始してしまい、統制のとれない攻撃から、反転してきた山県勢に側面を打撃されて危機的状況に陥った。しかし代理総指揮官ともいうべき北条綱成の奮戦により、半原山に軍勢を集結させることに成功。この隙に、武田軍は、いち早く戦場を離脱した。

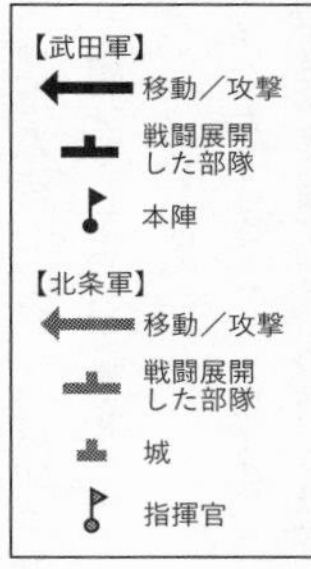

帰着することができた。

三増合戦は決勝会戦たりえたか

この三増合戦は、一般には、信玄が巧みな戦術で北条軍を破った戦いとして知られている。たしかに北条軍の敗走は動かしがたいが、筆者はこの合戦の評価については、検討すべき問題が多いと考える。

まず注意しておきたいのは、信玄が追撃掃討戦を発動していないことだ。『軍鑑』『古戦録』によれば、戦闘の大勢が決した時点で、氏康・氏政父子は主戦場の南六キロほどの荻野(おぎの)まで来ていた。追撃掃討戦を発動せずに戦場を離脱し、三増峠を越えてから首実検と勝鬨を執行した武田軍の行動が、いかに余裕のないものであったかがわかる。両軍がいましばらく戦場にとどまっていたとしたら、まったく違う展開がありえたのだ。このことを理解していた信玄は、実際には戦場を制圧することができなかったにもかかわらず、自軍が勝利した形をとることにこだわった、と言うことができる。

ちなみに、氏康は合戦の直後、謙信に送った書状の中で、「退却する信玄を追って三増まで軍を進めたが、敵の逃げ足が速くて取り逦してしまい、無念だ」と述べている（註1）。これは案外、負け惜しみとばかりは言えないように思う。

武田軍の戦果についても、『軍鑑』は士卒合わせて三二〇〇余の首級を得たと記すが、信玄が直後に出した感状には二〇〇〇余とある。実際には二〇〇〇以下だろう。『軍鑑』の言う三二〇〇余は、八月以降の戦役全体で得られた首級数と考えた方がよさそうだ。『軍鑑』自身、三増合戦の経緯を述べた箇所（品第三十五）では武田軍の大勝であったように書いているが、武田軍の軍略について総括した後段（品第五十）では、三増合戦は敵の前衛部隊を切り崩しただけだから、川中島のような本格的な決戦とは言えない、と評している。

さらに、帰陣からわずか四日後の十月十二日には、信玄は家臣たちに兵種と数量を明確に規定した「軍役定書」を発している。しかも、内容をよく読むと「鉄炮の装備数が規定に達していないので、今後は規定数を揃えるように」などと書かれていて（註2）、次の戦いに備えようとしていたことがわかる。実際、信玄は十一月五日には自ら軍を率いて駿東方面に出陣し、丹沢方面にも別働隊を出して北条軍を牽制している。

以上を総合すると、信玄が、三増合戦では北条軍に充分な打撃を与えられなかった、と判断していたのは明らかだろう。永禄十二年の関東侵攻戦は、北条領国に大きな爪痕を残したものの、武田家の駿河領有を実現するために北条軍を撃破する、という目標は達成できなかった。その意味において三増合戦は、この戦役の掉尾（ちょうび）を飾る決勝会戦にはなりえなかったのである。

（註1）十月八日付「北条氏康書状」（『戦国遺文・後北条氏編』一三二一号）。
（註2）十月十二日付「武田家朱印状」（『戦国遺文・武田氏編』一四六一号ほか数通）。

三、戦国大名にとっての戦争とは

行き詰まった戦争

北条軍は、いまだ駿東に居座っていた。信玄は、この方面における最大の障碍となっていた蒲原城に猛攻を加えて、十二月六日にはこれを攻略し、城将の北条氏信（幻庵の子、氏康の従兄弟）以下を討ち取った。これにより、薩埵峠方面に展開していた北条軍が退却したため、信玄はようやく駿府を占領することができた。

小田原では氏政が、一向に武田軍の背後を衝こうとしない謙信に対する焦燥感を募らせていたが、いまだ指導力を保っている父氏康は、信玄との対決姿勢を変えようとはしなかった。永禄十三年（一五七〇）が元亀元年と改まった四月以降、信玄は駿東方面で攻勢に出るとともに、またしても別働隊を秩父方面に侵入させて、北条領国の側面を脅かした。けれども、状況は信玄が最初に駿河に入った永禄十一年暮れの時点と、大差がなかった。

こうしたさなかの八月、小田原の氏康が病に倒れて、一時は生死が危ぶまれるほどの容態となり、指導力を発揮できなくなった。一方、信玄のやり方に不信感を募らせてきた徳川家康は、信玄と断交して謙信と結ぶべく画策していた。戦局が手詰まり感を見せる中で、外交関係が再び流動化しはじめたのである。

この年の暮れ、武田軍主力はまたもや駿東に進んで、北条綱成の守る深沢城を囲んだ。けれども今回は蒲原城の時のような強襲を行わず、代わりに金掘衆を投入して城の一画を掘り崩し、年明けには綱成に矢文を送って開城させた。信玄が開城勧告という手段を選択したのは、氏信につづいて綱成までも戦死させた場合、北条側（わけても氏康）が後に引けなくなるからであろう。綱成の退去は、駿河領有を認めるのであれば、これ以上、北条軍と戦いつづける必要はない、という信玄からのシグナルだったのである。

一方の北条側から見た場合、駿東地域を失っても、結果としては永禄十一年以前の状態に戻るだけである。この頃から、氏政が越相同盟を破棄するのではないか、という観測がしきりと流れるようになった。越相同盟の有効性に疑問をもっていた氏政もまた、武田軍とのこれ以上の衝突を望んではいなかったのだ。

氏康から氏政へ

明けて元亀二年（一五七一）の四月、氏政に次いで氏康から謙信に書状が送られた。そこには、「同盟を破棄するという噂が流れているが謀略情報なので信用しないでほしい、そちらも麦秋の頃（初夏）にはきっと上野か信濃に出陣して、当家を援護してほしい」との申し入れがしたためられていた（註1）。

ただし、この書状には病気を理由に氏康の花押がなく、私印のみが押されている。筆者は、この書状が本当に氏康の意思によって書かれたものかどうか、疑わしいと考えている。実際は、信玄との再同盟を模索したい氏政が、武田側からの好感触を得るまでの間、同盟が一気に決裂しないよう上杉側に気を持たせておくために、氏康の名で出したものではなかろうか。

いずれにせよ、氏政はこののち氏康の病状が回復しないのを見計らって、水面下で甲斐との折衝を進めていった。そして十月に氏康が死去すると、待ってましたとばかりに謙信との断交を宣言し、甲相同盟の復活に向けて交渉を詰めていった。信玄は、なおもダメを押すように北武蔵から上野を荒らし回ったが、十二月に同盟が正式に締結されるにいたって矛をおさめた。

駿東で北条軍が保持していた拠点は、武田軍に引き渡されるか、または破却され、黄瀬川以西と西上野は武田領とすることが確認された。北条領に亡命していた今川氏真は、なおも今川家の再興をあきらめていなかったが、駿河の領有権は氏真の関与しないところで決定してしまったのだった(註2)。

かくて、川中島合戦以降に生じた信玄の戦略的迷走に端を発する、武田・北条両家の戦いはようやく終結した。こののち、北条軍の主敵は再び越山を繰りかえす上杉謙信となり、武田軍の主攻軸は織田・徳川連合へと向けられてゆく。ただ、本人は知らないことではあったが、武田家の戦略を立て直すために信玄が使える時間は、あと一年と少ししかなかったのである。

(註1) 元亀二年四月十五日付「北条氏康書状」(『戦国遺文・後北条氏編』一四七五号)。なお、この書状以降に氏康の発給した文書が二、三残っているが、いずれも印のみで花押はない。少な

くとも四月の時点で、氏康は筆を持てない状態だったことがわかる。
（註2）氏政と信玄が再同盟したことにより、氏真は北条領を逐われて家康のもとに身を寄せたのち上洛し、和歌や蹴鞠に興じたという。最終的に氏真は、家康から品川に屋敷を宛われ、慶長十九年（一六一四）七十六歳で天寿を全うし、高家今川（品川）氏の祖となった。

外交と戦争

武田軍と北条軍という強豪同士の激突となった永禄十二年（一五六九）の戦いには、戦国期における軍事のさまざまな要素が凝縮されている。

まず第一に気づくのは、この戦いがきわめて複雑な外交的駆け引きを背景として生起し、収束していったことである。主役を演じた武田信玄、北条氏康・氏政父子ばかりでなく、重要な脇役であった今川氏真、上杉謙信、徳川家康、織田信長らを含めて、登場人物たちは交渉や同盟の相手を頻繁に替えながら、欺瞞に満ちた二枚舌外交を展開していった。

彼らは、遠隔地で何が起きているかをリアルタイムで把握できないこともあって、交渉相手の真意を測りかね、あるいは目まぐるしく変転する状況に対応する余地を担保するため、不誠実な外交交渉を行わざるをえなかった。ゆえに一旦、二枚舌外交と謀略の応酬がはじまると、誰もが疑心暗鬼に陥って、「敵の敵は味方」というセオリーが横行し、外交関係はさらに不透明さを増すこととなった。

信玄の関東侵攻は、錯雑した外交交渉が行き詰まった結果として選択された。そして、実行された戦争が充分な成果を上げなかった結果として、信玄は外交交渉と軍事的圧力とを併用しながら、事態を収束していった。戦争と外交とが戦国大名の戦略における両輪をなしていたことが、ここに端的に示されている。

RMAがもたらしたキャンペーン

詳しくは拙著『戦国の軍隊』（角川ソフィア文庫）を参照していただきたいのだが、戦国時代前半の東国では軍事上の劇的革新（RMA＝Revolution in Military Affairs）が進行し、軍事力の構成が大きく変化しつつあった。その結果、永禄年間ともなると主要な戦国大名たちは、足軽・雑兵といった非武士身分の軽装歩兵を大量動員することによって、組織戦を遂行しうる兵種別編成の軍隊を手にしていたのである。

兵種別に編成された戦国期の軍隊においては、もともと職能戦士身分に属していた侍たちは、馬上衆と呼ばれる武士だけの部隊に編入されるようになった。そして、状況に応じて騎乗も可能な重装備の歩兵部隊として、戦場における「缶切り役」を担うこととなった。廿里合戦における小山田隊の戦術は、こうした馬上衆の運用を示す好例といえるし、帰還直後に信玄が出した軍役規定も、兵種別編成の軍隊を前提としたものであった。

これと併行して、戦国時代には戦略――作戦――戦術――戦技という、軍事における階層構造が明確に分化し、階層構造を意識した用兵が行われるようになっていった。外交を含めた、高度な戦略的判断の結果として実行された永禄十二年の関東侵攻戦には、こうした階層構造を明快に看て取ることができよう。

たとえば三増合戦は、戦術次元では武田軍の巧みな用兵による勝利ではあったけれど、作戦次元で見れば不本意な会戦であったがゆえに決勝会戦たりえず、戦略次元で評価するならほとんど徒労と言えた。一方、受け手に回ることとなった北条軍は、各地の主要拠点を堅持して部隊の消耗を避け、敵が攻勢限界に達したのちに各拠点から出撃して決戦を強要する、という作戦構想を徹底させていた。ゆえに作戦次元で考えるなら、三増合戦における北条軍は目標を達成する寸前であった、と言ってよい。

また、戦略上の目的（駿河の領国化）を達成するために信玄が選択した戦争は、北条軍の撃破という明確な目標を有し、これを実現するために長い侵攻経路と作戦期間とを要する、戦役（キャンペーン）の形をとることとなった。前章で見たように、越山を繰りかえす上杉謙信の軍事行動は、すでに季節性の強い戦役の性格を明らかにしていた。目的を達成するための戦国大名たちの軍事行動は、河越夜戦のような即応的・単発的な決戦だけでは解決できなくなっていたのである。

加えて言うなら、永禄十二年の戦役では軍事力を維持する装置としての城郭、とりわけ戦略拠点クラスの城郭（滝山城・鉢形城・江戸城など）の重要性が、再認識されることになった。北条軍が駿東地域を維持できなかった原因も、直接的には蒲原・深沢両城の失陥に求められる。三増合戦後の元亀元年四月、氏康は武蔵の主要な城郭に改修の指示を出している。戦訓対策として、戦略拠点の防禦力強化を図っているのだ。

信玄との再同盟以降、氏政の主敵は季節性の高いキャンペーンを繰りかえす上杉軍となるが、そこでの北条軍は拠点を維持して謙信の攻勢を支え、堅実に戦線を押し上げてゆく戦略を採ることとなる。もはや関東における挑戦者(チャレンジャー)ではない氏政が、かつて父氏康が河越夜戦で見せたような投機的決戦に打って出ることは、遂になかった。

戦国期における軍事のさまざまな要素が凝縮され、それゆえに戦国大名権力の本質を如実に浮かび上がらせる永禄十二年の関東戦役を、筆者はあえて「もっとも戦国的な戦い」と評したい。

戦国大名権力の本質

さて、このように、戦国期における軍事の諸要素が凝縮された永禄十二年の関東侵攻戦を分析してきたとき、あらためて浮かび上がってくるのは、軍事政権としての戦国大名権力の本質である。室町後期の混沌の中から勃興してきた諸勢力は、敵を倒すことによって地域支配権力として自らを確立し、戦国大名となっていった。敵を倒すためには強力な軍隊が必要だが、軍隊とは大量の食糧や物資をひたすら消費する非生産的組織でもある。

この、戦争を勝ち抜くために強大化した大食らいの軍隊を、もっとも効率よく養う手段こそが侵略だった。つまり、他国の資源によって自国の軍隊を養うのである。永禄年間の武田軍が、まさにそうだった。甲斐・信濃を守るために強大化させた軍隊を養いつづけるためには、領国の外縁部を蚕食してゆくしかない。

そして、消耗を伴う謙信との正面衝突を回避する、という選択をした武田軍は、南に活路を求めるしかなかったし、北条家が敵対すれば矛先は関東に向いた。強国である北条家を一気に討滅することは難しいとしても、版図の拡大が望めないのなら望めないなりに、麾下軍団に遠征の果実を与えなければならなかったからだ。ゆえに信玄は、旧暦の八～十月という収穫期をあえて選んで、侵攻作戦を発動することとなった。

氏康の死去に伴って氏政が和睦交渉を持ちかけてきた際も、信玄は同盟が正式に発効する直前まで、上野や北武蔵を転戦している。これには、同盟締結まで相手に軍事的プレッシャーを与えつづける目的もあっただろうが、作戦時期が八～十一月であることを考えるなら、収穫期が終わるまで他国を荒らし回るという意図が、やはり透けて見える。

では、対する北条家が、永禄四年につづいて領国の中枢を徹底的に蹂躪され、経済的にも大きな打撃を被ったにもかかわらず、なおも権力を維持することができたのはなぜだったのか。筆者はこの問題にも、やはり戦国大名権力の本質を見る。

次のステージへ

本来が職能戦士である武士（侍）が階級的に結集することで支配を実現する武家政権は――繰りかえすようだが――、本質的に軍事政権としての属性をもっている。ゆえに、自力（実力によって支配権を担保すること）によって地域支配権力たる戦国大名は、剝き出しの軍事政権となる。そうした戦国大名たちにとって、権力の源泉となる最大の要素は統治システムでも経済力でもなく、軍事力だ。北条家が、領国を蹂躙されながらも権力を保ちえたのは、軍事力を崩壊させなかったからである。懸川城を放棄し、駿府を奪回できなかったことによって軍事力を喪失した今川氏真は、ついに権力を再建できなかった。

無論、剝き出しの実力行使（＝戦争）によって放火や略奪を受ける領民の側は、たまったものではない。けれども、高度に機械化され、システム化された現代の産業と違って、近代以前の生産活動は、家族単位で持って逃げられる程度の家財・道具と土地があれば、再建は何とか可能ではあった。それに、領国が広く荒廃している状況では、村を出ても結局は食いつめてしまう公算が大きいから、大半の者は村に残って再び田畑を耕し、年貢を納める道を選ばざるをえなかっただろう。

そして、年貢の徴収主体は軍隊の基幹戦力たる領主層である。大名が、軍隊の指揮官として領主層の求心力を維持することは、そのまま領域支配権力として継続することをも意味したのだ。対する領民のなかには生活再建を断念する者も少なくなかったはずだが、彼らが食いつなぐための手っ取り早い方法として、足軽・雑兵として軍隊に入る道があった。軍事力の維持が、地域における求心力の保持につながるもうひとつの理由は、足軽・雑兵を大量動員する軍事システム――それは戦国時代のＲＭＡによって獲得されたものだ――のなかにあったことになる。

ここに、戦国という時代の冷徹な現実がある。筆者が本章を、氏康の勇退と信玄の出家というエピソードから説き起こしたことを、思い出してほしい。氏康も信玄も、領内統治の必要性からではなく、軍事政権ゆえの戦略的判断から、それらを選択していたのである。

そして、軍事政権として成立する戦国大名権力はまた、軍事的な勝機を得るためであれば、領国という柔らかい肉をあえて敵に貪らせることも厭わない、冷徹な権力であった。どこが火になろうとも水になろうとも、取りあわずに各拠点を堅守せよ、という氏政の指令がそのことを象徴している。

こうして、ＲＭＡによって獲得された強大な軍事力を手にし、それぞれの地方リーグを勝ち残った戦国大名たちは、全国規模での決勝トーナメントというステージに、コマを進めることになる。

第九章

武田勝頼の苦闘

宿命を背負った武田家最後の当主

諏訪四郎勝頼

四郎勝頼が、信玄の庶子としてこの世に生を享けたのは、天文十五年（一五四六）――つまり河越夜戦を契機として武田・北条・今川の三家が同盟を模索していた頃のことである。同時期のライバルたちと比べてみると、織田信長より十二歳、北条氏政より八歳、徳川家康より四歳若く、上杉景勝よりは九歳年長になる。

勝頼の母は信玄（晴信）が討滅した諏訪頼重の娘で、美貌を望まれて側室となったものである。『甲陽軍鑑』（以下『軍鑑』）によれば、彼女を側室とすることに武田家の宿老たちはこぞって反対した。だが、ひとり山本勘助（菅助）のみは、彼女に産ませた男子に諏訪家の名跡を嗣がせれば信濃の統治に益がある、として反対意見を退けたという。

この話はいかにもドラマめいているために、『軍鑑』の創作であるように思われがちだ。けれども、本来は軍学のテキストとして書かれた『軍鑑』が、このようなエピソードを創作する必然性は薄いように思う。

筆者が注意したいのは、宿老たちの反対理由だ。小説や映画などでは、信玄に恨みを持つ女性ゆえ、寝首を掻く怖れがあるということになっている。しかし、実は『軍鑑』にはそのような話は出てこない。というより、明確な反対理由そのものを述べていないのだ。問題はおそらく別の所にあったのだろう。

信玄は、かつて父・信虎（のぶとら）を追放して当主の座についたが、家中が信玄を支持した理由は、信虎の政戦略上の失敗よりむしろ、残忍で猜疑心の強い人間性にあったらしい。そして、討滅相手から妻女を差し出させるのは信虎が好んだやり方だった。宿老たちは、信玄も所詮は父親と同じ道を歩むのか、という思いにとらわれたのではなかろうか。

けれども、よそ者の傭兵隊長（足軽大将）である菅助は、事態を客観視して彼女を政治利用するメリットを説き、理由について口ごもる宿老衆の反対意見を封じるとともに、信玄の意を汲むことによって雇い主に恩を売ったのだ。このエピソードは、当時の武田家の状況を考えれば、おおいにありうる話なのである。

一、信玄の後継者

武勇を求めて

諏訪四郎勝頼の幼名は伝わっていない。また、『高白斎記（こうはくさいき）』には勝頼誕生の記事が見えない。諏訪家を嗣ぐことを宿命づけられた——実名の「頼」は諏訪氏の通字である——妾腹男児の誕生は、武田家の慶事ではなかったことがわかる。勝頼の生母である諏訪御料人は、彼が十一歳の時に死没している。小説やドラマとは異なり、実際の彼女は鬱々として若い命を散らせたのではないかと思う。勝頼は、肉親の愛情には恵まれずに育った。

永禄五年（一五六二）、十六歳の諏訪四郎勝頼は、武田家の歴史に忽然と登場してくる。

信玄の弟で諏訪郡代だった武田信繁（のぶしげ）が前年に川中島で戦死したことを受けて、勝頼が高遠城主となったのだ。こののち彼は、武田家中からの選抜諸士と諏訪家の旧臣からなる部隊＝家臣団を率いるようになる。

永禄八年、信玄が上野に軍を進めた際には、勝頼も一手を率いて同陣している。この頃、武田軍の先鋒が美濃に進出して織田軍と接触し、信長と和議を結ぶにいたると、信玄は信長の養女（美濃遠山氏の娘で信長の姪）を十九歳になった勝頼の正室として迎えることとした。諏訪勝頼も、武田家の当主を輔翼するべき一門としての立場を、期待されるようになっていたのだ。

だが、この勝頼の婚儀、すなわち織田家との和睦は、武田家中に思いのほか大きな波紋を投げかけた。親今川派である信玄の嫡男・義信（よしのぶ）とその近臣たちが、織田家との同盟に不満を抱いてクーデターを図ったのである。信玄は一派を粛清して義信を幽閉し、二年後の永禄十年には自害させてしまった。

これを機に、信玄は三国同盟を破棄して駿河に攻め入ることになる。父を逐って権力の座についた信玄は、今度は自分の息子を手にかけることによって、権力を維持しなければならなかったのだ。この結果、信玄は北条家と関東や駿河で戦うことを余儀なくされたが、この一連の戦役には勝頼も従軍し、武蔵滝山城や駿河花沢城の戦いでは最前線に立って奮戦している。

信玄には義信以外にも男子があったが、次男の信親（のぶちか）（竜芳（りゅうほう））は病で失明して僧形となっていたし、三男の信之も夭折してしまっていた。二十三歳になっていた勝頼は、義信の死後にわかに継嗣者候補としてクローズアップされることとなったが、諏訪四郎である自分が武田家の後継者にふさわしいことを家中に認めさせるために、この青年武将は誰もが認めるような軍事的実績を欲していたのである。

巨星墜つ

武田軍が駿河で戦っている間に、信玄と勝頼を取り巻く外交環境は大きく変化していった。まず、元亀二年（一五七一）には小田原の北条氏康が死去し、新当主となった氏政は再び武田家と同盟して、北関東で暴れ回る上杉謙信と対決する道を選んだ。また西方に目を転じると、将軍足利義昭とこれを奉じた織田信長との対立が顕在化していた。

翌元亀三年になると、義昭は越前の朝倉義景、北近江の浅井長政や本願寺などに檄を飛ばして反信長包囲網の形成を企てた。信玄もこれに応じ、信長の同盟者である徳川家康の領内に侵攻して二俣城を攻略。さらに南下して家康の拠る浜松城に迫り、徳川軍主力を三方ヶ原で痛撃した。

さらに、朝倉義景や本願寺顕如と連絡をとりつつ、翌年にかけて遠江・三河一円を荒らし回り、美濃方面の武田軍をも策動させた。反信長戦線に加わった信玄の真意が、将軍義昭の護持などではなく、遠江・三河方面への勢力拡大にあったことは明らかである。駿河を制圧して北条氏政と和睦した以上、この選択は必然であったといえよう（註）。

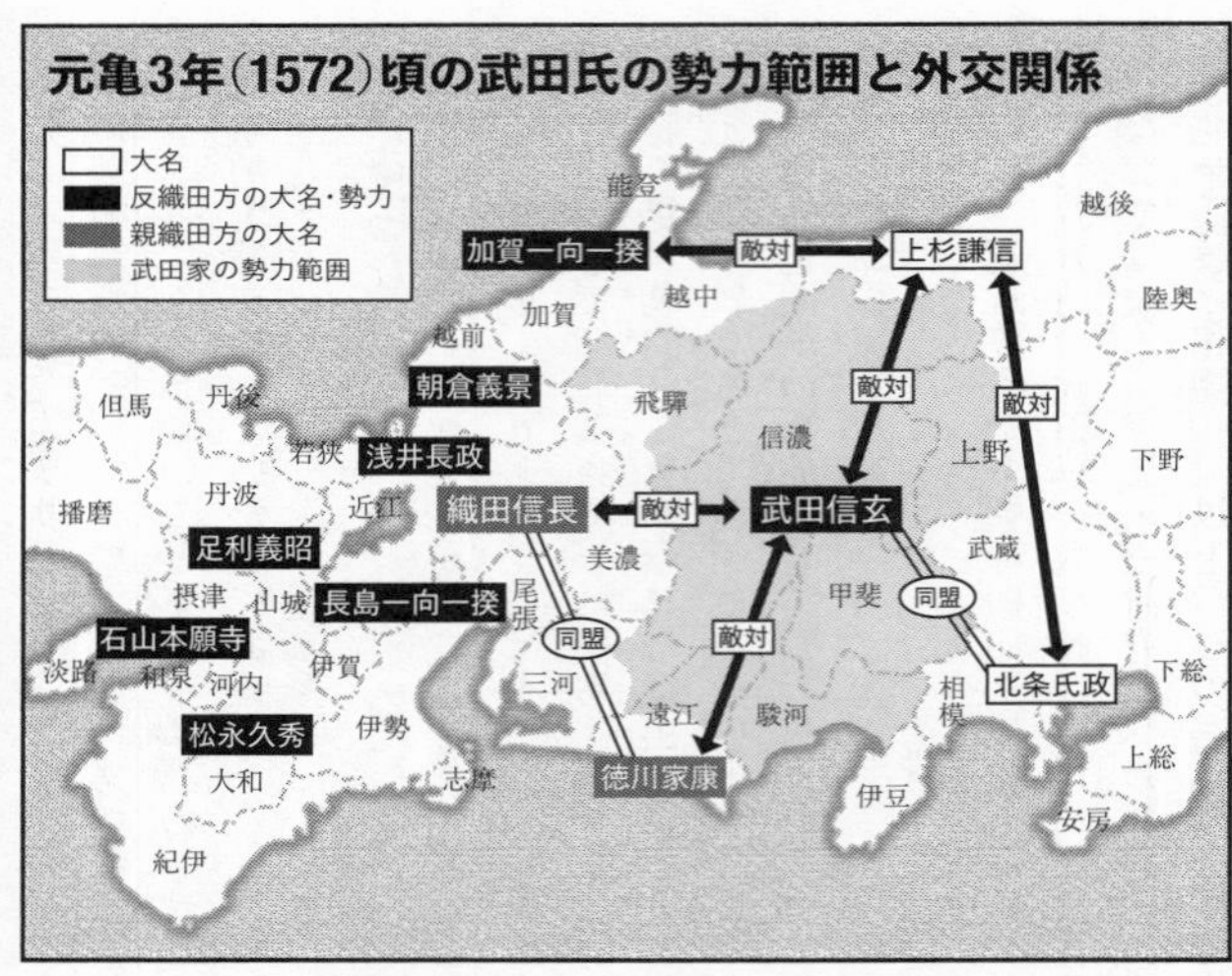

元亀２年（1571）の北条家との再同盟により、武田家は徳川家康の支配する遠江・三河方面への進出を図った。それは織田信長との同盟破棄と対決、さらには反織田陣営への参加を意味した。

けれども、信玄に与えられた時間はここまでであった。元亀四年（天正元年、一五七三）三月、三河野田城を攻囲中に信玄の健康状態が悪化し、武田軍主力は後退を余儀なくされた。

そして、周辺諸国から怖れられたこの法体の武将は、四月十二日に伊那で五十二年余の生涯を閉じた。武田軍総帥の立場を継承しうる者は、二十八歳になった勝頼を措（お）いて他になかった。

新当主としての勝頼の初仕事は、武田軍が突如として作戦を中止した理由を周辺諸国に説明することだった。彼は、北条氏政や本願寺顕如らの同盟勢力に対して、信玄の病気により自分が家督を嗣ぐことなったのだ、としきりに宣伝している。武田家が不安定な権力継承期を乗り切る間、周辺諸勢力からつけ込まれないための予防措置である。

とはいえ、信玄死去の噂はほどなく周辺諸国に広まっていった。情報の真偽が確認できるまで行動を控えるほどお人好しでない家康は、武田軍が後退している現実を衝いて反攻に転じた。すなわち、同年九月に奥三河の要衝・長篠城を手中におさめ、武田方から離反した奥平(おくだいら)信昌を城将として入部させた。

信玄の脅威から解放された信長も攻勢に出て、浅井・朝倉家を滅亡に追い込み、武田家が影響力を有していた飛騨においても姉小路頼綱(あねこうじよりつな)を背かせた。信長との同盟を棒に振ることで得てきた武田家の戦果は、この時点でほぼ失われつつあった。

（註）織田家から入った勝頼の室は嫡男・信勝（武王）を産んですぐに死去してしまい、信長との関係を考慮した信玄は、娘の松姫を奇妙丸（信忠）に嫁がせることを約していたが、反信長戦線への参加によってこの婚約は宙に浮いてしまった。

武田勝頼の誕生

ここでひとつ、考えておきたいことがある。『軍鑑』によれば信玄は、自分の死を三年間秘匿するとともに、武田家の家督は勝頼の嫡男・信勝(のぶかつ)に嗣がせることとし、勝頼は信勝が成長するまでの「陣代」とするよう、遺言したという。

この所伝の真偽については、研究者の間でも意見が分かれるところだ。ただ、発給文書を見るかぎり、勝頼はたしかに数年間は信玄の代行者的な立場を装っているから、死を三年間秘匿せよとの有名な遺言については、おそらく事実なのだろう。

家督の問題については、諏訪家の名跡を嗣いでいた勝頼が武田家の当主となることに対する、家中の違和感に配慮したためとも言われるが、結果として勝頼の指導力を制限してしまったとの評価もある。ただ、家督であろうが「陣代」であろうが、実際には武田軍の総指揮官として、また武田政権の首長として、諸々の案件に臨まなければならなかったことは間違いない。

一方で勝頼は終生、無位無冠のままであった（一部史料には大膳大夫と見えるが私称である）。この問題の背景には、勝頼が後継者としての地位を固めつつあった永禄十二年（一五六九）頃から、義昭と信長の関係が悪化して義昭の行動が制限された結果、将軍家による特権付与や官途斡旋が難しくなっていた事情がある。けれども、武田家の通字である「信」字すら与えられていなかったことを考えるなら、信玄が家督継承者として勝頼を飾り立てることに不熱心だった事実は、隠しようがない。

すでに信玄が死去する前年には、勝頼は躑躅ヶ崎に居を移していたから、彼が後継者であることは誰の目にも明らかだった。だがそれゆえに信玄は、勝頼が義信のように家中に第二極を形成することを怖れたのではなかろうか。いずれにせよ勝頼の家督継承には、何かはっきりと言葉にできないような、もやもやとした違和感がつきまとっていた。

再開された戦役

新当主となった勝頼は、信玄の死去によって後退した戦線を、いつまでも手をこまねいて眺めているつもりはなかった。家督継承に伴う内政・外交上の手続きをひととおりこなすと、出陣時の武装や人員に関する規定を家中諸士に発して、動員に備えている。

天正二年（一五七四）が明けて早々、武田軍は美濃で攻勢に出るとともに、勝頼自らも遠江に進出し、六月には難攻不落で知られた高天神（たかてんじん）城の攻略に成功した。中断していた対徳川戦役の再開である。一旦帰国した勝頼は、駿河湾海上交通の円滑化を図るために氏政（うじまさ）と連絡を取り合い、北関東方面への手当を済ませると、九月には再び遠江に出陣して徳川軍を圧倒し、浜松の城下を焼き払った。これにより、家康は居城を浜松から三河の吉田に後退させざるをえなくなった。

ただ、気になる問題がひとつ横たわっていた。武田家中には、信玄の下で軍事・外交・内政に活躍した宿老たちがひしめいている。彼らは新当主を支えるべき存在ではあったが、一方で勝頼には高遠時代から仕えてきた家臣らもある。勝頼にとって意思疎通がしやすく、信頼できるのは当然、後者だ。

こうして長坂釣閑斎（ながさかちょうかんさい）・跡部勝資（あとべかつすけ）らの「高遠組」が、新政権のスタッフおよび親衛隊を構成することになった。対する宿老衆はライン（現場の長）を預る立場として意思決定の中枢部からは外れがちになり、次第に不満を募らせるようになっていった。武田家中から、軋（きし）るような不協和音が聞こえはじめた。

二、長篠の蹉跌

長篠へ

翌天正三年四月、武田軍は奥三河で攻勢に出て足助(あすけ)城・野田城を攻略し、吉田城をも脅かした。さすがの勝頼も、徳川軍の主力が立て籠もる吉田城を一気に攻略するのは困難と見て、豊川沿いに軍を北上させたものの、徳川家中からは武田方への内通者が現れて家康を慌てさせた。長篠城攻囲は、こうした状況下で生起したのである。

武田軍の兵力については諸説あるが、前後の状況から見ると総勢で一万八〇〇〇内外と考えてよいだろう。対する長篠城の守備兵力は、奥平信昌の指揮する五〇〇ほどだった。通説では、長篠城は要害堅固な地形を利して城兵が奮戦し、大軍による猛攻をよく支えたように評価されている。

けれども、前後の状況から判断するならば、勝頼がこの機を捉えて徳川軍主力に野戦を強要し、一挙に覆滅する意図をもっていたことは明白であろう。実際、武田軍は長篠城を囲む一方で、諸隊を派出して周辺の村々を荒らし回っており、勝頼自身も出撃している。明らかに挑発行動だ。したがって、勝頼には最初から長篠城を無理に攻略する必要などなく、家康を引きずり出すまで生殺しにしておけばよかったのである。城兵の奮戦云々は、のちに徳川

長篠合戦への道　武田軍の攻勢
―元亀元年(1570)～天正3年(1575)―

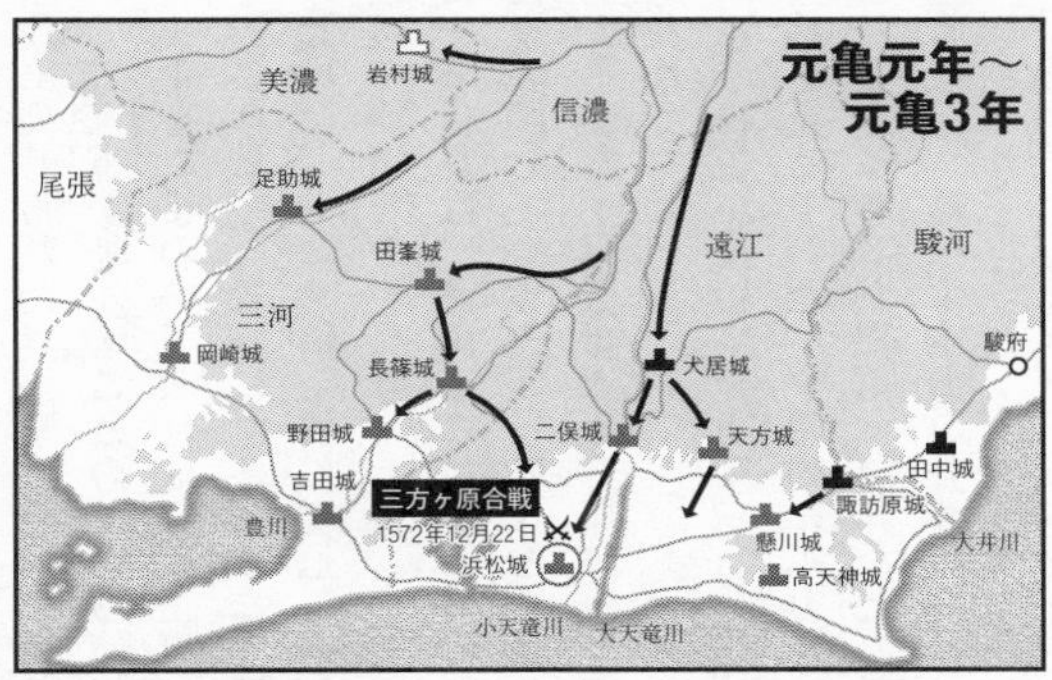

その生涯最後の軍事行動となった武田信玄の三河・遠江侵攻は、三方向から徳川領国に攻勢を行うことで、徳川領の分断を図るものだった。

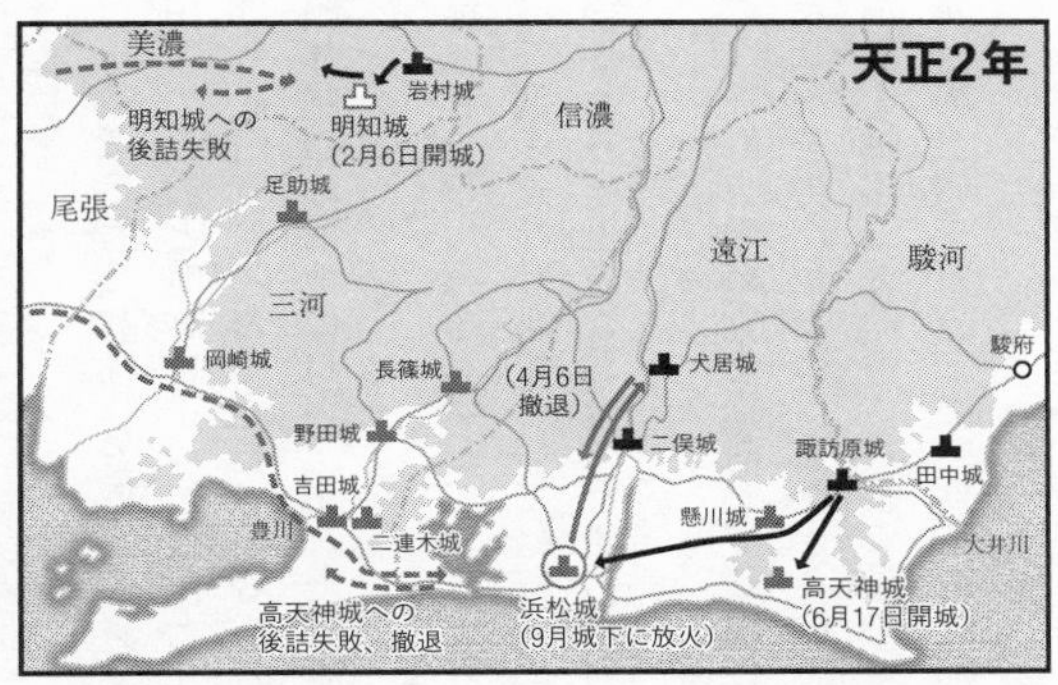

天正2年(1574)5月に勝頼は大軍をもって遠江東部の高天神城を攻囲。徳川軍は織田軍の援軍が遅れたために後詰を行わず、決戦は持ち越された。

家の譜代に列せられた奥平家側の「手柄話」にすぎない。

対して、家康が動かすことのできる徳川軍主力は七〇〇〇程度にすぎなかった。とはいえ、このまま手をこまねいておれば、東三河一帯は武田軍の放火と略奪によって亡国と化してしまうし、長篠城を見殺しにするような事態になれば、武田軍の圧力を感じている三河・遠江方面の諸城は、ドミノ倒し的に寝返ってしまう。絶体絶命の窮地に追い込まれた家康は、信長に救援を要請した。

ここまで信長は、武田軍に対する体のよい防波堤として徳川家を利用してきており、家康が支援を要請しても佐久間信盛（のぶもり）などを送る程度で、三河・遠江戦線については概して消極的であった。実際、信長は天正三年に入っても、あいかわらず上方における反織田勢力との抗争に追われていた。

しかし、勝頼が長篠城を囲んでいた五月の時点で、三好方の残党を掃討して戦況はようやく一段落を見せていた。一時的に主力を転用可能な状況を得た信長は、家康からの急報を受けると、上方にあった細川・筒井などの諸将に鉄炮隊を抽出して派遣するよう命じた。信長はこの時点で、織田軍主力を長篠に投入して武田軍との会戦を行うことを決心したのである。

勝頼の決心

約三万の織田軍を率いて三河に入った信長は、五月十八日に長篠城の西方六キロほどの極楽寺山に進出した。そして、家康が本陣を置いている高松山から連なる丘陵の背後（反対斜

❶ 4月　武田軍、三河に侵攻。
❷ 4月下旬　野田城攻略。
❸ 5月1日　長篠城攻囲開始。
❹ 5月6日　牛久保・二連木城攻撃。
❺ 5月6日　吉田城下に侵入。
❻ 5月13日　織田軍の後詰、岡崎到着。

武田軍は奥三河に侵攻すると、足助城と野田城を攻略し、長篠城を囲み、吉田城下にまで進出する。勝頼は、長篠城を餌として後詰に来るであろう徳川軍主力との決戦を企図した。なお、天正3年の時点で家康は浜松城から吉田城に本拠を移転している。

【武田軍】
城
攻勢
【徳川軍】
城（丸カコミは本拠）
反攻
【織田軍】
城
反攻

面）に、武田軍側の視線から遮られるように自軍主力を配置するとともに、鉄炮隊を前進させて武田軍に射撃を加えさせた。信長が設楽ヶ原で連合軍主力を停止させたのは、決戦に適した開豁地を確保するためであり、鉄炮隊の射撃は挑発または威力偵察であったろう。

上述の〝反斜面陣地〟が実際にどこまで奏功したのかはわからないが、結果として勝頼は、信長の兵力や決戦意図を過小評価することとなった。また、連合軍主力が設楽ヶ原を前に停止したことから、鉄炮隊についても牽制にすぎないと判断したらしい。上方での掃討戦に忙殺され、美濃東部でも武田軍の圧迫を受けていた信長が、大軍を直卒して家康の支援に本腰を入れるはずはない、との先入観が根底にあったのだろう。

ともあれ、織田・徳川連合軍との会戦を決心した勝頼は、二十日には長篠城の押さえとして三〇〇〇ほどの部隊を残し（以下、武田軍残置部隊と仮称）、約一万五〇〇〇の主力を率いて設楽ヶ原東方の丘陵へと進出してきた。これを見た信長も、自軍主力を設楽ヶ原西方の弾正山を中心に展開させて、戦機は熟した。

ところで、決戦前日における武田側の軍議について『軍鑑』は、敵兵力の大なることを理由として、宿老衆がみな設楽ヶ原での会戦に反対したものの、長坂・跡部ら側近の進言を容れた勝頼が、寡兵をもって大敵を破ってこその功名だと強弁し、楯無の鎧と軍旗に誓いを立ててしまったので開戦が決定したように述べている（註）。

けれども、この話は少々おかしい。武田軍が最初から徳川軍との決戦を企図していたこと、武田側には信長の兵力・意図を過小評価する材料があったことなどを考慮するならば、宿老衆の間でも意見は割れていた、と考えた方が自然ではなかろうか。おそらく勝頼は、徳川軍の兵力（約七〇〇〇）を考慮した上で、仮に信長が二万程度の織田軍を率いてきたとしても、戦意が乏しいのであれば、自軍右翼をもってこれを拘束している間に徳川軍を撃破できる、と踏んだのであろう。

ただし、甲州流軍学のテキストとして編まれた『軍鑑』には、武田軍敗亡の理由を説明する必要があった。そこで、長篠における敗戦の責任を、勝頼と側近たちに負わせたのではなかろうか。とはいえ、勝頼と宿老衆の間に充分な信頼関係がなかったことは間違いない。宿老たちの多くは軍議の席上で明確な意見を述べずに口ごもってしまい、充分な検討が行われないままに勝頼が決心を下してしまった、というのが真相ではなかろうか。

（註）これまで、勝頼が長篠の陣中から「長閑斎」に宛てた書状が伝在することから、長坂長閑斎（光堅）は参陣しておらず、『甲陽軍艦』の記載は信憑性がないとされたが、近年になって平山優氏が、勝頼書状の宛所は長坂長閑斎ではなく、駿河久能城将の今福長閑斎（浄閑斎とも）であることを解明している。

「御身方一人も」

一方、武田軍主力の進出を知った信長は二十日夜、徳川軍から酒井忠次（さかいただつぐ）以下二〇〇〇を抽出させ、これに直轄の鉄炮隊約五〇〇と金森長近らを加えた計四〇〇〇の支隊を編成して、武田軍主力の背後に向けて進発させた。この酒井・金森支隊が翌日の辰刻頃（午前八時前後）に、武田軍残置部隊の要であった鳶ヶ巣砦を急襲して、勝頼を驚愕させることになる。では、支隊を発遣した信長の作戦意図はどこにあったのだろう。これについて『信長公記』は、極めて重要な発言を記録している。

> 今度間近く寄合せ候事、天ノ与ル所に候間、悉く討果るべきの旨、信長御案を廻らされ、御身方一人も破損せざる様に御賢意を加へられ（後略）、

つまり信長は、このタイミングで両軍が対峙にいたったのは天佑であるから、この機会に武田軍を撃滅してしまおうと考え支隊を進発させた、というのである。

筆者が注目するのは、「御身方一人も破損せざる様に」の一文だ。従来の論者はみな、自軍から損害を出さないため、と解釈してきたようだ。しかし、一大会戦を決心しておきながら「一人も」死傷者を出させないというのは現実的ではないし、そもそも信長が下々の兵士たちの身の上を案じていたとも思えない。それに、織田軍のことを指すのなら「御身方」ではなく、「御家中」「御人数」と表現するはずではないか。

また、これまでの経緯に鑑みるならば、信長が徳川軍の人的損失に配慮したとも考えにくい。だとしたら、「御身方」が指す対象は長篠城を死守している奥平信昌以外にない。信長は、自分の側に与した勢力は潰させない、と言っているのだ。

ただし、長篠城に送り込む増援部隊としては四〇〇〇という兵力は過大だし、信長直轄の鉄炮隊五〇〇も気前がよすぎる。何より、落城をふせぐというのなら、前段の「両軍が対峙に至ったのは天佑だから、この機会に武田軍を撃滅しよう」というくだりと整合的に理解できなくなる。一方、武田軍主力の挟撃を意図しているにしては、四〇〇〇は過小と言わざるをえない。

信長の作戦意図

論理的に導き出しうる答えは、おそらくひとつしかない。信長は、両軍が「間近く寄合せ」て対峙をつづけているうちに、長篠城が降伏してしまう事態を避けたかったのだ。旧暦の五月下旬という季節を考えるなら、雨で攻勢をためらっているうちに両軍が陣場を固めて、戦局が膠着状態に陥ってしまう事態は充分に予想できた。

実際、信長は連合軍の前面に柵を構築するよう命じている。いわゆる馬防柵だが、従来のように、これを鉄炮や騎馬突撃との関係のみで論じるのは、いささか問題だと思う。敵の至近に布陣する以上、夜襲対策としても自軍兵士の不用意な行動を規制するためにも、柵類の構築は当然の措置だからだ。設楽ヶ原東方に前進してきた武田軍も、時間が経過すれば同様に柵を結って陣場を固めるだろう（註）。

つまり信長は、奥平氏を潰させないため、長篠城が持ちこたえているうちに決戦を挙行してしまおう、と言っているのだ。酒井・金森支隊の迂回攻撃によって生じる事態を正確に予想することはできないとしても、勝頼は何らかの手を打たざるをえなくなるはずである。武田軍が何らかの動きを見せれば、そこに戦機が生じる、というのが信長の判断であったろう。自分の戦術によって戦場を動かし、戦いの主導権を握りたいのだ。

だとしたら、支隊は定石どおり黎明奇襲を予定していたと考えてよい。にもかかわらず、実際にはそれを大きく過ぎた辰刻に鳶ヶ巣砦を攻撃している。おそらく、山中の夜間行軍に思いのほか手間取った結果、砦のかなり手前で夜明けを迎えてしまい、偵察や偽装などを行いながら慎重に接近していったのだろう。

結果として彼らは奇襲に成功して鳶ヶ巣砦を突破し、これを知った奥平勢も城内から突出したために、武田軍残置部隊はほどなく蹴散らされてしまった。だが、この時すでに設楽ヶ原では、両軍主力の会戦がはじまっていた。

（註）陣場を固めるために柵を構築するのは一般的な行為であるが、長篠の合戦では結果としてこの柵をめぐって戦闘が展開したために、織田軍鉄炮隊vs武田軍騎馬隊という図式の中で、この柵が騎馬での突入を鉄炮で迎撃するための施設として過大に評価されてきたのではなかろうか。

何のための鉄炮隊か

酒井忠次と金森長近が、白みはじめた空に焦りを募らせている頃、武田軍主力が動き出したとの報を得た信長は、家康が本陣を据えている高松山にやってきて、情勢を観望した。鉄

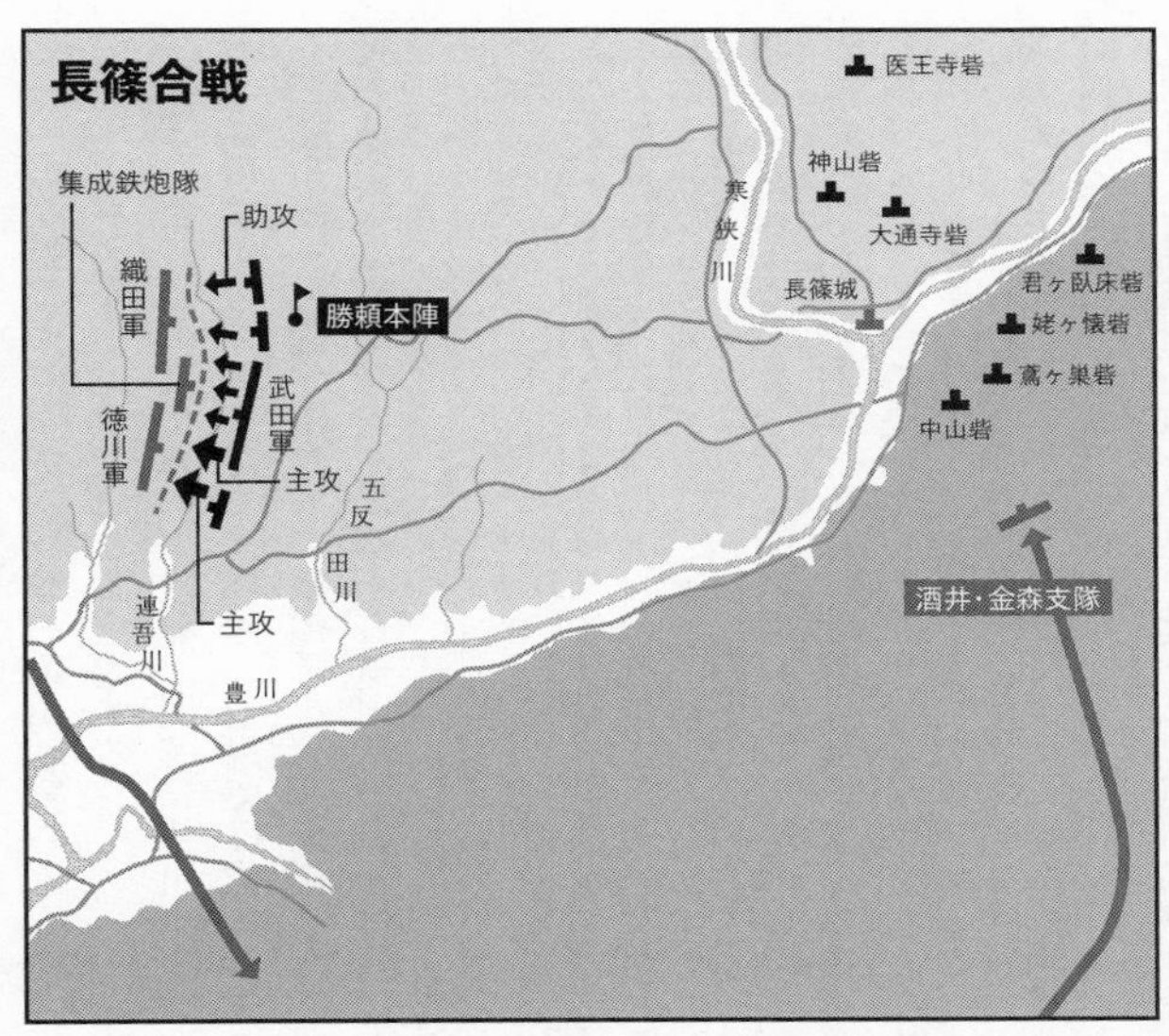

【武田軍】
- 付城（砦）
- 戦闘展開した部隊
- 攻撃

【織田・徳川軍】
- 城
- 馬防柵
- 戦闘展開した部隊
- 支隊進路

武田軍は、徳川軍を主目標に早朝に攻撃を開始した。しかし、酒井・金森支隊の長篠城解囲によって後方を遮断されることを防ぐため、勝頼は戦場を離脱しようと徳川軍の一角を切り崩すことを命じた。これが前線諸将を無謀な突撃へと駆り立てることになった。

炮一〇〇挺ばかりを佐々成政・前田利家ら五人の奉行の指揮下に配置した、という『信長公記』の有名な記述は、ここで登場する。

つまり信長は、武田軍の主攻軸が明確に徳川軍を指向している様子を見て取って、徳川軍と、織田軍から分派した増援部隊（通説では佐久間隊）だけではこれを支えきれないと判断し、徳川軍を援護するための鉄炮隊を急遽配置したのである。したがって、この約一〇〇〇挺の鉄炮隊は徳川軍の左翼側から織田軍の右翼付近にかけて展開していた、と理解するのが正しい。『信長公記』が伝える一〇〇〇挺ばかりの鉄炮隊は、織田軍全体の火力を表すものではないのだ。

対する武田軍は夜明けとともに攻撃を開始し、徳川軍との間で激闘が交わされることとなった。武田軍の中には、佐々らの鉄炮隊正面に突撃して損害を出す部隊もあったが、それは勝頼には織り込み済みのことだったろう。たとえ備えの二つ三つをすり潰したとしても、徳川軍に決定的な打撃を与えられれば、作戦の目的は達成できるからだ。

また、武田軍の右翼諸隊は、北方に展開する織田軍の正面に攻撃を仕掛けていた。ただし、武田軍にとってこの決戦が、あくまで徳川軍を叩くためのものであることを考えるなら、彼らの目的は織田軍主力の牽制・拘束だったことになる。したがって彼らは、鉄炮を撃ちかけられれば後退して別の攻め口を探る、といった動作を繰り返していたはずである。

『信長公記』によれば、信長は自軍主力に対し、指示があるまで決して柵外に出て戦闘しないよう、厳命を下していたという。これを見た勝頼が、織田軍の戦意はやはり低いと判断したとしても、無理からぬことであろう。しばらくの間、局面は勝頼や宿老諸将らが予想した範囲内で推移していたのではなかろうか。

一方、酒井・金森支隊の急襲が辰刻だとすると、ひとしきり戦闘があって残置部隊が潰走し、その報告が勝頼の本陣にもたらされたのは巳刻頃（午前十時前後）だったはずだ。つまり、設楽ヶ原での戦闘がたけなわとなっていたタイミングで、勝頼は凶報に接したことになる。以下、この状況で起こりえた蓋然性のもっとも高い事態をシミュレートしてみたい。

設楽ヶ原で起きたこと

勝頼は、数千の敵が背後に回り込んだことを知って仰天した。とはいえ、この時点での選択肢はあまり多くはない。主戦場における総予備（自軍が勝利した場合は追撃・掃討戦に投入する予定）として控置してある部隊（旗本勢基幹）をもって退路を啓開し、迅速に撤収するというのが、もっとも妥当な判断だろう。

戦術の修正を決断した勝頼は、前線諸隊を指揮している宿老衆に、どんな形でもよいからできるだけ早く徳川軍の一画を切り崩すよう、催促した。敵の前軍を巧みに切り崩すことで迅速に戦場を離脱し、戦術的勝利を確保する――このとき、勝頼の脳裡にあったのは、六年前の三増合戦のイメージだったかもしれない。

ところが、三増合戦のときとは異なって、総大将との意思疎通を欠いていた宿老諸将は、この指令に激昂した。「四郎様にはわれわれの戦いぶりがご不満か！」「自分は長生きをしすぎたか！」おそらくはそうした感情が、彼らを無謀な突撃へと駆り立てていった。あるいは、どうせ討ち死にするならと、織田軍火網のもっとも濃密な箇所にあえて突入を試みた者もあったのではないか。

対する信長は、鉄炮隊（おそらく直属部隊の残余）を必要箇所に追加投入し、徳川軍の奮戦と併せて、この激烈な突進を何とか凌ぎきった。こうして、戦場における「缶切り」役を担うべき侍衆の損害が累積した武田軍は、次第に組織的戦闘力を失っていった。

午後に入り、敵が攻勢限界を過ぎたことを看取した信長は、温存してあった自軍主力を繰り出し、武田軍は一気に潰走した。武田方の侍衆の中には、踏みとどまって壮絶な斬り死にを遂げる者も少なくなかったろう。おそらくは弾正山から戦場を見ていた太田牛一（ぎゅういち）（『信長公記』の作者）の目に、この戦闘経過は織田軍の快勝と映った。

長篠の勝敗分岐点

さて、長篠における勝頼の敗因は何だったのだろうか。まず指摘しておかなければならないのは、有名な織田軍の鉄炮隊は戦場の主役ではなかった、ということである。それ以前に、連合軍側の主役は本来は家康であった。

天正三年における武田・徳川両軍の動向を整理するならば、長篠城の攻囲によって徳川軍主力を引きずり出し決勝会戦を挑む、という武田軍の作戦構想自体は基本的に正しかった。徳川軍と戦いをつづけるかぎりいずれ決戦は避けられないのであり、次にめぐってくる決戦の機が、今よりもっと自軍に有利な条件を備えている保証などないからだ。
勝頼にとっての最大の誤算は、信長が織田軍主力をそっくり転用可能な状況を得ていたことであったが、これは多分に信長の僥倖に帰する。勝頼が信長の決戦意図と兵力を見誤ったことも問題ではあるが、ここにも不可抗力の要素はつきまとっている。こうした判断ミスは、「戦場の霧」(註)の中では往々にして避けられないものだ。

一方、家康との関係を利用して作戦を主導した信長の側から見たとき、設楽ヶ原に進出した勝頼が間髪(かんはつ)をいれずに開戦に踏みきったこと、支隊の奇襲が予定より遅れ、これが結果として勝頼の決戦プランを狂わせたことなどは、戦いの帰趨を左右する重要な要素であったが、これらはまさに「天ノ与ル所」だった。とはいえ、幸運は前を向いていなければ拾えない、という真理も忘れてはならない。

とどのつまり信長は、武田軍との明確な決戦意図を固めた上で、戦線の側面にあたる美濃には構わず、主力の全軍を長篠正面へと思い切りよく投入した。そして、不可測性と流動性が戦場を支配することをよく理解した上で、自分が打てる手を次々と積極的に打ってゆき、結果として戦場での主導権を握ることができた。これと比べるなら、決戦に臨んでの勝頼の術策は相手を崩すための仕掛けに乏しく、単線的にすぎた。

では、こうした信長と勝頼との違いは何に起因するのか。十二歳という年齢の差(＝経験の差)という要素もあるだろうが、手痛い失敗を繰りかえしながら戦理を体得していった信長に対し、武田軍の全盛期に武将としての人格形成がなされた勝頼には、成功体験以外に参照できる戦例がなかった、という問題が大きいように筆者は思う。また、武田軍の宿老諸将は壮烈な戦死を遂げることによって伝説化されたが、若い主君との意思疎通を欠き、充分にこれを補佐できなかった彼らにも、敗戦責任の一半はあると考えるべきだろう。

（註）戦いに普遍的に存在する不確実性・不可測性といった属性を、軍事学ではしばしば比喩的に「戦場の霧」と呼ぶ。

三、再建と凋落

軍の再建

長篠で武田軍が大敗したという噂は、すぐに諸方面に広まったらしい。勝頼は、先手の数隊がやられたが、武田信豊・穴山信君・小山田信茂以下の諸将も健在で損害は軽微だ、という内容の書状を留守居衆に送って、家中の動揺を抑えようとしている。だが実際には、山県昌景・馬場信春・土屋昌続・原昌胤・内藤昌秀（昌豊）・甘利信康・真田信綱といった歴々が戦死し、武田軍は軍事行動の継続が当面不可能になるほどの損害を蒙っていた。

ようやく躑躅ヶ崎に戻った勝頼には、戦死した家臣たちの所帯を遺族に相続させる、敗戦処理の膨大な事務手続きが待っていた。一方、信長は外交ルートを駆使して諸方面に長篠での大勝を喧伝しており、家康は三河・遠江ですかさず反攻に転じて、武田軍の拠点を次々に奪取していった。九月に入ると勝頼も大井川方面に出陣したものの、高天神城への連絡線を手当するのが精一杯だった。また、織田軍の圧迫を受けている岩村城を救援するため東美濃にも出陣したが、後詰は失敗して城は陥落し、城将の秋山虎繁（信友）は織田軍に捕縛され、処刑されてしまった。

こうして、武田軍の中枢を担ってきた宿老たちのほとんどが失われることとなった。通説では、この人的損失が武田家の敗亡を招いたように言われている。けれども、これら信玄以来の宿老たちは、勝頼に対してある種のわだかまりを抱いているゆえに、意思疎通が取りにくく、勝頼にとっては煙たい存在でもあった。長篠でこうした「在庫」を一掃できたことは、武田家中における勝頼の権力基盤を強化するためにむしろ好都合だった、という側面は否定できないように思う。

とはいえ、武田軍の戦力が弱体化したことも事実で、勝頼は自分なりのやり方で軍を再建する必要に迫られていた。これより約二年の間、勝頼は外征を控え、黒川金山の鉱脈枯渇による財政悪化と徳川軍の攻勢とに悩まされながらも、内政と軍の再建にいそしみ、また北条氏政の妹を室に迎えるなどして、外交関係の安定にも意を用いることになる。

ちなみに、この時期、勝頼はしきりに軍役改訂の定書を出しているが、そこには鑓などを略してでも鉄炮を多く揃えるように、といった指示が加えられている。通説では、これは長篠で織田軍の鉄炮隊に痛撃された経験から火力を重視するようになったもの、と説明されている。

しかし、長篠で勝敗を分けた要因が鉄炮ではないのだとしたら、この解釈は再考しなければならない。勝頼は、火力や組織力を向上させることによって侍層の消耗で低下した戦力を補おうとした、と考えた方が正しいだろう。職能戦士である侍とは違って、雑兵や足軽は短時間で戦列化することが可能だからである。

戦略転換

軍の再建を進めていた勝頼の戦略構想を根底から覆すような報せは、北からもたらされた。天正六年（一五七八）の五月、越後の上杉謙信がにわかに卒去し、いわゆる御館の乱が勃発したのである。謙信の跡目を争う二人の養子、すなわち景勝と景虎のうち、景虎は北条氏政の実弟であったから、氏政は当然軍事介入へと動く。氏政と同盟していた勝頼も、景虎支援のために信越国境方面へと兵を進めた。

北信濃の上杉方諸城を接収しながら越後に入った勝頼は、ここで景勝からの和睦の申し入れを受け入れる。そして、一旦は両者間の調停を試みたものの、徳川軍が駿河に侵攻したため越後からの撤退を余儀なくされた。

何とか徳川軍を押し返した――徳川軍も単独で武田軍主力と雌雄を決することはできなかったのだ――勝頼ではあったが、越後ではこの間に内乱が泥沼化し、景勝と景虎の双方が勝頼の支援を喧伝する事態になっていた。こうした経緯に不信感を強める氏政との関係が冷え込んでゆく中、勝頼の態度は次第に景勝支持に傾いていった。結局、翌七年に景虎が敗死すると、甲相同盟は再び破綻してしまった。

御館の乱をめぐる勝頼のこうした対応には、ある種の不自然さ、というか屈折点のようなものが感じられる。勝頼はなぜ、途中から景勝支援に切り換えたのだろうか。よく言われるのは、春日山城の御金蔵を制した景勝が、黄金の贈与と北信濃の上杉領割譲を条件に盟約を持ちかけたため、という話である。

このうち上杉領割譲については、武田軍が北信濃の諸城を接収している現状を考えれば妥当な条件といえる。また黄金贈与についても、乱の終息後に武田方から黄金五十枚を催促する書状が出されていることから、事実と認めてよい。財政難に苦しみながら軍の再建をつづける勝頼が、黄金贈与に心を動かされたとしても不思議ではない。

とはいえ、判断を迷わせた理由はそれだけではないだろう。「四郎」より他に名乗りのない勝頼に比べ、北条家の当主は朝廷から正式に左京大夫（さきょうのだいぶ）（室町期の武家官位としてはほぼ最高位）や相模守に任じられている。こうした格の上下が、これまでさほど問題にならなかったのは、両家の勢力が拮抗していたためだ。

だが、景虎が乱を制した場合、越後は事実上北条家の属国となって、両家のパワー・バランスは大きく傾く。勝頼はおそらく、武田家が格下の同盟相手——信長と家康のような——の立場に追い込まれることに危惧を抱いたのではなかろうか。そうして逡巡を重ねるうちに、駿遠方面の戦況や氏政との関係が次々に悪化して、最終的に景勝と組まざるを得なくなった——筆者はそのように推測している。

結局、勝頼は末の妹である菊姫を嫁がせることで景勝と同盟を結び、家康・信長と急接近しつつある氏政に対抗するため、佐竹氏との連携を模索してゆくことになる。長年、抗争をつづけてきた武田・上杉両家の外交関係はしばしばギクシャクしたが、勝頼自身は景勝と密に連絡を取り合っている。肉親の情に恵まれなかった勝頼は、苦労して家督をえた新しい義弟に、ある種の親近感を抱くようになったのかもしれない。

東部戦線での攻勢

氏政との戦争に踏みきった勝頼は天正八年（一五八〇）以降、北武蔵や上野にたびたび出陣して北条軍を圧迫し、また配下の真田氏に命じて上野北部での攻勢を強めさせた。武田・北条両軍の衝突は駿豆国境や駿河湾でもつづき、甲武国境でも双方のゲリラ的な侵入が繰りかえされたものの、主戦場である北関東では武田側が圧倒した。火力と組織力を向上させた再建武田軍は、拠点を保持しながら戦線を押し上げてゆくような戦い方では強みを見せたのである。

危機感を募らせた氏政は信長との関係強化に奔走し、勝頼も対抗上、信長との接触を図ったが、これは不調に終わっている。信長は武田家と再び和睦するつもりはなかったのだ。一方、この間にも徳川軍は攻勢を継続しており、高天神城は敵中に孤立しつつあった。

高天神城は、戦略的にはさほどの要衝ではなかったが、戦術的ポテンシャルの高い難攻不落の城であった。長篠合戦以降も戦力的に余裕のなかった徳川軍は、高天神城に対しては付

西部戦線の守勢と東部戦線での攻勢

長篠合戦の敗北後、武田軍は、駿遠両国の西部戦線で織田徳川軍の反攻の前に、守勢にまわる。しかし上杉家との同盟の結果、東部戦線では天正8年になると一大攻勢を発起し、東上野の北条方の諸城を攻略した。

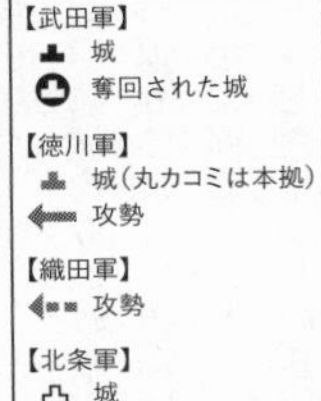

城を築いて城兵の突出を防ぎながら、戦略的価値の高い諏訪原城の攻略を優先した。そして、徳川軍が攻略できず武田軍が保持しつづけたことによって、結果的にこの城は武田軍駿遠戦線の桎梏となってしまったのだ。

こうした中、翌九年に入ると勝頼は、躑躅ヶ崎館の西北西十五キロにあたる七里岩の断崖上に、新たな館の建設を開始した。いわゆる新府城である。この本拠移転はおそらく、目下の戦況に鑑みて領国内での戦略的重心を補正する——上野や遠江に対して動きやすく、甲武国境方面からの縦深を確保できる——ことを目的としていたのであろう。ただ本拠移転とほぼ同時に、信玄以来の龍朱印を停止して「勝頼」の印文が刻まれた新しい朱印に転換していることを考え合わせれば、勝頼は「信玄カラー」の一掃を目ざしていたとも言える。

新府の普請が軌道に乗りはじめた三月二十二日、徳川軍に攻囲されていた高天神城がとうとう玉砕した。北条軍との戦いに忙殺されていた勝頼は、すでに後詰の手だてがないほど戦況の悪化していたこの城に対して、積極的な姿勢を見せようとはしなかった。けれども、勝頼が高天神城を見殺しにした事実は、駿遠や信濃の国衆たちを動揺させた。

さらに間の悪いことに、十月には北条軍の最前線を担っていた伊豆戸倉城の笠原政晴が武田方に転じてきた。これは本来なら喜ぶべき事態のはずだが、この寝返りによって勝頼は駿豆国境への出陣を優先せざるをえなくなり、対徳川戦線でいっそう後手に回ることとなってしまった。伊豆でひとしきり北条軍と干戈を交えた勝頼は十二月、落成したばかりの新府の館に帰陣した。けれども、勝頼はこの新しい自分の本拠で、たった一度しか新年を迎えることができなかった。

破局

決定的な破断は思わぬ場所で起きた。明けて天正十年（一五八二）の正月、勝頼と縁戚関係にあった木曽義昌が織田方に転じたのだ。武田領内への突入口を求める信長が調略を仕掛け、美濃方面からの圧迫を感じていた義昌がこれに応じた形である。勝頼はただちに兵を率いて諏訪の上原城に入ったが、信忠を主将とする織田軍は陸続と木曽・伊那方面に侵入し、南伊那の諸城も次々に投降・開城していった。

勝頼が対応に忙殺されているさなかの二月十四日には、浅間山が大噴火を起こした。人心が大きく動揺する中、勝頼の室は新府に近い武田八幡宮に切々とした仮名書きの願文を捧げたが、彼女の実兄である北条氏政は東から武田領に攻め入りつつあった。

二月二十五日には、これも勝頼の義兄で駿河方面軍司令官の立場にあった穴山梅雪（信君）が織田・徳川方に寝返り、三月二日には仁科盛信（勝頼の弟）の守る高遠城が力戦の末に陥落した。破断は急速に広がった。前線諸将の中には、勝頼に対する漠たる違和感や高天神落城をめぐる不信感から戦意を失う者も多く、忠誠心の薄い雑兵・足軽を主体に再建された武田軍は、危機下ではたやすく統制を失った。

高遠落城の翌日、勝頼は新造の館に火をかけて東へと退いた。郡内の小山田信茂からは、天嶮の岩殿城に入ることを勧める使者が来た。すでに支援を要請していた上杉景勝軍が南下してくるまで、山がちの郡内で抗戦を継続できれば戦況は多少なりとも好転する——そう踏んだ勝頼はこの提案に乗った。だが、織田軍の急速な進出を前にした上杉軍の動きは鈍かった。さらに、郡内に入ろうとした勝頼の一行を、何と小山田勢が阻んだ。信茂が、土壇場で勝頼を見限ったのである。

わずかな供回り、室と嫡男の信勝、これに従う女房衆のみとなった勝頼一行は、進路を北へと転じた。峠を越えれば氏政の治める武蔵である。数年来、対立をつづけてきた氏政は、自分を厳しく処断するかもしれないが、よもや妹には手をかけまい。何より信勝——信長の養女との間に生まれた武田家の正嫡——は氏政にとって有力な手駒となる。氏政はこの二人を、相応に遇するはずだ。勝頼はそこに、武田家の命運をつなぐ一縷の望みを託そうとしたのだ。

けれども、彼らはついに国境を越えることができなかった。三月十一日、疲れはてて田野の民家に止宿していた一行に、追っ手が襲いかかった。勝頼と信勝は、室と女房衆を手にかけたのち自害したと伝わるが、『軍鑑』は二人が斬り死にしたと記す。時に勝頼三十六歳。信勝は、『軍鑑』が信玄の遺言により家督につくと記した数え年の十六歳となっていた。

［文庫版追記］

新府城は従来、七里岩の断崖に拠った要害堅固な名城と評価されてきた。たしかに、釜無川の対岸側から見ればそうであるし、縄張りも技巧的ではある。

武田家の滅亡 ―天正10年(1582)1月～3月―

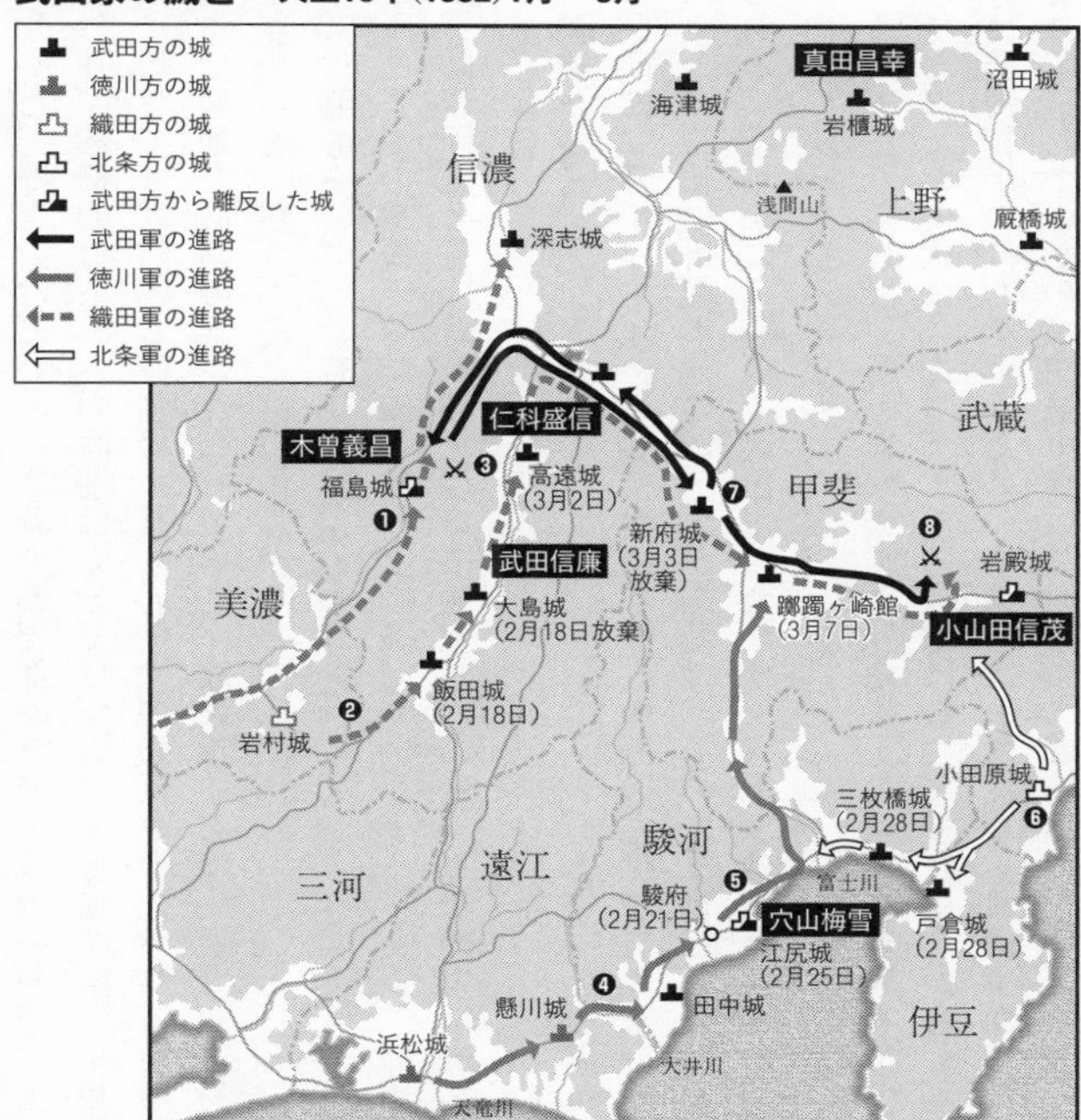

天正9年(1581)3月22日、後詰ができなかったことから高天神城が陥落。これにより勝頼は主君として権威を失い、家中は大きく動揺した。翌年、1月の木曽義昌の離反をきっかけに織田軍は木曽と伊那から侵攻を開始。徳川、北条軍もこれに呼応した。武田軍は、多方面からの同時侵攻を受けて一気に崩壊した。

❶ 1月下旬　木曽義昌、武田家から離反。
❷ 2月上旬　織田信忠軍、伊那口より侵攻開始。
❸ 3月16日　勝頼、織田軍の支援を受けた木曽勢に敗退(鳥居峠の戦い)。
❹ 2月中旬　徳川軍、大井川を越えて駿河に侵攻。
❺ 2月25日　穴山梅雪、武田家から離反。
❻ 2月28日　北条軍、駿河・甲斐に侵攻。
❼ 3月3日　勝頼、新府城を放棄。
❽ 3月11日　勝頼主従、織田軍に捕捉され田野で自害(天目山の戦い)。

しかし、堀を設けているのは城の外周部のみで、城内の曲輪は土塁や低い切岸で区画されており、本格的な戦闘への耐性は充分ではない。一方で曲輪の平坦化は行き届いており、築城に際しては、防禦力の強化よりも居住性の確保が優先されていることがわかる。また、周囲には城地と同高の丘が点在していて、攻城軍の布陣・展開を容易に許してしまう占地である点からも、難攻不落とは評価しがたい。

武田側の史料でも、管見の及ぶかぎり単に「新館」「館」と呼んでおり、武田家中では守護所としての躑躅ヶ崎館の移転、と認識していたようである。織田軍の侵攻を前にした勝頼が、防戦困難と見て新府城を焼いて後退したのは、軍事的には当然の判断であった。

勝頼が背負ったもの

最後に、勝頼の生涯を通じて武田家敗亡の原因を探ってみたい。一般には、長篠での敗戦によって勝頼は再起不能のダメージを受け、そのまま衰亡してゆくようにイメージされがちである。たしかに、長篠で武田軍の蒙ったダメージは大きかったが、家康が最後まで独力で武田軍に決戦を挑みえなかった事実も見逃せない。

また天正八年以降、勝頼は北条軍と互角以上の戦いを展開している。この時、北条氏政が信長に出した書状に「このままでは当家は滅亡してしまうかもしれない」と記したのは、多分に交渉相手の歓心を買うための文飾ではあろうが、武田軍が（特に北関東で）北条軍をかなり圧迫していたのは間違いない。同十年の武田領侵攻に当たって信長から挟撃の提案を受けた際も、氏政は情報収集に努めつつかなり慎重に軍を動かしている。今まで自軍を圧迫してきた武田軍が、そう簡単に敗亡するとは思えなかったらしい。

このように見てくると、勝頼は長篠の敗戦後は武田軍の再建に尽力し、数年後には攻勢軸を東にシフトしていることがわかる。長篠合戦を武田家敗亡の主因と見なすのは、あくまで信長側から見たイメージにすぎないのである。勝頼にとって最大の転機となったのは、むしろ御館の乱への対応だろう。景虎から景勝へと支援対象をスイッチした結果として、武田家は二正面作戦を強いられることとなったからである。

後知恵で考えるなら、勝頼がこのとき、氏政の格下の同盟相手という立場に甘んじて、対徳川戦線に集中できる状況を作り出していたなら武田家は命脈を保ち、それどころか戦国史自体が全く違う展開を見せていた可能性が高い。だとしたら、北信濃から越後へ向かう途中で生じた逡巡こそ、勝頼の生涯最大の誤算だったことになろう。

たしかに、御館の乱での逡巡や、長篠合戦における用兵、遠江戦線に対する手当のまずさなど、勝頼にはある種の「甘さ」がつきまとっている。けれどもこの「甘さ」の責任、ひいては武田家敗亡の責任はひとり勝頼に帰するものなのだろうか。勝頼の「甘さ」は、そもそも信玄が（家中の支持を含めて）後継体制を、充分に整えられなかったことの所産ではないのか。この点は、ライバルの北条家が、氏康――氏政――氏直（うじなお）とつつがなく権力を継承し、戦略上の決定的な破綻を来さなかったことと比べれば、明らかである。

さらに言うなら、三国同盟の破棄をめぐる信玄の対応こそが、武田家の後継体制を破綻させた原因であり、この前後の場当たり的な戦略変更が、結果としては勝頼を長篠へと向かわせたのではなかったか。御館の乱における勝頼の逡巡を責めるのであれば、三国同盟の破棄をめぐる信玄の戦略的迷走も、同時に責められるべきである。にもかかわらず、今日に至るまで信玄と、その配下の宿老衆が武田家敗亡の責任を問われていないのは、この時期の武田軍が目先の勝利（三増合戦・三方ヶ原合戦など）を積み重ねていたからに他ならない。

戦略の失敗を戦術によって取り戻すことはできないが、戦術的勝利の連続はしばしば戦略的破綻を見えにくくする。こうした環境下で後継者へと押し上げられた勝頼は、戦略眼を養う機会に恵まれていなかった。そうした意味で、勝頼が背負っていたのは、盛者必滅の基本原理そのものとも言えた。

今日、多くの人は、彼が「諏訪四郎」と呼ばれた事実を忘れている。皮肉にも家を滅ぼしたことによって、武田最後の当主と認められることとなった彼を、「武田勝頼」と呼ぶことに勝る供養はあるまい。

第十章

小田原の役

「戦争マシン」たちの終着駅

北条家という大名

北条家は、あまたある戦国大名の中でもっとも研究が進んでおり、それゆえに「東国大名の典型」のように見られることも多い。しかし、初代宗瑞から氏直までの五代百年間にわたり、家督をめぐる内紛が一度もなかったという意味では、稀有な戦国大名でもある。

試みに、本書に登場した他の大名たち——たとえば武田信玄、上杉謙信、今川義元らが、どのように家督を獲得し、後継者にバトンタッチしていったかを思い起こしてみるとよい。北条家が、いかに「家」を存続させることに成功した大名であったかがよくわかる。

また、合理性を重んじてシステマティックな支配体制を整えた北条家が、きわめて先進的な戦国大名であったことについては、本書で述べてきたとおりである。「虎の印判状」に代表される命令書を大量に発給する近代的な行政システムを整備し、膨大な数の文書を残したからこそ、北条家の研究が他の大名に先んじることとなったのだ。北条家はまた、土の城の縄張りを極限まで発達させたことでも知られている。これも、彼らが合理主義的な支配体制を構築していったことと、無関係ではなかろう。

では、それほどまでに強靱な戦国大名だった北条家は、いかにして滅びることとなったのであろうか。この本のしめくくりは、西から来た一人の男によって興された国が、西から押し寄せる巨大な力によって押しつぶされる物語である。

一、北条家の防衛戦略

百年帝国の実力

北条家は、本城の小田原城を中心として、周囲に一族の者を城主とする支城領を形成していった。玉縄（たまなわ）領・滝山（八王子）領・鉢形領などがそれであり、小机領・江戸領のように、譜代の重臣を城代や城将に任じた支城領もあった。その外側には、外様国衆を城主とする領域が広がっていたが、津久井城主の内藤氏や、松山城主の上田氏、忍（おし）城主の成田氏などは、比較的早くから北条家に臣従して軍団の中核を担っていたから、実質的には伊豆・相模・武蔵が「本国域」を形成していたといってよい。

それぞれの支城領には、玉縄衆・江戸衆などと呼ばれる軍団が編成された。各「衆」は数百人から数千人規模であったが、馬上・長柄・弓・鉄炮といった諸兵科を組織的に統合し、独自の補給部隊を保有する戦略単位として機能した。永禄十二年（一五六九）の戦役において、武田軍に領国を深くえぐられたにもかかわらず北条軍が迅速な反攻作戦を行えたのも（結果的に三増での決戦は不発に終わったが）、彼らがそののち権力を保ちえたのも、支城領ごとの衆編成が有効に機能したからである。この戦役ののち、北条家は、堅実に戦線を維持し押し上げてゆく戦略を基本に据え、関東の覇者となっていった。

こうした軍事力構成を実現するために、この家は早くから官僚制を整えて家臣たちの知行

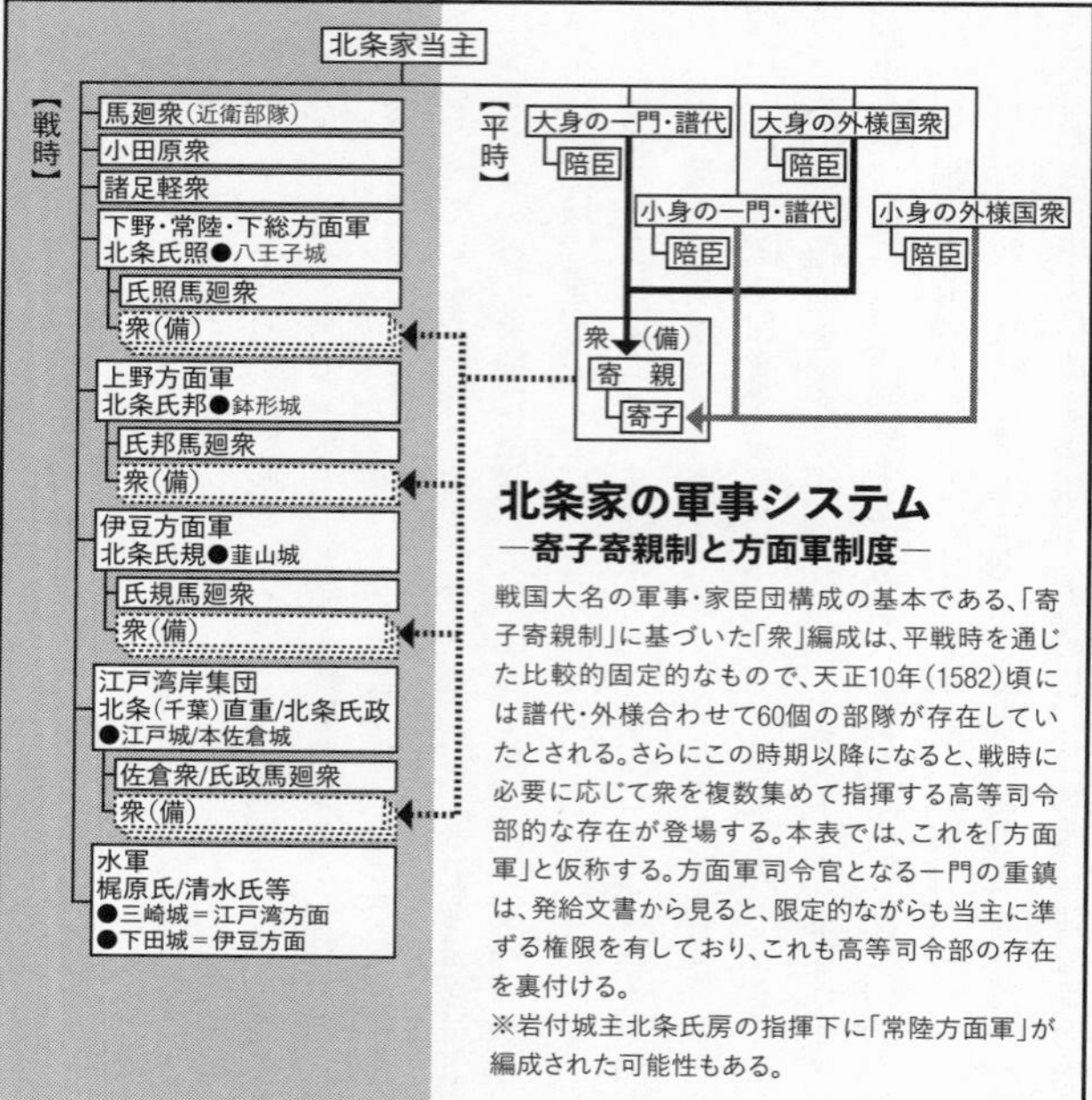
北条家当主
【戦時】
馬廻衆(近衛部隊)
小田原衆
諸足軽衆
下野・常陸・下総方面軍
北条氏照●八王子城
氏照馬廻衆
衆(備)
上野方面軍
北条氏邦●鉢形城
氏邦馬廻衆
衆(備)
伊豆方面軍
北条氏規●韮山城
氏規馬廻衆
衆(備)
江戸湾岸集団
北条(千葉)直重/北条氏政
●江戸城/本佐倉城
佐倉衆/氏政馬廻衆
衆(備)
水軍
梶原氏/清水氏等
●三崎城＝江戸湾方面
●下田城＝伊豆方面
【平時】
大身の一門・譜代
陪臣
大身の外様国衆
陪臣
小身の一門・譜代
陪臣
小身の外様国衆
陪臣
衆(備)
寄　親
寄子
北条家の軍事システム
—寄子寄親制と方面軍制度—
戦国大名の軍事・家臣団構成の基本である、「寄子寄親制」に基づいた「衆」編成は、平戦時を通じた比較的固定的なもので、天正10年(1582)頃には譜代・外様合わせて60個の部隊が存在していたとされる。さらにこの時期以降になると、戦時に必要に応じて衆を複数集めて指揮する高等司令部的な存在が登場する。本表では、これを「方面軍」と仮称する。方面軍司令官となる一門の重鎮は、発給文書から見ると、限定的ながらも当主に準ずる権限を有しており、これも高等司令部の存在を裏付ける。
※岩付城主北条氏房の指揮下に「常陸方面軍」が編成された可能性もある。

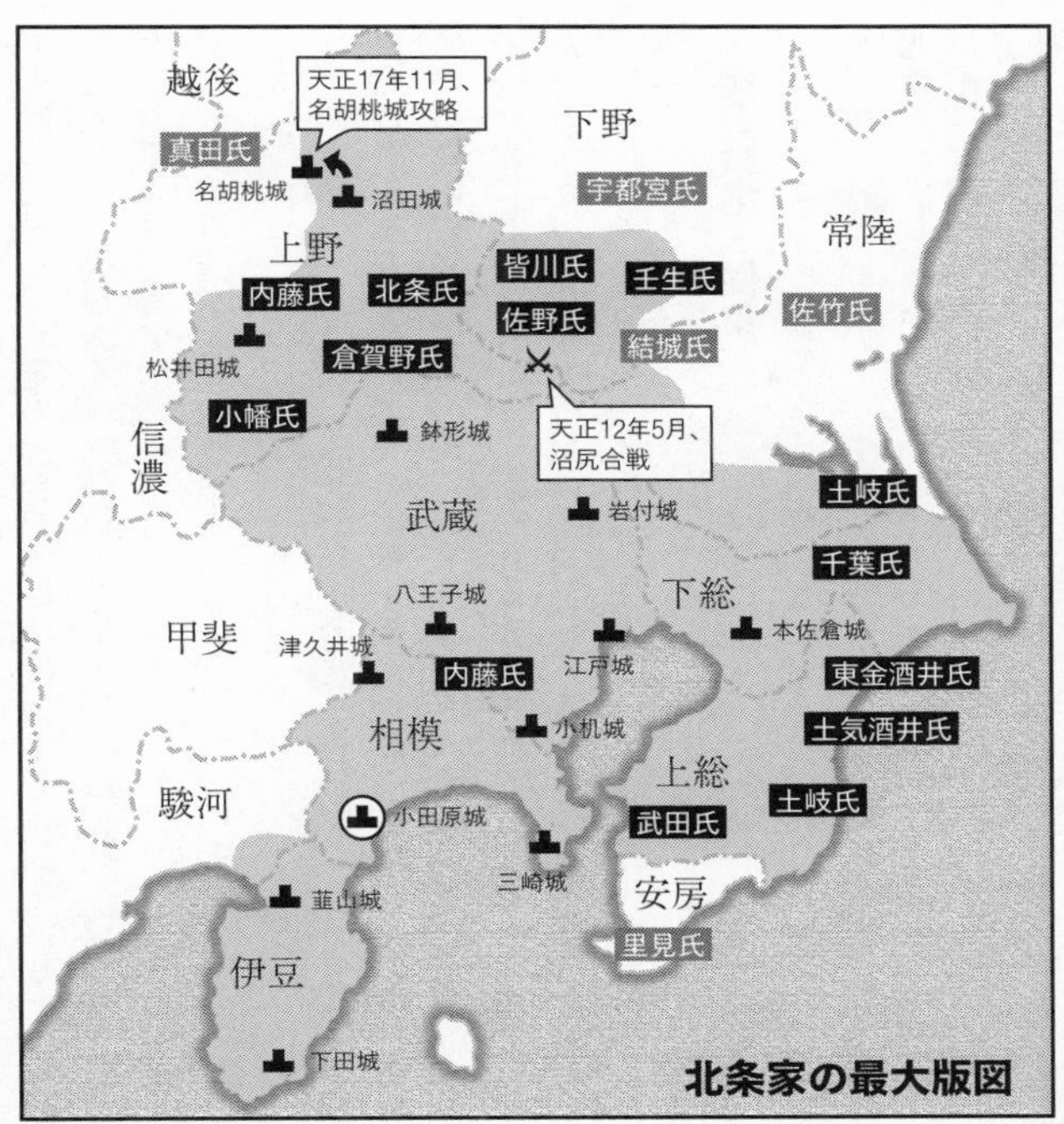

天正12年（1584）の沼尻の戦い以降、北条家の北関東進攻は続き、天正17年（1589）の摺上原合戦で芦名家が滅亡すると、最大の反北条家勢力である佐竹家が伊達家の脅威に曝されるようになった。北条家はその国是である関東制覇にあと一歩にまで迫った。
※図中の里見家は北条家と同盟関係にあるが、潜在的な敵国であった。

を正確に把握し、一定の割合で軍役を賦課する体制を作り上げていた。組織的な戦力運用を前提として、動員力を常に数値として把握する体制の構築は、織豊政権よりはるかに先進的といってよい。官僚制に支えられたシステマティックな統治機構と、本国域――外様国衆支配域の二重構造を有する北条家の領国は、「帝国」と呼ぶにふさわしい実態を備えていたのである。

天正八年（一五八〇）、氏政（うじまさ）は家督を氏直に譲り、自身は「御隠居様」として、江戸城を拠点に引き続き軍事・外交を指導するようになった。この頃、氏政の弟である滝山城主の氏照（うじてる）が下野の、鉢形城主の氏邦（うじくに）が上野の、それぞれ「方面軍司令官」のような立場となっていた。いかに当主とはいえ、若い氏直が実力派の叔父たちを頭ごなしに指揮するのは難しかっただろうから、氏政の後見は妥当といえる。氏政が帝国の総帥として軍事・外交面をリードしつつ、北条家の当主たる氏直に実力を蓄えさせるのが狙いであった。

織豊政権と関東

北条家が豊臣政権と全面衝突するに至った経緯については、すでに多くの歴史書・研究書等で語られているので、ここでは要点の整理にとどめる（註）。まず確認しておきたいのは、北条家が決して天下の趨勢に背を向けていたわけではない、ということだ。

前章でも触れたように、天正十年（一五八二）二月の織田・徳川軍による武田領侵攻に際しては、北条軍も東から挟撃したのち、織田政権の傘下に入る意思を示していた。もっともこのときは、長年の強敵であった武田家が簡単に滅亡するとは考えられなかったらしく、慎重に形勢を傍観して戦機を逸している。

その直後、本能寺の変によって織田政権が崩壊すると、氏直はただちに大軍を発して、厩橋に進駐していた滝川一益の軍を駆逐し、徳川家康と武田遺領をめぐる争奪戦を展開する。天正壬午の乱と呼ばれたこの争奪戦の結果、徳川家が甲斐・信濃を、北条家が上野を、それぞれ切取次第とすることで講和が成立し、担保として家康の娘である督姫が氏直に嫁すこととなった。

この決着は、北条家にとって決して悪いものではなかった。武田勝頼の大攻勢によってほとんど失いかけていた上野の領有を回復することができたし、西部戦線の脅威が除かれたことによって、北関東の経略に全力を投入できる条件が整ったからだ。なお、この講和によって真田氏の沼田領は北条軍の侵攻に曝されることとなり、沼田領をめぐる両者の係争は小田原の役の遠因となってゆく。

次いで天正十二年、秀吉と家康の間で小牧・長久手の合戦が起きると、氏直は当然のことながら同盟関係にある家康と協調する。同じ頃、北条軍の圧迫を受けていた、佐竹・宇都宮・佐野といった北関東の諸勢力は、連携して秀吉に接近しつつ、下野の沼尻において北条軍と対陣していた。この沼尻の合戦は、さながら家康と秀吉の代理戦争のごとき様相を呈し、秀吉はこの時点から北条家を敵対勢力と見なすことになった。

（註）最近の研究成果としては、齋藤慎一氏の『戦国時代の終焉』に詳しいので、興味のある方はぜひ一読されたい。

開戦不可避

秀吉が関白に任官し、天下人としての立場を明確にしたのちも、北条家は北関東への侵攻を継続していた。北関東の反北条勢力が秀吉に窮状を訴えつづける中で、北条家と豊臣政権の関係は次第に緊張の度を加えてゆく。秀吉は関東侵攻の意志を表明し、天正十五年（一五八七）には、北条家側でも豊臣軍の侵攻に備えて、領内全域に大規模な総動員令を布告するに至った。このとき開戦が回避されたのは、秀吉が九州への侵攻と征服地の安定を、日程上優先したためにすぎない。

その後、家康の外交努力等もあって、氏規（うじのり）が上洛して秀吉に拝謁し、一旦は融和へと向かうかに見えた。しかし、天正十七年に入ると、上野沼田領の帰属問題が再燃する。十一月には、豊臣政権によって真田領と裁定された名胡桃（なぐるみ）城を、氏邦の重臣で沼田城将だった猪俣邦憲（いのまたくにのり）が奪取した。この事件は猪俣の暴走ではなく、氏政の指示であったことが、近年の研究で指摘されている。一方、名胡桃城の奪取を、中央政権による裁定に違反する行為＝政権への敵対行為と見なした秀吉は、関東侵攻を決意した。

ところで、北条家一族の中でも、当主の氏直や家康と親交のあった氏規（韮山・三崎城主）については（註）、外交交渉によって豊臣政権との対決を回避しようとした「穏健派」

と見なされることが多い。ただ、家康の側から見るならば、氏直が娘婿である以上、交渉のチャンネルを確保しておくのは当然であり、窓口は氏直か氏規となる。

他方、氏政や氏照・氏邦は、積極的に開戦を志向した「強硬派」と理解されている。下野方面軍司令官の立場にあって、佐竹氏・宇都宮氏等との抗争の矢面に立っていた氏照や、上野方面軍司令官として沼田領問題に直面していた氏邦は、豊臣政権との対立における実質的な当事者に他ならない。北条家中が「穏健派」や「強硬派」に分かれていたように見えるのは、あくまで交渉上の立場の問題であって、考え方や個性の違いではないのだ。

そもそも北条家であれ豊臣政権であれ、戦国大名権力の本質は軍事国家であるから、土地でも経済的価値でも、必要なものは力ずくで手に入れるのが彼らの行動原理である。したがって、大名家が存続してゆくためには、戦争に勝つことで膨張をつづけなければならない。豊臣政権はすでに北条家を敵視し、侵略を公言しているのである。話し合いで折り合える相手ではない、というのが北条家サイドの認識であったろう。

要するに、北条家は天正十五年時点で「開戦不可避」という判断を組織として下しており、秀吉も関東侵攻を全国統一の日程の中に位置づけていた。戦争回避のための外交努力はつづいていたが、二つの巨大な戦争マシンはすでに動き出していたのである。

天正十七年十二月十三日、秀吉は諸大名に陣触れを発して、具体的な作戦計画の立案にかかり、時を同じくして北条家側も臨戦態勢に入っていった。

（註）家康は、今川家の人質として少年時代を駿府で過ごしたが、その折に三国同盟の人質として送られていた氏規と知己を得たとされている。

国家総動員法と国民兵

豊臣軍が兵農分離を経た専業兵士からなる常備軍だったのに対し、北条軍は農兵を主体とした兵農未分離の軍隊だった――このようなイメージをもっている人が多いのだが、これはまったくの誤解である。

本書で幾度も述べてきたように、中世の軍隊にあって基幹戦力をなしていたのは、職能戦士である武士（侍）であった。ところが、戦国時代になると、次第に非武士身分の足軽や雑兵が「パート・アルバイト兵」として、大量に動員されるようになっていった。その結果、戦国大名の軍隊は正規兵としての武士と、「パート・アルバイト兵」としての足軽・雑兵からなる二重構造の軍隊となった。この本質においては、豊臣軍も北条軍も同じである。

ところで、開戦不可避と判断した北条家は、領国全域に対して「国家総動員法」ともいうべき大動員令を布告し、決戦態勢の構築に臨むこととなった。すなわち、領内に居住する十七歳から六十歳までのすべての成人男子を、必要に応じて兵役や普請に動員できるよう名簿に登録し、日時を定めて最寄の城に参集し軍事教練を受けるように、という命令を通達したのだ。

北条家が、徴発された百姓に対して「腰指物（こしさしもの）のひらひら武者めくよう」に支度せよと命じた有名な文書は、実はこうした総動員態勢下で出されたものなのである（註）。とはいえ、さすがに北条家側でも、徴兵による二線級部隊を主力と同列に運用できるとは考えていなかったから、彼らは拠点城郭における守備要員の補完や、国境・交通路の監視といった補助的任務に宛てられている。巷間、後進的な「農兵」といわれているのは、こうして徴発された「国民兵」なのであるが、領国一円から「国民兵」を徴発するというやり方は、むしろ近代的と評すべきだろう。

ちなみにこの時期の文書では、当主氏直のことを「大途」と呼んでいる。「大途のため」「大途の御用」というのが決戦態勢構築の名目であり、このスローガンのもとに寺社に梵鐘を供出させる動きさえ見られた。

（註）天正十五年七月晦日付「北条家定書」（『戦国遺文・後北条氏編』三一三二号）ほか、ほぼ同内容の文書が多数残されている。

北条軍の戦略的前提

ここで、豊臣軍の侵攻を前にした北条軍の戦略を分析してみよう。通説によれば北条家は、永禄年間に長尾景虎（上杉謙信）・武田信玄の侵攻を、二度にわたって小田原籠城で凌ぎきった経験から籠城戦に自信をもっており、秀吉の侵攻もこれによって撃退できると踏んでいた、とされる。しかし、第七章・第八章で見てきたとおり、話はそれほど単純ではない。

永禄四年（一五六二）の長尾景虎が越山した際は、北関東や武蔵の国衆たちが雪崩を打って景虎の幕下に参じたために有効な対応ができず、結果として小田原籠城を選択せざるをえなかった。また、同十二年の武田軍侵攻に際しての北条軍は、敵に領国を貪らせながらも軍主力の温存に努めて攻勢転移のタイミングを計る、という明確な作戦構想のもとに籠城を選択していた。では、対豊臣戦の場合はどうなのであろうか。

豊臣政権との全面戦争となった場合、北条家側から見て、以下の条件はほぼ確実なものとして予想が可能であった。

一．豊臣軍は圧倒的な動員力を有すること。
二．したがって、豊臣軍は多方面からの同時侵攻が可能であること。
三．ただしその場合でも、豊臣軍主力の進撃路は東海道となる公算が大であること。
四．これと連動して北関東の反北条勢力（佐竹・宇都宮等）が侵攻する可能性もあること。

こうした状況に対応するためには、各領域の拠点城郭に戦力を集中させて、多方面から侵攻する敵軍を拘束し、消耗を図るのがもっとも堅実な戦略であった。つまり、領国全体を一種の縦深防禦陣地とするのである。天正十五年以降、北条家は領内の主要城郭を徹底的に強化改修していったが、これも前述したような戦略的前提に基づいた施策とわかる。

とくに各領域の拠点城郭については、最新の築城理論と技術が惜しげもなく投入された。

氏照の居城は滝山城から八王子城に移転し、津久井城（城主内藤氏）とともに甲斐方面からの突破に備えることとなった。東海道方面では、氏規の韮山城のほか、迎撃拠点として山中城・足柄城・河村城などが強化され、上信国境方面では松井田城が全面的な改修を受けていた。氏房（うじふさ）の岩付城には巨大な惣構（そうがまえ）が建設されたが、これは豊臣軍に連動して佐竹・宇都宮軍が侵攻した場合に、岩付を決戦場とする構想に基づくものと推測する。

豊臣軍の戦略的前提

では、豊臣軍の側はどうだったであろうか。秀吉は智略にたけ、強大な権力と軍事力とを行使しうる権力者ではあったが、所詮は成り上がり者であるゆえに、政権は寄合所帯の域を出ない。政権を支えているのは、独裁者の専制が発する恐怖のオーラと、あくなき戦勝への熱狂である。参陣諸将のモチベーションを勝利に向かって持続させるとともに、西国で留守居に任ずる諸大名の目を、豊臣軍の快進撃に釘付けにしておく必要があった。

そして、政権自体が決して盤石な一枚岩ではない以上、秀吉の本心としては短期決戦を望んでいたにちがいない。万一、戦局が不利な状況で膠着するならば、政権の先行きに疑心を抱いた誰かが不穏な策動を開始する怖れが潜在しているからだ。だとすれば、圧倒的な兵力量を利して多方面から同時侵攻するとともに、早期に敵主力を捕捉し、撃破することが望ましかった。

もうひとつ、補給の問題がある。これまで、豊臣軍は充分な補給態勢を整えた上で小田原に侵攻したために、北条軍の目算が狂ったように言われてきた。しかし、大軍を後方からの補給によって長期間作戦させるためには、正確な地図と、リアルタイムで情報をやり取りできる機械的通信手段と、参謀本部のような企画立案専門の組織が必要なのだ。

もし仮に、豊臣政権が大軍を数ヶ月間給養するだけの兵粮（ひょうろう）と、それを輸送する馬匹・船腹を調達できたとしても、前線のすべての部隊に常に兵粮が行き渡るかどうかは別問題である。正確な地図も機械的通信手段も存在しない時代には、前線の輸送事情など現地に行ってみるまでわからないし、街道や港湾は陸続と移動する諸部隊によって輻輳（ふくそう）を極める。

また、生鮮食品類はどのみち現地調達に頼るしかない。後方からの補給に頼って大軍が長期間作戦可能となったのは、世界史的に見れば一九四四年以降のことであり、一五九〇年の豊臣軍には原理的に不可能なのである。

以上のような問題を解決するためにも、圧倒的な大軍を動員し、短期間で戦争を決着させる必要が秀吉側にはあった。つまり、補給の問題が顕在化するより早く、敵を屈服させてしまうのだ。戦史的に見れば、ナポレオンによる一八一二年のロシア遠征が、同様の戦理に基づいて発動されたものである。ただし母なる大地（ロジーナ）の懐の深さを活かしたロシア軍の焦土戦術によって、ナポレオン軍の目算が大きく狂うのはご存じの通り。

このように考えてくるならば、領国全体を縦深陣地として敵軍を拘束し、消耗を強要する北条軍の戦略には、充分な合理性があったことがわかる。それに、北条家にとっての最優先課題は家の存続だ。伊豆・相模・武蔵の本国域を「絶対国防圏」とし、その外側に広がる外様国衆領は、敵を拘束・消耗させるための前方陣地帯として利用すればよかった。

箱根決戦構想

豊臣軍の侵攻が間近に迫ると、北条軍は氏照・氏邦・氏房や、成田氏長（うじなが）（忍城主）・上田憲定（のりさだ）（松山城主）らの主力部隊を小田原に招集した。氏直・氏政直轄の馬廻衆や小田原衆、諸足軽衆等と合わせて、五万を超える精鋭部隊が確保されたことになる。通説では、これを小田原城の守備兵力と見なしてきたが、はたしてそうであろうか。

ここに、従来ほとんど注目されてこなかった興味深い事実がある。すなわち、本格的な戦端が開かれる直前の天正十八年（一五九〇）三月十八日に、氏直が幕僚を従えて、箱根の屛風山を視察しているのである（註）。

屛風山は、わかりやすく言うなら近世箱根関所の裏手にそびえる山で、芦ノ湖と箱根外輪山を一望できる場所にある。しかも、山の頂部は高原状に広がっていて大部隊の布陣が可能であり、その一角に小規模な陣城の遺構が残されているのだ。

時期と地理的条件を考えるなら、氏直の視察は豊臣軍との開戦を控えたなかで、作戦の最終確認を行うためのものであり、屛風山こそ作戦を指揮するための氏直の本営に予定された場所だった、とみて間違いなかろう。豊臣軍の主力が東海道を進撃してくると予想される以上、これを迎撃しうる場所は天下の険たる箱根を措（お）いて他にないのだ。

北条軍の決戦シナリオは、具体的には次のように推測できる。箱根に攻め上る豊臣軍先鋒を山中城で数日間拘束する間に、小田原を出撃した主力軍が屏風山を中心とした箱根山中に迅速に展開する。戦況いかんでは、複雑な地形を生かした野戦で豊臣軍の先鋒を撃破することも可能であるし、少なくとも豊臣軍の箱根突破は困難となり、戦局を自軍に有利な条件で膠着させられるだろう。

つまり、小田原へ精鋭部隊を集結させたのは、決戦兵力としての機動野戦軍を抽出するためだったのである。これによって不足する各拠点の守備兵力は、徴発した「国民兵部隊」によって補完すればよい。本拠の小田原が領国の西に偏り、東海道に対しては充分な防禦縦深を確保できない、という地理的条件を逆手にとった作戦計画といえよう。

このシナリオを実現するためには、前方陣地帯となる各主要拠点は可能なかぎり自力で持久して、敵を拘束することが望ましい。もちろん、北関東や房総方面に対する後詰は不可能であるから、一定程度の時間さえ稼げれば、拠点の陥落や外様国衆の降伏もやむをえない。しかし、たとえ前方陣地帯の外様国衆たちをすり潰したとしても、「絶対国防圏」を保持したまま自軍に有利な条件で講和に持ち込めば、北条家を存続させられるのだ。

ところが、ここで鉢形城主の氏邦が、首脳部との戦略上の見解相違から、兵を率いて帰城するという事件が起こる。上述した箱根決戦構想においては、自領である北武蔵は豊臣軍の蹂躙を許す公算が大きい。戦争の直接の発火点は、そもそも氏邦の軍管区たる上野であり、多くの家臣たちが上野の計略に苦心してきたことを考慮すると、上野や北武蔵を見殺しにすることは、許容できなかったのであろう。

（註）三月十九日付「松田康長書状」（『戦国遺文・後北条氏編』三六八七号）。

二、豊臣軍侵攻

前哨戦

徳川隊・北畠隊を中心とした豊臣軍の先鋒は、天正十八年二月二十五日頃から続々と駿豆国境付近に着陣しはじめた。これに対し、同方面の北条方土豪らがゲリラ的な襲撃を開始する。前哨戦がはじまったのだ。また、豊臣軍は三島一帯を徹底的に略奪し、竹木を伐採した。陣地構築や攻城用の資材を調達する目的もあったが、食料確保のためでもあった。

北条家側の史料には、豊臣軍の兵士が食料に窮して山芋の類を掘っているとか、薄い粥が陣中で高値で売られているといった情報が記されている。通説はこれを、相手の兵站能力を過小評価していた証拠だとか、豊臣軍側の謀略情報などと説明してきた。しかし、前述したような補給の原理を考えるなら、これは実態と見るべきだ。東海道を悠揚と下る秀吉自身は、ありあまる物資を湯水のように消費したであろうが、前線の将兵たちは相変わらず略奪や狩猟・採集といった、おなじみの方法に頼らざるをえなかったはずだ。

こうして徐々に緊張が高まる中、三月二十七日には秀吉当人も到着し、三島周辺で地形判断を行ったのち、三島ではなく廃城となっていた長久保城に宿陣した。北条軍の襲撃を警戒しての措置である。

ここに戦局の焦点となったのが、箱根山中にあって東海道を扼する山中城である。守将の松田康長は、すでに城の防禦力を徹底的に強化しつつ、豊臣軍の侵攻を待ち受けていた。さらに開戦間近と見た北条家首脳は、玉縄城主の北条氏勝を増援として山中城に送り込み、守備隊の総勢は四〇〇〇を超えた。玉縄城は、相模東部における重要拠点ではあったが、豊臣戦に備えた戦略配置の中では相対的に重要度が低下していたし、玉縄衆は装備・士気ともにすぐれた精鋭であったから、この増援は当を得た措置と思われた。

康長は表面上は氏勝を立てつつ、防戦準備の実質的な部分を差配したのであろう。しかし、後述するように、結果としてこの増援措置は裏目に出ることになる……。

一番長い日

山中城は、両側に深い谷を抱えた尾根の上に占地している。街道を登ってきた攻撃側が広正面に展開できる地積は乏しく、包囲攻撃は困難だ。したがって、豊臣軍の先鋒部隊は縦長の隊形で突入してこざるをえず、そこに火力を集中して破砕すれば、攻撃側の数的優位を大きく減殺することができる。大切なのは、小田原を出撃した機動野戦軍が箱根山中に展開するまでの二、三日を耐え抜けばよい、ということだ。こうした要素を総合的に勘案するなら、装備・士気の充実した精鋭四〇〇〇余は、妥当な戦力配分だったと見てよい。

三月二十九日未明、三島を発した豊臣軍は山中城に向かった。主力となる秀次麾下の三万

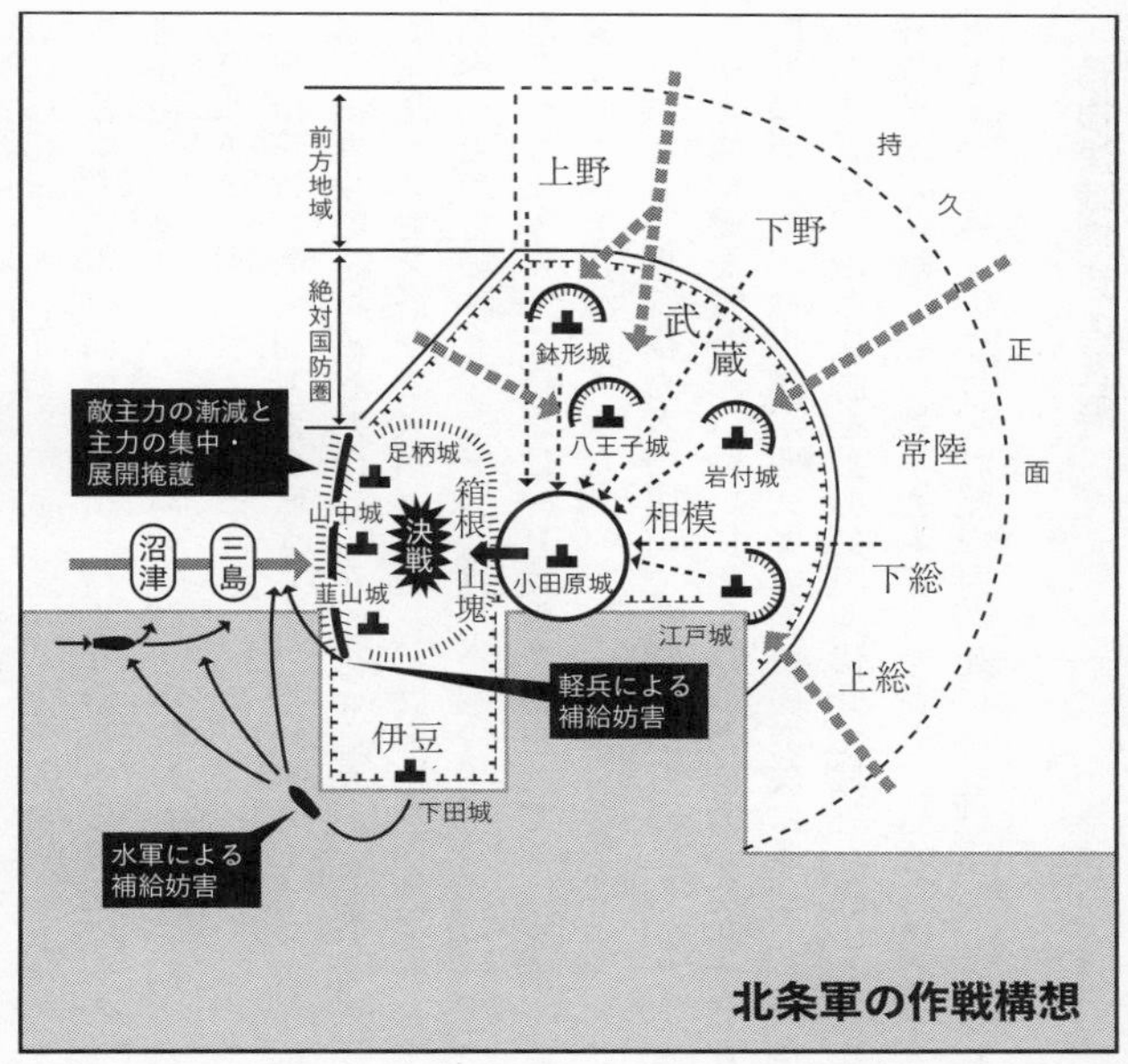

兵力劣勢の北条軍は、分国全域から精鋭部隊を小田原に集中。豊臣軍の兵力優位が活かせない箱根山中で決戦を挑み、爾後の戦局を有利ならしめるというものであった。なお北条軍の総兵力は不明な点が多いが、推定で約10万と考えられる。
これは徴集された「国民兵」の実数が史料上把握できないことによる。また北条家の兵力数は「毛利家文書」等に残されてはいるが、実態と合わない点や遺漏も多い。

五〇〇は、秀吉子飼いの武将を中心とした「近衛兵団」ともいうべき精鋭だ。これは、政権の後継者に軍事面での実績を積ませるための差配である。さらに徳川隊が左翼を、堀秀政隊が右翼を進んだが、徳川隊の一部と堀隊は地形に規制されて、攻撃に直接かかわることはできなかった。

豊臣軍は、秀吉自身が督戦する中、岱崎出丸(たいざきでまる)および大手口方面への突入を開始した。しかし、出丸攻略を担当した中村一氏(かずうじ)隊は守備兵の頑強な抵抗に遭い、大手口へ向かった一柳(ひとつやなぎ)直末(なおすえ)隊も猛射を浴びて大損害を出し、直末自身が被弾戦死する有様だった。出丸・大手口方面への攻撃は頓挫し、「敵の先鋒に火力を集中して破砕する」という北条軍の目論見は、成功しつつあった。豊臣軍は一旦攻撃を中止して部隊を立て直し、仕寄りを押し立てて戦術を練り直すべき状況にあった。

それでも、専制権力者の眼前で失態を演じることができない豊臣軍の諸隊は、屍の山を乗り越えて突撃を続行し、ついに山中城の防禦力が飽和するときがきた。中村隊による出丸制圧につづいて、徳川隊が西ノ丸方面での突破に成功。早期落城が避けられないと見た城将の松田康長は、渋る氏勝を強引に説き伏せて城外へ脱出させたが、これによって城兵が動揺し、守備態勢は決壊した。雑兵たちが算を乱して逃亡するなか、康長以下の侍衆は最後まで踏みとどまって戦いつづけ、壮絶な討ち死にを遂げることとなった。

結果として、氏勝の派遣による防衛責任の不明瞭化が、山中の落城を早めることとなった感は否めない。しかし、仮に氏勝が踏みとどまったとしても、小田原からの主力が展開するまでの時間を稼ぎ出せる状況になかったのも、また事実であろう。そうした意味では、北条一族のホープを緒戦で犬死にさせるわけにはいかない、という康長の判断にも同情の余地はあろう。

いずれにせよ、山中落城の模様は状況を視察していた北条軍の兵によって小田原に急報され、箱根・足柄方面の各拠点も順次撤退を開始した。箱根方面で中央突破を許した以上、個別に抗戦して戦力をすり減らすよりは、残存部隊を糾合して小田原城の主力部隊を補強し、次善策を検討すべき状況だったからだ。

実はこのとき、もうひとつの重要な攻防戦が、氏規の居城・韮山城において行われていた。秀吉はこの城へ、福島正則(まさのり)以下の有力部隊を差し向けていたにもかかわらず、守備兵の頑強な抵抗に遭って総攻撃が頓挫してしまったのである。この報に接したとき、秀吉は内心舌打ちしたのではなかったか。韮山城とその城内に温存された数千の北条軍は、放置すれば豊臣軍の後方連絡線に重大な脅威となるからだ。こうして韮山城攻囲軍は、強襲を自粛して持久戦態勢をとらざるをえなくなった。だが、これによって本来なら決戦兵力として使用したい有力部隊が、一時的にせよ後方に拘束されることとなった。

出血覚悟の強襲によって一気に山中城を突破した秀吉は、北条軍の戦略を大きく破綻させることに成功した。しかし同時に、山中城と韮山城の攻防戦は、秀吉に北条軍の実力を再認識させた。関東百年帝国が培った、築城技術と火力の効果的な組合せが、統一事業の前に立ちふさがろうとしていたのである。

惣構の真価

豊臣軍が短時間で箱根を突破したことによって、戦局は北条家の本拠・小田原城をめぐるものに収斂するように思われた。豊臣軍の先鋒は四月三日には小田原に進出し、五日には秀吉自身も早雲寺に本陣を置いた。この間、城外の緊要地形をめぐる局地戦が諸所で発生したが、兵力にまさる豊臣軍が制圧して、徐々に一大攻囲陣を形成していった。

この小田原城攻防戦を語る上で欠かすことができないのは、やはり南北二・三キロ、東西三キロ、総延長九キロにも及ぶ「惣構」であろう。一般に惣構とは、城下の町や集落を囲い込んで防衛するものと理解されることが多い。しかし、対豊臣戦に備えた北条家の場合、「絶対国防圏」内で明確な惣構(そうがまえ)が確認できるのは、実は小田原城と岩付城のみである。しかも両城とも、既存の町屋の一部が惣構のラインから除外される一方で、広大な田畠や山林が囲い込まれている。必ずしも城下町防衛を意図していないのは明らかだ。

また、戦国時代の合戦に際して、避難民が惣構内に流入した事例はたしかに存在するものの、決して一般的ではない。少なくとも、天正十八年の北条家は小田原城内への避難など奨励してはいなかった。惣構とはあくまで軍事的な判断に基づく地形利用なのである。では、惣構とは防禦上どのような有効性をもっていたのだろうか。

惣構のもつ有効性の第一は、地形的条件という要素である。守備側は稜線や台地縁、河川といった、防禦に適した地形を利用してラインを設定するため、その外側には丘陵や河川・沼沢等が広がることになる。守備側が、戦況に応じてすばやく配置転換や増援を行うことができるのに対し、攻撃側は尾根や谷や川を越えて部隊を移動させなくてはならないし、部隊の展開もしにくくなる。

第二に、兵力量に関する問題がある。長大な塁線を守備するためには膨大な人員を要するように思えるが、実際には塁線上にまんべんなく兵を並べておく必要はない。要所に警戒要員を配置し、内部に待機させておいた部隊を必要に応じて敵の攻撃地点に差し向ければよいのだ。もちろん守備隊を移動させるには時間がかかるが、土塁・堀といった物理的な「量」が必要な時間を稼ぎ出してくれる。したがって、惣構が存在することによって、守備側は常に最適の状態で、対する攻撃側は不本意な状態で、戦闘に臨むことになる。

要するに惣構とは、戦闘時の防禦力を、準備段階で投下する労働力の総和として積立てておく戦術なのである。そして、労働力の組織的動員こそ、北条家の統治システムがもっとも得意とするところであった。

天下人の挫折

秀吉が小田原城の力攻めを避けて長期攻囲戦術をとったことについて、通説では人的消耗を嫌ったためとされている。しかし、山中城や後述する八王子城の強襲を見るならば、秀吉が人命より作戦上の必要性を優先していたことは明らかである。

かつての中国戦線で秀吉が長囲戦術を多用したのは、織田軍の部将として、限られた兵力をやり繰りしながら持久しなければならない立場におかれていたからだ。しかし、天下人となった秀吉には人的損失を怖れる必要などなかった。むしろ、戦役の長期化によって政権内部に不安定要因を孕ませる方が、よほど大きなリスクであったろう。

秀吉に総攻撃を躊躇させたのは、あくまでも軍事上の判断である。これまでの戦いを見てきた秀吉は、北条軍主力と巨大な惣構を擁する小田原城を、強襲によって攻略するのは困難と判断せざるをえなかった。戦術的な観点からするなら、これは天下人の挫折に他ならなかった。

世に名高い石垣山城の突貫工事は、こうした状況下で行われることとなった。つまり、秀吉は純粋に軍事的な動機からこの築城を行ったのである。なにせ、築城を決定した時点では、戦局の推移を楽観的に予見することなど到底できないのだ。むしろ、想定しうる最悪の事態——北条軍の逆襲や長陣による士気の低下によって攻囲陣が危殆に瀕した場合でも、秀吉の安全を確保して戦線の決壊を防ぎ、全軍の退却を支える持久拠点となる——に備えて堅牢な本営が必要だった、と考えるべきだろう。

ともあれ秀吉は、ここで戦局が順調に推移していることを巧みにアピールしながら、戦略を迅速かつ抜本的に転換する必要に迫られた。そこで、まず韮山城攻囲軍から福島正則らの有力部隊を順次抽出して小田原へ呼び寄せ、代わりに石田三成・浅野長政らの吏僚系武将を充当して持久態勢を徹底させた。次いで、小田原城攻囲陣から有力な部隊を抽出し、北条家の支城攻略に当たらせた。

韮山城攻囲軍からはさらに石田隊・浅野隊等を抽出して支城攻略に向かわせ、穴埋めとして後方連絡線保全のために待機していた、前野(まえの)康長(やすなが)や明石(あかし)全登(てるずみ)を充当した。この時点で豊臣軍は、予備戦力をほぼ使い切ったことになる。

しかし、長陣によって政治的な不安定がきざすより早く、北条家の帝国を破壊しなければならないのだ。それに、主力のすべてをいつまでも小田原に張りつけておいたら、補給が破綻してしまう。抽出部隊の派遣は「口減らし作戦」の意味合いも強かったといえよう。要は、自分の食い扶持は自分で探してこい、というわけだ。

と同時に、政治的なパフォーマンスが重要であることも、秀吉はよくわかっていた。そして、突貫工事のつづいている石垣山城を、そのための舞台装置として活用することとした。すなわち、攻囲陣を一望できるこの本営に、参陣した北関東や奥羽の諸大名を呼び寄せ、統一事業が順調に進んでいることを彼らに印象づけようとしたのだ。

また、長陣の無聊(ぶりょう)を慰めるためと称して、能や茶会といったイベントを頻(しき)りに催した。上方の留守居衆に「余裕」をアピールするとともに、権力者らしい気紛れを発揮して、参陣諸将の注意を常に秀吉へと向けさせ、政治的緊張を持続させたのである。

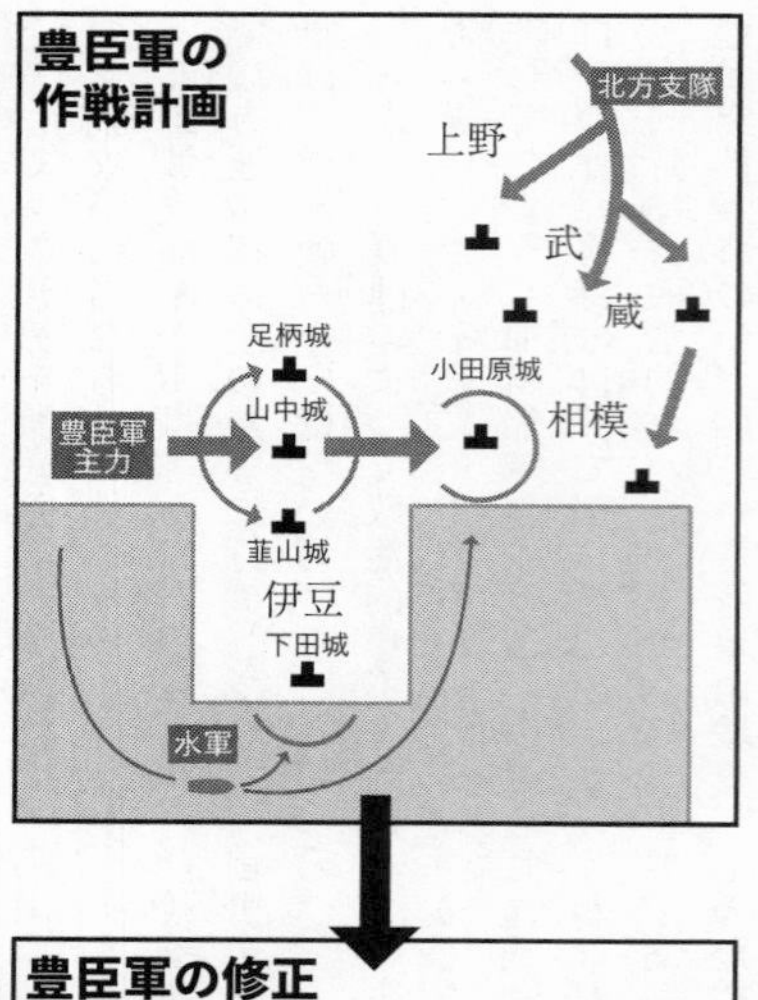

北方支隊で北条軍を牽制・拘束する一方で、水軍で下田城と小田原城を封鎖。主力先遣兵団は箱根山塊を強襲突破し、爾後、主力をもって小田原城を短期に攻略する。

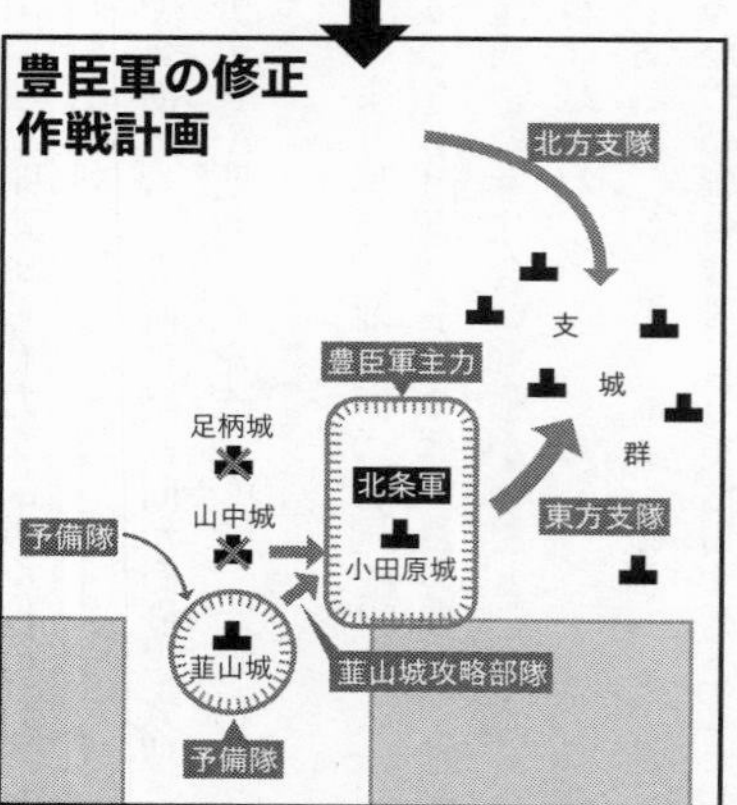

主力をもって小田原城の北条軍主力を攻囲。予備隊をもって韮山城を攻囲。主力から抽出した東方支隊は北方支隊と協同して、支城群を攻略することで北条領国を破壊・占領。

※豊臣軍の総兵力は22万から24万(うち北方支隊35,000、水軍14,000)。

スケープゴート

話は前後するが、豊臣軍の主力が箱根から関東平野へとなだれ込んだのと併行して、前田利家(としいえ)・上杉景勝(かげかつ)らの軍勢を基幹とする北方支隊が、上野へと侵攻していた。北条家の宿老の一人である大道寺政繁(だいどうじまさしげ)が守備する松井田城は上信国境の要衝であったが、ひとしきり抵抗したのちに開城降伏した。数日を耐え抜けばよかった山中城とちがい、後詰が期待できない北関東諸城においては、城主・城将は徹底抗戦を選択せず開城勧告に従う場合が多く、北方支隊はこの方面の北条方拠点を次々に陥れていった。

その北方支隊も、利根川を越えて「絶対国防圏」の武蔵に入ると進撃速度が鈍ってくる。五月十九日頃には北方支隊主力は氏邦の籠もる鉢形城へと進出し、ひとしきり銃火の応酬があった。しかし、荒川の断崖に拠って三二〇〇の守備兵を擁する鉢形城は容易に攻略できず、攻城軍側は封じ込め態勢をとらざるをえなかった。それでも、六月十四日には氏邦は城兵の助命を条件に城を開き、身柄を前田家に預けられた。結果として氏邦は、自領で抗戦しつつ城兵を助命することによって、配下の将兵に対する責務を全うし、敵の大軍を一定期間拘束することで、小田原宗家への義務も果たしたことになる。

一方、小田原と韮山攻囲軍から抽出された諸隊も、南関東諸城の攻略に向かっていた。その結果、外様国衆たちの多くは同様に開城勧告を受け入れてゆき、帝国の前方陣地帯は少しずつ引き剝がされていった。山中城からの不本意な脱出ののち逼塞していた氏勝の玉縄城や、氏政不在の江戸城も降伏していった。無用な人的損失を避けたかったのは、秀吉ではなく豊臣軍・北条軍双方の諸将だったのだ。

とはいえ、城主氏房が小田原に籠城している岩付城は、衆寡敵せず落城はしたものの、浅野隊や徳川隊を相手に善戦して徳川隊にかなりの損害を与えたし、同じく城主不在の忍城も、城を取り巻く湿地を恃(たの)んで頑強に抵抗し、石田隊以下の攻囲軍を釘付けにしていた。全体として見るならば、豊臣軍は着実に時間を消耗させられていた、と言ってよかった。

秀吉は、こうした戦況に焦燥感を募らせていた。韮山と小田原における戦術的挫折を公言するわけにはゆかず、政治的パフォーマンスで事態を糊塗している間に、軍事的勝利をはっきりと形に表さなければならなかったからである。独裁者は権力を維持するために生け贄を欲し、憤懣は前田利家と上杉景勝に対してぶつけられた。すなわち、氏照の居城である八王子城を血祭りにあげるよう、両将に厳命が下ったのである。

六月二十三日、北方支隊は城主不在の八王子城へと殺到した。城は、中山家範(なかやまいえのり)以下の宿老たちが防備を固めていたが、守備隊の大半は多摩地方から招集された「国民兵」であった。払暁より開始された猛攻によって山麓にあった氏照の御主殿はたちまち炎上し、城側が劣勢となると「国民兵」たちは算を乱した。しかし、ここでも侍衆は最後まで頑強に抵抗し、山城の中枢部を守備していた中山家範の奮戦ぶりは、語りぐさとなった。

翌日、抵抗をつづけていた韮山城も力尽きて開城した。北条家の帝国は崩壊しつつあったが、小田原に籠城する主力軍が健在である以上、勝利は秀吉のものとはならなかった。

三、百年帝国の終焉

小田原城攻囲戦のゆくえ

豊臣軍は、北条軍主力を小田原城に封じ込めることに成功していたが、政権側の「大本営発表」とは異なり、前線の状況は必ずしも芳しいものではなかった。小田原攻囲軍の将兵は、北条軍の逆襲を警戒して陣地構築にあけくれていたが（例えば氏房は蒲生氏郷の陣に二度の夜襲を敢行していた）、梅雨期にあたっていたこともあって、士気の低下は避けられなかった。徳川家康の家臣である松平家忠が書き残した『家忠日記』には、下級兵卒の喧嘩や盗難、逃亡といった不祥事が連日のように記録されているし、ポルトガル人宣教師のルイス・フロイスも、攻囲軍の陣中が深刻な兵粮不足に陥っていたことを伝えている。

一方、北条家側の史料を繙いてみると、「虎の印判状」をはじめとした行政文書類が、平時と同じように発給されていたことに驚かされる。このような状況下にあっても、帝国を統治する官僚機構はまだ作動しつづけていたのである。

しかし、諸方面との連絡は不通で、日に日に戦況が悪化していることは、籠城中の将兵にも感じられたであろう。六月十六日には、宿老松田憲秀の長男・笠原政晴の内通が発覚して、氏直が成敗するという事件が起きた。籠城中の将兵のなかに、自身の所領や郷里に対する不安が広まり、忍城主の成田氏長も帰城を希望して統制を離れつつあった。

こうした中で、北条軍将兵の士気を決定的に沮喪させる事件が、秀吉によって演出された。まず、陥落した八王子城から、夥しい数の首級と捕虜の女性たちが小田原に送られ、惣構の外にさらされた。この時代の通例として、八王子城内には籠城衆の妻女たちが人質として軟禁されていたのだ。

六月二十六日には、突貫工事をつづけていた石垣山城の主要部が完成し、東側斜面の樹木が一気に伐採された。豊臣軍がこの場所で大がかりな普請を行っている様子は、小田原城内からも望見されたはずだが、城の全容があらわとなったことによって、包囲環が永久築城によって固く閉じられた事実が強く印象づけられることとなった(註)。

すでに領内の諸城はほとんどが陥落し、北条方が連携を期待していた伊達政宗も秀吉の軍門に降っている。仮に小田原城内の北条軍主力が反転攻勢に打って出たとしても、堅固な永久築城に拠る敵主力を打撃することは困難だ。北条軍が軍事的に勝利する可能性が完全に消滅したことを、小田原城内にいる誰もが認識せざるをえなかった。

(註) 石垣山城の天守台付近からは天正十九年の銘をもつ瓦が採取されており、戦役終結後も建設が続けられていたことが判明している。天正十八年六月末の時点では、城内の建物は板葺きで暫定完成したにすぎず、天守も未成だった可能性が高い。

開城と戦後処理

七月五日、氏直はついに城を出て降伏した。秀吉は、氏政・氏照および大道寺政繁・松田憲秀の四人に切腹を命じ、氏直・氏規については高野山への蟄居を命じた。氏政・氏照は主戦派の代表として戦争を指導した責を問われ、大道寺は譜代の宿老であるにもかかわらず松井田城で降伏したことが、松田は内通事件がそれぞれ不忠であるとされたのである。氏直・氏規の助命については、家康への政治的配慮が影響したものだろう。

この六人に対する措置は、参陣した北関東・東北の諸大名の見守る中で決定され、執行された。秀吉は、恭順を示した敗者に対する寛大さと、政権への反抗を主導した者への処罰を明確にするとともに、いかなる理由があろうと不義・不忠に走った者に対しては容赦しない、という姿勢をアピールしたのである。そして、引きつづき関東・東北の諸大名に対する領土裁定を行った。

北条家の旧領には、徳川家康が封じられることとなった。討伐対象に隣接して領地をもつ者が先陣を受け持ち、接収した敵領（＝闕所地〈けっしょち〉）を恩賞として宛〈あて〉がわれるという、中世武家社会の慣例に従った措置である。と同時に、この場合の転封が軍事政権による占領行為であり、豊臣政権の戦略配置の一環でもあったことを指摘しておきたい。北関東や東北地方には、いまだに不安定要因がくすぶっていたからである。

家康は、城主不在の籠城戦に敗れて荒廃していた江戸城にそのまま進駐した。当時の江戸は、陸上・海上・河川の交通の結節点として関東有数の都市であり、南関東における最重要の戦略拠点であった。政権の戦略配置にしたがって関東に入る以上、家康が本拠とすべきは

小田原城を囲んだ豊臣軍は、新たに抽出・編成した東方支隊で、北条領国の深奥部を制圧。一方、当初は破竹の勢いで進攻した北方支隊は、武蔵鉢形城でその進撃を停止させられる。

北条軍は、小田原に主力を拘束されたまま、なすところなく領国を豊臣軍に委ね、7月5日ついに開城する。それでも鉢形城や韮山城の健闘は彼我の兵力差を考えれば驚異的なものであった。

豊臣軍
攻囲　攻囲後落城
落城・開城(数字は日付。判明しているもののみ)

江戸をおいて他になかった。

こうした征服地の占領統治にはとかく軋轢がつきものだが、家康が関東の統治に苦心することはほとんどなかった。北条家の統治システムを、ほぼそのまま利用できたためであろう。関東各地に知行地を分与された家康の家臣たちは、それぞれ北条軍の残した支城に入ったが、これも建物を手直しする程度でほぼそのまま利用している（註）。

北条家遺臣の中には徳川家に取り立てられる者も多く、八王子城で壮烈な討ち死にを遂げた中山家範の遺児など、のちに水戸家の付家老となっている。以後二百七十年にわたる徳川家の覇権は、北条家百年帝国の遺産の上に築かれることとなったのである。

（註）小田原城・河越城などが本格的な改修を受けて近世城郭の体裁を整えるのは、寛永年間に入ってからである。

アナリシス

北条帝国の繁栄を支えたのは、先進的・合理的な統治システムと、順当な「家」の継続であった。五代百年にわたって着実に版図を拡大したこと、土の城における築城技術を極限まで追求したこと、および秀吉に対する最後の組織的抵抗者であったことなどを勘案するなら、彼らには「最強の戦国大名」を名乗る資格が充分にある。軍事力の構成においても、豊臣軍との格差は通説的イメージほど隔絶してはいなかった。

北条家の戦略は、常に上方の情勢と連動しつつ選択されたものであったが、北条家と豊臣政権がともに当代きってのすぐれた戦争マシンであり、戦国大名が本質的に膨張を志向する以上、両者の衝突はいずれ避けられないものであった。また、対豊臣戦に備えた北条家の防衛戦略は、総じて理にかなったものと評価できる。自軍に有利なフィールドと条件で敵を迎撃するために、なしうること、なすべきことを、彼らはほぼなし遂げていたと言ってよい。

結果的に見るなら、北条家が軍事的に勝利できる公算は、必ずしも大きくはなかったかもしれない。それでも、戦況いかんによっては有利な条件で講和に持ち込むことも可能であった。そのわずかな可能性を粉砕したのが、山中城の早すぎた失陥である。戦局の不本意な膠着によって政権内部に不安定要因を抱え込むことを怖れた秀吉は、最精鋭部隊を直接指揮して犠牲の多い強襲を敢行した。

北条軍にとっての最大の誤算は火力でも兵力量でもなく、おそらく屍の山を乗り越えて突撃を繰りかえす、豊臣軍の兵力運用であったろう。軍事上の必要性さえあれば、絶対権力者の命令一下、人的損失をためらわずに攻撃する——おそらくは北条軍の想像を超えた豊臣軍侍衆の蛮勇により、山中城の防禦力は飽和したのであった。

両軍の戦争マシンとしての質的な差（先進性・後進性ではない）が、ここに端的に現れている。そして、こうした近代的ではあるけれど、それゆえに獰猛な特質とあくことなき膨張主義は、数年後の対外侵略戦争において、より巨大な暴力として猛威をふるうこととなる。

最後に、戦局全体を俯瞰したときあらためて浮かび上がってくるのが、戦略家としての秀吉の卓越した手腕である。彼はまず、山中城攻防戦こそが緒戦にして戦局の帰趨を制するポイントであることを瞬時に見抜き、損失を怖れない強襲によって短時間での突破を実現した。決勝点を的確に看破して、迅速に主力を集中する――山崎の合戦においても、賤ヶ岳の合戦においても、秀吉はこの方法で勝利をもぎとってきたのだ。そして、小田原城攻略が戦術的には困難であることを見抜くと、戦場のモメントを戦術的なものから政治的なものへと速やかにすり替え、自身が圧倒的な軍事力をもって天下統一を遂げつつある状況を、周囲に巧みにアピールしていった。

裸一貫から身を起こし、最高権力者へと登り詰めたこの男の軍事的・政治的資質は、やはりただものではなかった。こうして秀吉は稀代の専制君主となったが、それは同時に豊臣政権が、すべてを秀吉個人の力量に負うことをも意味した。政権成立の原動力となった秀吉の才覚は、政権最大のアキレス腱にもなりかねなかったのだ。

秀吉の死によって政権が急速に瓦解するのは、小田原開城よりわずか十年後のことである。

●初出一覧

第一章＝初出「長尾景春 起つ！」（『歴史群像』93号二〇〇九年二月）を補訂改稿。

第二章＝初出「関東『北条帝国』への道」（『歴史群像』88号二〇〇八年四月）を補訂改稿。

第三章＝初出「武田信虎」（『歴史群像』83号二〇〇七年六月）。甲府集住政策と足軽に関するくだりを中心に補訂改稿。

第四章＝初出「下剋上！ 長尾為景」（『歴史群像』99号二〇一〇年二月）を一部修正。

第五章＝初出「河越夜戦」（『歴史群像』103号二〇一〇年一〇月）を改稿。

第六章＝初出「足軽大将 山本〝菅助〟」（『歴史群像』111号二〇一二年二月）に足軽と軍事力編成、第四次川中島合戦のくだりを補訂の上改稿。

第七章＝初出「関東管領 上杉謙信」（『歴史群像』109号二〇一一年一〇月）を一部改稿。

第八章＝初出「武田軍 炎の関東侵攻」（『歴史群像』113号二〇一二年六月）を一部改稿。

第九章＝初出「[史伝] 武田勝頼」（『歴史群像』116号二〇一二年一二月）。なお、本稿を『歴史群像』誌上に発表したのちに平山優氏が『長篠合戦と武田勝頼』（二〇一四年一月）および『検証 長篠合戦』（同七月）を発表された。平山氏が両書で指摘されていることと本稿の内容は重複する所も多いが、同じ史料を丹念に読み込めば同じような結論が得られるということなのであろう。この点を考慮し、本書の収録に際しての改稿は最小限にとどめた。

第十章＝初出「戦略分析　後北条氏の本土決戦」（『歴史群像』77号二〇〇六年六月）を大幅に補訂改稿。

［足利将軍家／鎌倉・古河公方家略系図］

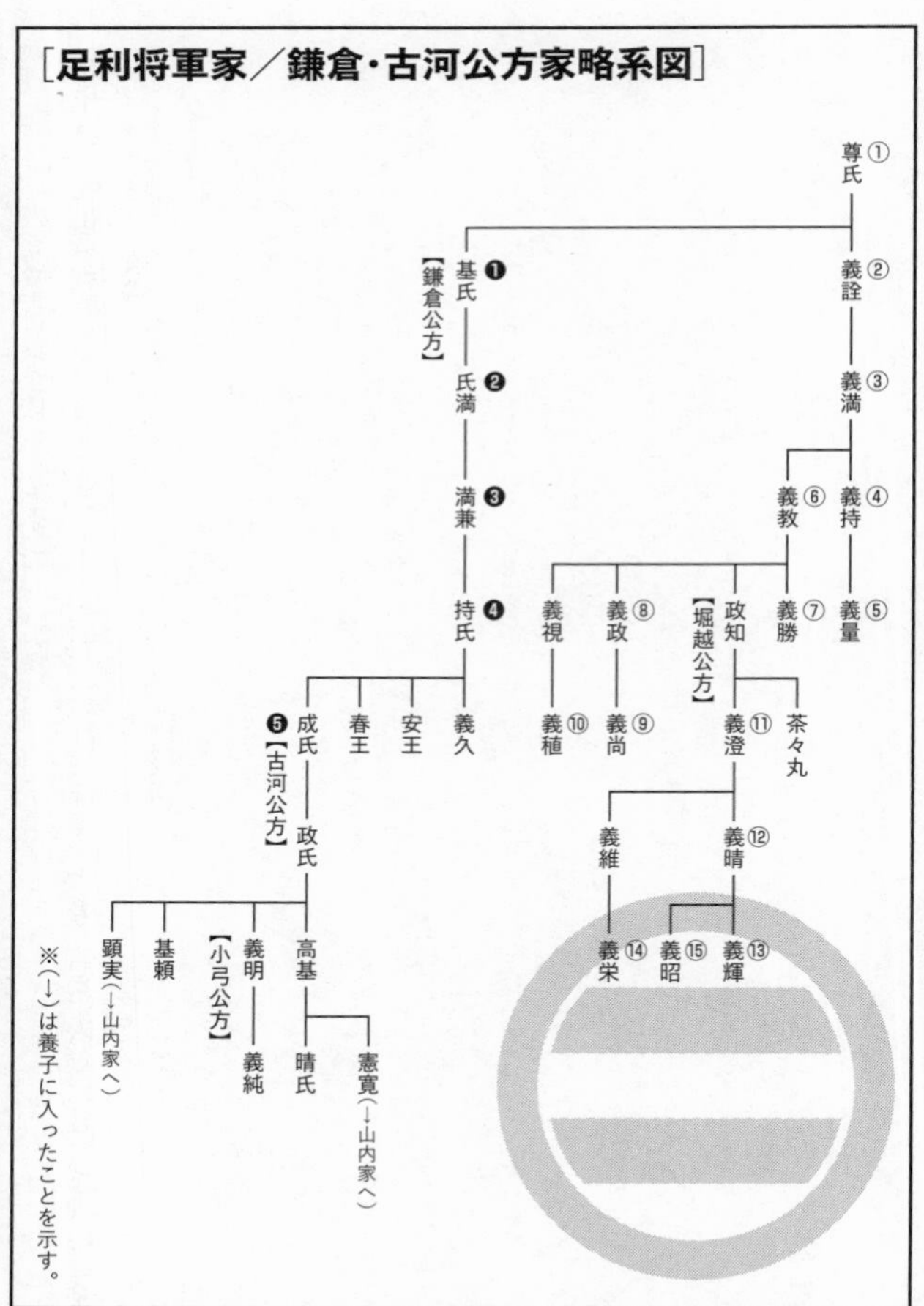

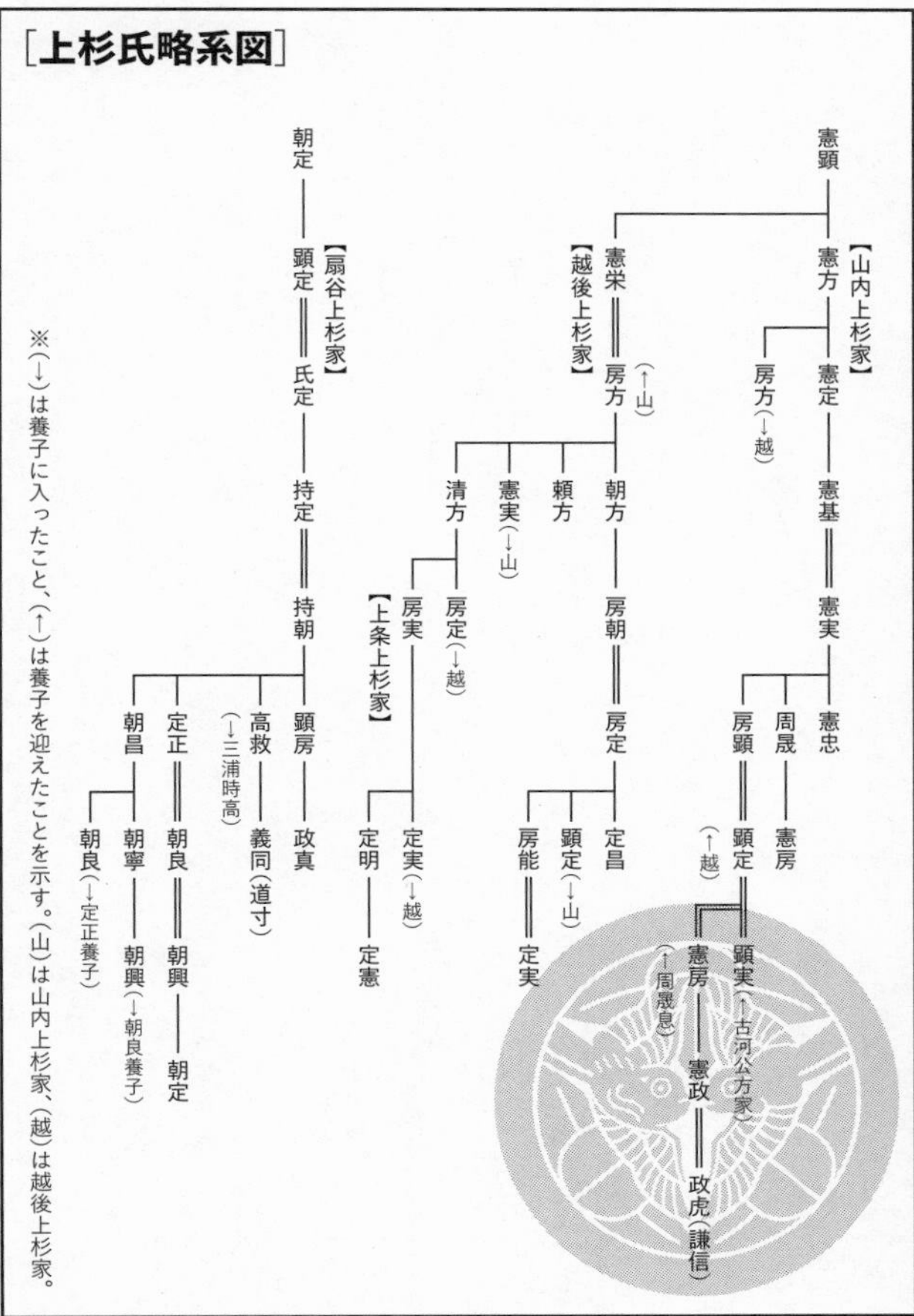
［上杉氏略系図］
【山内上杉家】
憲顕
憲方
房方（↓越）
憲定
憲基
憲実
憲忠
周晟
憲房
房顕
顕定（↑越）
顕実（↑古河公方家）
憲房（↑周晟息）
憲政
政虎（謙信）
【越後上杉家】
憲栄
房方（↑山）
朝方
頼方
憲実（↓山）
清方
房朝
房定
定昌
顕定（↓山）
房能
定実
房定（↓越）
【上条上杉家】
房実
定実（↓越）
定明
定憲
【扇谷上杉家】
朝定
顕定
氏定
持定
持朝
顕房
政真
高救（↓三浦時高）
義同（道寸）
定正
朝良
朝興
朝定
朝昌
朝寧
朝興（↓朝良養子）
朝良（↓定正養子）
※（↓）は養子に入ったこと、（↑）は養子を迎えたことを示す。（山）は山内上杉家、（越）は越後上杉家。

あとがき

——やってしまって、それで事が済むものなら、早くやってしまったほうがよい。（中略）……あの世のことは頼まぬ、ただ時の浅瀬のこちら側で、それですべてが済むものなら、先ゆきのことなど、誰が構っておられるものか。だが、こういうことは、かならず現世で裁きが来る。誰にでもよい、血なまぐさい悪事を唆してみろ、因果は逆にめぐって、元凶を倒すのだ。この公平無私の裁きの手は、毒酒の杯を、きっとそれを盛った奴の脣に押しつけて来る——（ウィリアム・シェイクスピア『マクベス』第一幕第七場・マクベスの台詞～福田恆存訳・新潮文庫）

長尾為景（ながおためかげ）殿の墓誌に刻んで差し上げたいような言葉である。

『マクベス』といえば、黒澤明の『蜘蛛巣城』はこの史劇の翻案だった。シェイクスピアを翻案した黒澤映画としては、『リア王』に題材を取った『乱』もあるけれど、いかにも大作然とした『乱』よりも、『蜘蛛巣城』の方が、僕は好き。全体に作りがタイトで、映像にもモノクロ特有の緊迫感がある。何より『マクベス』を、そのまま日本の戦国初期に置きかえたような展開がスリリングだ。

——まあ、罪と言ったところで、その世界の中の罪でございましょう、御自分の働きで世界中を手に入れてしまえば、それはつまり御自分の世界の中にある罪なのですから、早いとこ直してしまえばよろしいわけでございますもの——

こちらは『オセロー』第四幕第三場のエミリアの台詞（同）。いろいろな戦国武将に当てはまりそうである。シェイクスピア作品なら、他にも『リチャード三世』『ジュリアス・シーザー』『ヘンリー六世』あたりは、日本の戦国時代にもって来られそうだ。

……と、ここまで考えてきて、気がついた。そもそも戦国時代には、マクベスやエミリアや、旗手イアーゴやグロスター公リチャードみたいな手合いが、いくらでもいたのである。というより、本書に採りあげたような戦国武将たちの生き様が、はなからシェイクスピア的なのだ。

いや、いや、そうではない。シェイクスピアの描いている人間の欲望や情動が、古今洋の東西を問わない普遍的なものなのだ。『ロミオとジュリエット』など、どの国のどの時代に当てはめても成立するドラマではないか。先ほどのエミリアの台詞だって、そうである。

＊　＊　＊

この文庫版の「あとがき」を書いている二〇二〇年十一月の時点で、世を覆うコロナ禍は一向に終息の兆しが見通せない。そこで、各種メディアやSNS上には、人々を元気づけるための、あるいは高い行動規範を求めるための、明るく前向きな言葉があふれている。でも僕は、そんな倫理と正義にみちたポジティブな呼びかけの氾濫に正直、食傷して、くたびれてしまうのだ。だって、自分たちを取り巻く現実だって、世の中の先行きだって、明るく前向きな事ばかりではないんだもの。何より、ふり返ってみれば自分自身の来し方が汚点まみれだったし、きっとこの先も同じだろうと思うから。

そんな時に、歴史や文学や芸術をとおして、ポジティブなばかりではない、人間のほの暗い負の部分と正直に向き合ってみるのも、悪くないのではないか。本書で描いた武将たちも、もろもろの文学作品に登場する人物たちも、僕も、命であるかぎりは「闇の中のまたたく光」にすぎないだろう、と思うから。きっと、あなたも。

二〇二〇年　木枯らしのころに　著者記す

参考文献

■史料集（順不同）

『鎌倉大草紙』（『改定史籍集覧』）
『異本小田原記』（『國史叢書』）
『北条五代記』（『改訂史籍集覧』）
『相州兵乱記』『豆相記』（『群書類従』第二十一輯・合戦部）
『渡辺水庵覚書』（『続群書類従』第二十輯下・合戦部）
『大日本古文書（家わけ）上杉家文書』
『大日本古文書（家わけ）毛利家文書』
『甲陽軍鑑』（第一書房「甲斐叢書」）
『家忠日記』（臨川書店『増補続史料大成』）
『松陰私語』（八木書店『史料纂集』）
『新編武蔵風土記稿』（雄山閣『大日本地誌大系』）
『新編相模国風土記稿』（雄山閣『大日本地誌大系』）
『神奈川縣皇国地誌残稿』（神奈川県立図書館）
杉山博・下山治久編『戦国遺文 後北条氏編』（東京堂出版）

佐脇栄智校注『小田原衆所領役帳 戦国遺文後北条氏編別冊』（東京堂出版）
柴辻俊六・黒田基樹・丸島和洋編『戦国遺文 武田氏編』（東京堂出版）
佐藤博信編『戦国遺文 古河公方編』（東京堂出版）
参謀本部編『日本戦史 小田原役』（村田書店復刊）
中丸和伯校注『改訂関八州古戦録』（新人物往来社一九七六）
ルイス・フロイス（松田毅一・川崎桃太訳）『日本史』（中央公論社一九七七〜八〇）
『新編埼玉県史資料編6（中世2）』（一九八〇）
『山梨県史 資料編6（中世3）』（二〇〇一）
『山梨県史 通史編2・中世』（二〇〇七）
『北区史資料編 古代中世2』（一九九五）
『北区史通史編 中世』（一九九六）
『群馬県史 通史編3（中世）』（一九八九）
『群馬県史 資料編5・6（中世1・2）』（一九八四）
『上越市史別編 上杉氏文書集』（二〇〇三）
『上越市史叢書6 上杉氏御書集成1』（二〇〇一）
『小田原市史 史料編（中世Ⅱ・Ⅲ）』（一九九三）
『小田原市史別編 城郭』（一九九五）
『韮山町史 第三巻 古代中世編』（一九八七）

■研究書・著作

石井良助『印判の歴史』（明石書院一九九一）
池亨・矢田俊文編『定本上杉謙信』（高志書院二〇〇〇）
池亨・矢田俊文編『上杉氏年表』（高志書院二〇〇三）
市村高男『（戦争の日本史10）東国の戦国合戦』（吉川弘文館二〇〇九）
伊禮正雄『関東合戦記』（新人物往来社一九七四）
海老沼真治編『山本菅助の実像を探る』（戎光祥出版二〇一三）
小田原城郭研究会編著『箱根をめぐる古城30選』（かなしん出版「箱根叢書」一九八七）
勝守すみ『長尾氏の研究』（名著出版「関東武士研究叢書」一九七八）
黒田基樹『扇谷上杉氏と太田道灌』（岩田書院二〇〇四）
黒田基樹『戦国大名領国の支配構造』（岩田書院一九九七）
黒田基樹『戦国 北条一族』（新人物往来社二〇〇五）
黒田基樹『戦国期東国の大名と国衆』（岩田書院二〇〇一）
黒田基樹編『北条氏年表』（高志書院二〇一三）
齋藤慎一『中世東国の領域と城館』（吉川弘文館二〇〇二）
齋藤慎一『戦国時代の終焉』（中公新書二〇〇五）
笹本正治『戦国大名の日常生活』（講談社選書メチエ二〇〇〇）

笹本正治・萩原三雄編『定本武田信玄』（高志書院二〇〇二）
佐藤博信『越後中世史の世界』（岩田書院二〇〇六）
佐脇栄智『後北条氏の基礎研究』（吉川弘文館一九七六）
佐脇栄智『後北条氏と領国経営』（吉川弘文館一九九七）
柴辻俊六『甲斐武田一族』（新人物往来社二〇〇五）
柴辻俊六編（平山優・黒田基樹・丸島和洋他）『武田信虎のすべて』（新人物往来社二〇〇七）
下山治久『小田原合戦』（角川選書一九九六）
下山治久編『後北条氏家臣団人名辞典』（東京堂出版二〇〇六）
千野原靖方『国府台合戦を点検する』（崙書房出版一九九九）
戦国史研究会編『戦国期東国社会論』（吉川弘文館一九九〇）
武田氏研究会編『武田氏年表』高志書院（二〇一〇）
田辺久子『上杉憲実』（吉川弘文館「人物叢書」一九九九）
西股総生『戦国の軍隊』（学研パブリッシング二〇一二）
韮崎市教育委員会編『新府城と武田勝頼』（新人物往来社二〇〇一）
花ヶ前盛明『越後 上杉一族』（新人物往来社二〇〇五）
樋口隆晴他『グラフィック図解・長篠の戦い』（学研パブリッシング二〇一〇）
平山優『戦史ドキュメント 川中島の戦い』（学研M文庫二〇〇二）
平山優『山本勘助』（講談社現代新書二〇〇六）

平山優『武田信玄』(吉川弘文館二〇〇六)
平山優・丸島和洋編『戦国大名武田氏の権力と支配』(岩田書院二〇〇八)
平山優『長篠合戦と武田勝頼』(吉川弘文館二〇一四)
平山優『検証 長篠合戦』(吉川弘文館二〇一四)
藤本正行『信長の戦国軍事学』(JICC出版局一九九三)
藤本正行『再検証 長篠の戦い』(洋泉社二〇一五)
峰岸純夫『中世の東国 地域と権力』(東京大学出版会一九八九)
峰岸純夫他編『豊島氏とその時代―東京の中世を考える』(新人物往来社一九九八)
峰岸純夫・片桐昭彦編『戦国武将合戦事典』(吉川弘文館二〇〇五)
山田邦明『鎌倉府と関東』(校倉書房一九九五)
山田邦明『戦国のコミュニケーション』(吉川弘文館二〇一一)
山室恭子『中世のなかに生まれた近世』(吉川弘文館一九九一)
山室恭子『群雄創世記』(朝日新聞社一九九五)
マーチン・ファン・クレフェルト(佐藤佐三郎訳)『補給戦』(中公文庫二〇〇六/原著一九七七)

■個別論考・雑誌記事

荒垣恒明「戦場における傭兵」~藤木久志・黒田基樹編『定本・北条氏康』(高志書院二〇〇四)
伊禮正雄「豊島氏について二、三」~『練馬郷土史研究会会報』155(一九八一)

齋藤慎一「中世東国の街道とその変遷」〜藤木久志監修・埼玉県立歴史資料館編『戦国の城』（高志書院二〇〇五）
土屋比都司「小田原の役韮山城攻めとその陣城について」〜『古城』45（静岡古城研究会二〇〇〇）
西股総生「『太田道灌状』に見る城郭戦」〜『中世城郭研究』20（中世城郭研究会二〇〇六）
西股総生「屏風山塁と北条氏直」〜『中世城郭研究』19（中世城郭研究会二〇〇五）
樋口隆晴「山中城攻城戦」〜『戦国の堅城Ⅱ』（学習研究社二〇〇五）
平山優「山本菅助宛て武田晴信書状の検討」〜『戦国史研究』60（戦国史研究会二〇一〇）

■文庫版追加

黒田基樹『北条氏綱』（ミネルヴァ書房二〇二〇）
黒田基樹『戦国北条家の判子行政』（平凡社新書二〇二〇）
西股総生「戦国の城・甲斐新府城」〜『歴史群像』一三五号（学研プラス二〇一六）

東国武将たちの戦国史

二〇二一年二月一〇日　初版印刷
二〇二一年二月二〇日　初版発行

著　者　西股総生
発行者　小野寺優
発行所　株式会社河出書房新社
〒一五一-〇〇五一
東京都渋谷区千駄ヶ谷二-三二-二
電話〇三-三四〇四-八六一一（編集）
〇三-三四〇四-一二〇一（営業）
http://www.kawade.co.jp/

ロゴ・表紙デザイン　粟津潔
本文フォーマット　佐々木暁
本文組版　KAWADE DTP WORKS
印刷・製本　中央精版印刷株式会社

Printed in Japan　ISBN978-4-309-41796-7

戦国廃城紀行

澤宮優 41692-2

関ヶ原などで敗れた敗軍の将にも、名将はあり名城を築いた。三成の佐和山城から光秀の坂本城まで、十二将十三城の歴史探索行。図版多数で送る廃城ブームの仕掛け人の決定版。

一冊でつかむ日本史

武光誠 41593-2

石器時代から現代まで歴史の最重要事項を押さえ、比較文化的視点から日本の歴史を俯瞰。「文明のあり方が社会を決める」という著者の歴史哲学を通して、世界との比較から、日本史の特質が浮かび上がる。

天下奪回

北沢秋 41716-5

関ヶ原の戦い後、黒田長政と結城秀康が手を組み、天下獲りを狙う戦国歴史ロマン。50万部を超えたベストセラー〈合戦屋シリーズ〉の著者による最後の時代小説がついに文庫化！

完全版　本能寺の変　431年目の真実

明智憲三郎 41629-8

意図的に曲げられてきた本能寺の変の真実を、明智光秀の末裔が科学的手法で解き明かすベストセラー決定版。信長自らの計画が千載一遇のチャンスとなる⁉　隠されてきた壮絶な駆け引きのすべてに迫る！

秘文鞍馬経

山本周五郎 41636-6

信玄の秘宝を求めて、武田の遺臣、家康配下、さらにもう一組が三つ巴の抗争を展開する道中物長篇。作者の出身地・甲州物の傑作。作者の理想像が活躍する初文庫化。

信玄軍記

松本清張 40862-0

海ノ口城攻めで初陣を飾った信玄は、父信虎を追放し、諏訪頼重を滅ぼし、甲斐を平定する。村上義清との抗争、宿命の敵上杉謙信との川中島の決戦……。「風林火山」の旗の下、中原を目指した英雄を活写する。

真田幸村 英雄の実像

山村竜也　41365-5

徳川家康を苦しめ「日本一の兵（つわもの）」と称えられた真田幸村。恩顧ある豊臣家のために立ち上がり、知略を駆使して戦い、義を貫き散った英雄の実像を、多くの史料から丹念に検証しその魅力に迫る。

戦国の尼城主 井伊直虎

楠木誠一郎　41476-8

桶狭間の戦いで、今川義元軍として戦死した井伊直盛のひとり娘で、幼くして出家し、養子直親の死後、女城主として徳川譜代を代表する井伊家発展の礎を築いた直虎の生涯を描く小説。大河ドラマ主人公。

井伊の赤備え

細谷正充〔編〕　41510-9

柴田錬三郎、山本周五郎、山田風太郎、滝口康彦、徳永真一郎、浅田次郎、東郷隆の七氏による、井伊家にまつわる傑作歴史・時代小説アンソロジー。

新名将言行録

海音寺潮五郎　40944-3

源為朝、北条時宗、竹中半兵衛、黒田如水、立花宗茂ら十六人。天下の覇を競った将帥から、名参謀・軍師、一国一城の主から悲劇の武人まで。戦国時代を中心に、愛情と哀感をもって描く、事跡を辿る武将絵巻。

貧民に墜ちた武士 乞胸という辻芸人

塩見鮮一郎　41239-9

徳川時代初期、戦国時代が終わって多くの武士が失職、辻芸人になった彼らは独自な被差別階級に墜ちた。その知られざる経緯と実態を初めて考察した画期的な書。

異聞浪人記

滝口康彦　41768-4

命をかけて忠誠を誓っても最後は組織の犠牲となってしまう武士たちの悲哀を描いた士道小説傑作集。二度映画化されどちらもカンヌ映画祭に出品された表題作や「拝領妻始末」など代表作収録。解説＝白石一文

徳川秀忠の妻

吉屋信子　41043-2

お市の方と浅井長政の末娘であり、三度目の結婚で二代将軍・秀忠の正妻となった達子（通称・江）。淀殿を姉に持ち、千姫や家光の母である達子の、波瀾万丈な生涯を描いた傑作！

赤穂義士 忠臣蔵の真相

三田村鳶魚　41053-1

美談が多いが、赤穂事件の実態はほんとのところどういうものだったのか、伝承、資料を綿密に調査分析し、義士たちの実像や、事件の顚末、庶民感情の事際を鮮やかに解き明かす。鳶魚翁の傑作。

弾左衛門とその時代

塩見鮮一郎　40887-3

幕藩体制下、関八州の被差別民の頭領として君臨し、下級刑吏による治安維持、死牛馬処理の運営を担った弾左衛門とその制度を解説。被差別身分から脱したが、職業特権も失った維新期の十三代弾左衛門を詳説。

幕末の動乱

松本清張　40983-2

徳川吉宗の幕政改革の失敗に始まる、幕末へ向かって激動する時代の構造変動の流れを深く探る書き下ろし、初めての文庫。清張生誕百年記念企画、坂本龍馬登場前夜を活写。

安政三天狗

山本周五郎　41643-4

時は幕末。ある長州藩士は師・吉田松陰の密命を帯びて陸奥に旅発った。当地での尊皇攘夷運動を組織する中で、また別の重要な目的が！　時代伝奇長篇、初の文庫化。

熊本城を救った男 谷干城

嶋岡晨　41486-7

幕末土佐藩の志士・谷干城は、西南戦争で熊本鎮台司令長官として熊本城に籠城、薩軍の侵攻を見事に食い止めた。反骨・憂国のリベラリスト国士の今日性を描く。

著訳者名の後の数字はISBNコードです。頭に「978-4-309」を付け、お近くの書店にてご注文下さい。